U0497900

● 本书系国家社科基金一般项目"积极福利视域下社会服务在精准扶贫实施中的作用研究"（17BSH131）的项目成果

四川省2020—2021年度重点出版规划项目

决战：精准扶贫攻坚系列丛书

精准扶贫社会服务研究：基于积极福利视角

王磊／著

西南财经大学出版社
Southwestern University of Finance & Economics Press

中国·成都

图书在版编目(CIP)数据

精准扶贫社会服务研究:基于积极福利视角/王磊著.—成都:西南财经大学出版社,2021.12
ISBN 978-7-5504-4792-9

Ⅰ.①精… Ⅱ.①王… Ⅲ.①扶贫—研究—中国 Ⅳ.①F126

中国版本图书馆 CIP 数据核字(2021)第 279177 号

精准扶贫社会服务研究:基于积极福利视角
JINGZHUN FUPIN SHEHUI FUWU YANJIU:JI YU JIJI FULI SHIJIAO
王磊 著

责任编辑:李 才
责任校对:周晓琬
封面设计:何东琳设计工作室
责任印制:朱曼丽

出版发行	西南财经大学出版社(四川省成都市光华村街55号)
网 址	http://cbs.swufe.edu.cn
电子邮件	bookcj@swufe.edu.cn
邮政编码	610074
电 话	028-87353785
照 排	四川胜翔数码印务设计有限公司
印 刷	成都市火炬印务有限公司
成品尺寸	170mm×240mm
印 张	16.5
字 数	307 千字
版 次	2021 年 12 月第 1 版
印 次	2021 年 12 月第 1 次印刷
书 号	ISBN 978-7-5504-4792-9
定 价	78.00 元

1. 版权所有,翻印必究。
2. 如有印刷、装订等差错,可向本社营销部调换。

序 言

    贫困是人类社会自古以来所经历的历史性命题，古今中外任何国家的经济政策、政治政策和社会政策都毫不例外地需要面对民众的贫困问题。贫困的发生率和贫困人口的占比成为一国经济发展水平和综合国力的重要表征。在福利思潮传播和福利国家建立之后，改变贫困和消除贫困成为社会福利政策的主要目标导向，也是体现公平和正义价值理念的主要表现形式。从 1601 年英国《伊丽莎白济贫法》颁布至今，社会福利思想和社会福利政策的产生和演化始终将改变贫困作为逻辑主线。可以说，社会福利思想史和发展史，就是反贫困的实践史。

    在前工业社会，经济和技术发展滞后，居民生活水平低下。由于缺乏制度性的社会福利保障和广泛性的社会支持网络，居民抗风险能力较弱，他们极易陷入"经济性贫困"。封建君主的"统治型"管制方式只有在贫困危及君主政权时，才会以临时性的社会救济进行不完全救助，以达到社会控制之目的。在前工业社会向工业社会转型过程中，社会结构发生变化，"管理型"政府开始运用社会福利制度应对"结构性贫困"。此时反贫困的社会福利工具是稳定的社会救助制度和社会保险制度。伴随福利国家危机的爆发和后工业时代的到来，贫困的特征更表现为"能力型贫困"。"治理型"政府以主动性、前瞻性和投资性的"积极福利"思想取代被动性、残补性和消费性的"消极福利"思想，以社会服务为社会福利的主要工具，最终实现贫困者的能力脱贫。

    中国的反贫困思想和实践古已有之。早在先秦时期，中国就有"夫施与贫困者，此世之所谓仁义"的思想。"仁爱""民本""兼爱""大同"等诸子百家的经典思想逐渐构成了中国古代扶贫和救助的核心思想。中国古代的反贫困实践主要包括官府救济、邻里宗族互相救助、宗教机构慈善救助和民间机构救助。可见，在中国古代反贫困思想中儒家思想占主导地位，反贫困具有主体分散性、救助临时性、形式实物性的特征。近代中国除了孙中山的民生救助理念外，社会学思想中的贫困认知开始传入中国。新中国成立以后，历任中央领导人均审时度势地提出了适时的反贫困思想和政策。2013 年习近平总书记提出"精准扶贫",要求到 2020 年农村贫困人口全部实现脱贫。这是我国全面建成小康社会的关键环节和重要体现。从传统扶贫政策到"精准扶贫",我国已于 2020 年实现了现行标准下 9 899 万农村贫困人口全部脱贫,832 个贫困县全部摘帽,12.8 万个贫困村全部出列,区域性整体贫困得到解决,完成了消除绝对贫困的艰巨任务。

在精准扶贫全过程中,特别是进入决胜期时,各级政府和全社会为全面脱贫做出了巨大努力。一方面,各级政府投入大量的财力、人力和物力进行脱贫攻坚;另一方面,先进的扶贫思想开始引入"精准扶贫",大大减少了返贫现象。然而,中国具有"断裂社会"特征,复杂的社会情况和地区的差异化给"精准扶贫"带来巨大挑战。社会保障体系在我国已经基本建立,但"重经济保障轻社会服务"的保障特征在扶贫过程中不利于对贫困者赋权,容易产生福利依赖和福利漏洞。扶贫实践中政府绩效评价目标"短期性"与能力扶贫效果"长期性"形成矛盾,容易出现政策依赖性强、返贫率高、能力提升慢的延伸性问题。

因此,本书力图从积极福利视角,以社会服务为实践工具,探究精准扶贫实施过程中社会服务缺失的现实问题及对精准扶贫的影响,探究精准扶贫社会服务运转的常态化机制和扶贫社会服务的可操作模式,通过在系统化的社会服务体系内嵌入精准扶贫机制,尝试构建精准扶贫社会服务框架体系,以保障扶贫成果的延续性和稳定性。

王磊

2020 年 9 月 9 日

于西华大学西华苑

目　录

第一章 反贫困与积极福利理论述评

第一节 反贫困综述

一、反贫困的概念

反贫困的概念来源于不同理论视角和价值基础。概念的界定，决定了反贫困目标的锁定和具体政策措施的设计、实施和评估。从世界范围来看，反贫困的概念主要有三种表达形式：减少贫困（poverty reduction）、减缓贫困（poverty alleviation）和消除贫困（poverty eradication）[①]。

（一）减少贫困

减少贫困是以减少贫困人口数量为目标进行的反贫困行动过程。减少贫困的概念建立在贫困可量化指标的基础之上，减少贫困亦即减少绝对贫困。1889年布思首先提出贫困线概念，1901年朗特里（Benjamin Seebohm Rowntree）将满足食品、房租、衣物、燃料等6种基本需要作为最低营养需求标准，即贫困线标准[②]。贫困线的完整提出使得贫困认知具体化和可辨识。在"残补型"社会福利模式下提出的贫困线标准具有明显的消极性、侮辱性和剩余性。在此基础上减少贫困人口，运用具有经济属性的社会救助进行货币补偿和实物补偿即可实现，但却不能从根本上消除贫困，只能减少绝对贫困人口数量，返贫率较高。

（二）减缓贫困

减缓贫困是以减缓贫困人口贫困程度为目标所进行的反贫困行动过程。减缓贫困的逻辑起点是贫困不能被根本消除，只能在一定程度上被减缓。这种观

---

① 陈昕. 反贫困理论与政策研究综述 [J]. 价值工程，2010，29（28）：256-257.

② TOWNSEND P. The meaning of poverty [J]. British journal of sociology, 1962, 13 (3)：210 -227.

点带有一定的功能主义贫困观意味。一方面，贫困是人类社会发展存在的必然的社会现象，只能减缓。在市场经济环境下，虽然人们能自由参与市场竞争并获得收入和财富，但因身体和家庭弱势的原因容易出现贫困，且具有代际传递性，这一现象不能从根本上消除。减缓贫困是从制度视角对贫困者进行救助帮扶和功能补偿，以减轻和减缓市场给贫困者所带来的痛苦和贫困的代际传递。另一方面，减缓贫困针对的是相对贫困，而非绝对贫困。绝对贫困是以贫困线或是基本生活保障标准为依据的贫困状态，主要包括营养标准模型、市场菜篮法、国际贫困线等。中国农村贫困收入标准到 2019 年为人均年纯收入 3 218元，世界银行的贫困标准为 2015 年确定的每人每天 1.9 美元，这就是绝对贫困的评价指标。在以农民人均纯收入为评价标准的基础上，中国精准扶贫中还加入了一些非量化的标准，如"两不愁三保障"①。相对贫困是针对绝对贫困中社会价值取向、相对感受对比、生活方式比较等因素欠缺所提出的补充性观点，绝对贫困其实也是"相对的"。减缓贫困一是针对绝对贫困者采取反贫困措施，其重点在经济补偿；二是针对相对贫困者采取制度建设、文化服务、照顾服务、教育扶贫、住所服务等措施，改变其生活方式、社会地位、价值理念和文化观念，缩小他们与相对富裕者之间的差距。

（三）消除贫困

消除贫困是以消除致贫源头行为为目标所进行的反贫困行动过程。消除贫困理念是一个"梯度性""整合性"和"价值性"概念。其一，消除贫困指在初级阶段减少绝对贫困，在次级阶段减缓相对贫困，在高级阶段消除贫困的制度障碍和社会障碍；其二，消除贫困是集经济性社会救助、劳动性社会服务和政治性制度建构于一体的"整合性"政策系统；其三，消除贫困具有明确的价值目标导向，以及意识形态和政治目标诉求的"价值性"导向。这三个层次的内容在中国精准扶贫政策中得到体现。《中共中央 国务院关于打赢脱贫攻坚战的决定》中指出："消除贫困、改善民生、逐步实现共同富裕，是社会主义的本质要求，是我们党的重要使命。""确保到 2020 年农村贫困人口实现脱贫，是全面建成小康社会最艰巨的任务。"可以看出，消除贫困包含了改善民生的物质扶贫目标，亦体现了共同富裕的社会目标、社会主义制度目标和执政党目标。"打赢脱贫攻坚战，是促进全体人民共享改革发展成果、实现共同富裕的重大举措，是体现中国特色社会主义制度优越性的重要标志，也是经济发

---

① "两不愁"即不愁吃、不愁穿，"三保障"即义务教育、基本医疗、住房安全有保障。

展新常态下扩大国内需求、促进经济增长的重要途径。"① 可以看出，消除贫困在体现社会公平的同时也实现了经济目标，体现出制度优越性的政治目标。因此，精准扶贫政策的实施是经济目标、社会目标和政治目标的综合体现，消除贫困是减少贫困和减缓贫困的整合与升华，在社会福利模式视角下体现出积极福利的思想。

二、反贫困的理论视角

从世界范围来看，社会福利理论的发展史就是反贫困理论史。理论界对贫困概念横向拓宽和纵向深入的理解，亦开阔了社会福利理论的研究视野，反贫困理论表现出从经济学视角向社会学视角拓展的趋势。社会福利从其功能来看包括以经济补偿和实物补偿为主的社会救助、以基本权利保障为主的社会保险和以基本生活保障为主的社会服务。从社会福利思想和社会福利模式的发展情况来看，社会救助是"残补型"社会福利模式的重要工具，其运行机理是通过对弱势群体进行临时性经济补偿以维持社会稳定，起到社会控制作用；经济学理论是反贫困的主要视角。社会保险是"制度型"社会福利模式的重要工具，其运行机理是以"大数法则"为基础，通过扩大保险覆盖面来降低社会风险，起到维护公民社会权利的作用。此时的反贫困视角依然是经济学理论。社会服务是"发展型"社会福利模式的重要工具，其运行机理是在经济保障的基础上，通过积极福利思想和多样性社会服务供给来实现"可行能力"提升，起到社会发展作用。在该阶段，社会学理论开始介入反贫困视角。"残补型"和"制度型"社会福利模式处于消极福利阶段，反贫困以社会救助和社会保险为主要工具，以经济理论为主要视角。"发展型"社会福利模式处于积极福利阶段，反贫困以社会服务为主要工具，以能力反贫困、文化反贫困和社会支持反贫困为主要视角。

（一）经济学反贫困视角

17 世纪以后，受自由主义思潮的影响，贫困被视为懒惰造成的个人问题，是社会发展的正常现象，亦是市场经济平衡的纽带。政府应尽量提升市场的自由度，让个人有机会充分参与市场竞争，通过工作改变贫困，以实现"满足最大多数人的幸福"。因此，经济增长成为从经济学视角进行贫困治理的主要

---

① 中共中央 国务院关于打赢脱贫攻坚战的决定 [EB/OL]. (2015-12-07) [2020-11-11]. http://www.gov.cn/xinwen/2015-12/07/content_5020963.htm.

路径①。然而，在自由市场竞争过程中巨大的收入差距成为经济社会发展的绊脚石。在英格兰政府大力推进《济贫法》实施的过程中，大量的贫困人口出现。据统计，19世纪中后期，英格兰贫困人口占其人口总数的25%~30%②。自由主义将其原因归结于济贫法的实施。马尔萨斯认为，济贫法制度影响人们自立意识的发挥，助长浪费行为，对民众自由构成影响③。大卫·李嘉图认为，济贫法不能改善贫困的生活状况，而只能使贫富双方的状况都趋于恶化。因此，经济学视角的理论反对济贫法所维护的反贫困政策，济贫法被认为是破坏自由市场竞争和破坏公平分配的消极策略。

经济学反贫困视角一直是西方福利国家主要的反贫困流派。反贫困理论主要有三个重要组成部分：一是均衡发展理论。该理论将资本不足所导致的收入水平低下视为发展中国家经济落后和贫困的根本原因，强调经济增长对于解决贫困问题的重要性。罗丹的"大推进理论"开始强调各个部门同时进行大规模投资能够推动经济发展。纳克斯（Ragnar Narkse）的"恶性循环理论"认为，低收入意味着低储蓄能力，低储蓄能力影响资本的形成，资本形成率较低则影响生产率的提高，从而反过来影响人均实际收入，形成一个封闭的循环，周而复始。因此，通过均等地增加生产，在各工业领域投资，就能提高需求弹性，打破恶性循环。以此为基础，纳尔逊（Richard R. Nelson）提出了"低水平均衡陷阱"理论，莱宾斯坦（Harvey Leibenstein）提出"临界最小努力"理论，均支持更大规模和更多部门的投资，以保证投资率和经济增长。二是结构主义发展理论。该理论认为，贫困是由发展中国家社会经济结构发展不均衡造成的，因此要从结构调整出发采取反贫困行动。其中具有代表性的理论有刘易斯（William Arthur Lewis）的"二元经济结构模型"、缪尔达尔（Karl Gunnar Myrdal）的"循环累积因果效应"、赫希曼（Albert Otto Hirschman）的"经济增长不平衡模式"、库兹涅茨（Simon Smith Kuznets）的"不平等与反贫困理论"。三是区域发展理论。该理论认为贫困的产生应该从国家和区域间进行比较，区域间的不平等是贫困的主导因素，因此需要通过区域间不平等来解决贫困问题。主要代表理论有沃勒斯坦（Immanuel Wallerstein）的"中心-边缘"理论和"不平等交换理论"、拉美学派的"依附理论"和佩鲁（Francois Per-

---

① 黄承伟，刘欣，周晶. 鉴往知来：十八世纪以来国际贫困与反贫困理论评述 [M]. 南宁：广西人民出版社，2017：78-101.

② 丁建定. 1870—1914年英国的慈善事业 [J]. 南都学坛，2005（4）：21-26.

③ 马尔萨斯. 人口原理 [M]. 北京：商务印书馆，1992：33-36.

roux）的"增长极理论"①。

（二）社会学反贫困视角

社会学视角的反贫困研究始于 19 世纪英国中产阶级对资本主义贫困的社会调查。亨利·梅休（Henry Mayhew）于 1851 年出版《伦敦劳工与伦敦穷人》一书，运用经验主义和人种学的方法对 19 世纪伦敦社会的穷人进行研究，成为英国中产阶级调查和分析贫困问题的开端。之后，福斯特（Edward Morgan Foster）和布思（Charles Booth）对英国底层人民的贫困调查进一步揭示了贫困产生的社会问题。19 世纪末，乔治（Henry George）在《进步与贫困》一书中认为，虽然文明不断进步，财富不断增长，贫困却持续存在，劳动不能得到文明进步带来的利益。其原因在于土地私有制和土地被垄断所造成的社会结构障碍，因此"我们必须使土地成为公有财产"②。朗特里在乔治研究的基础上深入研究贫困的生成机理。他将贫困分为初级贫困和次级贫困两种类型，指出"贫困并不只是由个人因素引起，其产生具有社会性原因"③，社会结构被认为是贫困的根本性原因。贫困的社会学研究主要有贫困文化理论、贫困代际传递理论和社会结构贫困观。

贫困文化理论的提出者刘易斯（Oscar Lewis）于 1959 年在其代表作《五个家庭：关于贫困文化的墨西哥人实例研究》中提出：贫困者因其独特的生活条件形成了独特的生活方式，进而形成共同的价值观、态度和行为方式，并形成共同的文化。这种文化是不同于主流文化的亚文化，贫困者往往表现为强烈的宿命感、无助感和自卑感，更容易缺乏知识、目光短浅、缺乏社会责任感。贫困者怀疑主流社会价值体系，体现出相对独立的文化特质，并自动代际传递④。因此，"贫困文化"就是贫困阶层所具有的一种独特的生活方式，它主要指长期生活在贫困之中的一群人的行为方式、习惯、风俗、心理定式、生活态度和价值观等非物质形式⑤。贫困致因分为"外源性"和"内生性"两种。"外源性"贫困致因主要包括经济发展水平、自然条件、地理位置、基础设施等外显性因素，具有易辨识、易改变的特征，通过资金投入和环境改善可

---

① 黄承伟，刘欣，周晶. 鉴往知来：十八世纪以来国际贫困与反贫困理论评述 [M]. 南宁：广西人民出版社，2017：6.

② 乔治. 进步与贫困 [M]. 吴良健，王翼龙，译. 北京：商务印书馆，2010：294.

③ ROWNTREE B S. Poverty：a study of town life [M]. New York：Garland Publishing, Inc.，1980：8.

④ LEWIS O. Five families：Mexican case studies in the culture of poverty [M]. New York：Basic Books，1966：215.

⑤ 吴理财. 论贫困文化 [J]. 社会，2001（8）：17-20.

以在短期内实现脱贫。"内生性"贫困致因主要包括人力资源、制度环境、文化特征、教育资源等内隐性因素，具有难辨识、难改变的特征，需要在深入分析致贫的环境和文化基础上进行长期改变。"内生性"致贫因素中文化致贫的影响最为深远。文化致贫主要表现为文化传统落后、文化资源相对匮乏和文化权利剥夺。因此，文化视角的反贫困需要从"外源性"和"内生性"两个方面进行。

贫困代际传递理论认为，代际与分层的形成造成贫困的世代传递，由收入水平、职业地位、社会地位、受教育水平等造成的收入差异将不断地在代际延续和传递，贫困将难以消除并且固化。其代表社会学家包括韦伯（Max Weber）、布劳（Peter Michael Blau）和邓肯（Otis Dudley Duncan）。其一，结合生命周期理论。从儿童期到老年期人生各阶段的家庭环境对贫困形成具有一定的影响，贫困家庭的儿童显然要比非贫困家庭的儿童更容易陷入贫困。因此，在生命周期的不同阶段通过差异化的家庭服务介入可以有效减缓贫困传递。其二，结合文化贫困理论。贫困文化具有极强的自我维持和传递机制，贫困者长期形成的一整套特殊文化体系使其与非贫困者相隔离，并不断复制和传递。因此，通过教育服务和文化服务可以改变消极贫困文化，形成并传递积极贫困文化。其三，结合福利依赖理论。贫困者在长期接受社会救助之后，会和其家庭成员一道丧失积极的工作态度和创造精神，进而形成对社会福利的顽固的依赖心理，这一心态将出现代际传递。因此，要改变福利依赖就必须改变福利实现的工具，将消极的社会救助向积极的社会服务转变。其四，结合社会资本理论。社会关系网络作为社会资本的表现形式之一，能够带来收益和机会，家庭的经济状况和社会地位将影响社会关系网络的建立和社会资本的形成。贫困者因家庭贫困和社会地位低下其社会关系网络具有较高同质性，不易形成良性社会资本，这一现象将造成代际影响。因此，需要通过社会工作者提供社会倡导和社会支持，将社会资源进行有效链接，进而促进社会关系网络优化和社会资本优化。

社会结构贫困观将贫困视为一种社会事实，置于社会结构和生产关系中进行分析和考量，形成了三种不同的贫困认识——包括功能主义贫困观、冲突学派贫困观和中立性贫困观。其一，功能主义贫困观认为，贫困的存在是一种合理的社会现象和社会秩序的必要机制，贫困群体和贫困阶层的存在具有其合理性和功能性。故而该理论承认贫困存在并维护贫困，其代表理论有涂尔干（Émile Durkheim）的社会分层正功能观，甘斯（Herbert Gans）的贫困十项功能观。其二，冲突学派贫困观认为，贫困和贫困阶层的存在，是社会制度、社会政策失当的结果，而不是社会功能需要决定的。权利结构的不平等和不合理迫使社会部分成员"失能"而陷入贫困，并强化社会排斥，加剧社会矛盾，从本质上讲是社会结构中社会分层和社会流动受阻导致了贫困。其三，中立性贫困观认为贫困是社会二元分化的一种状态，是社会制度和个人因素的共同产物①。

（三）理论交叉反贫困视角

20 世纪 70 年代以来，贫困概念开始从单一经济评价维度向包括经济贫困、能力贫困和权利贫困等多维角度转变。随着对贫困概念的理解的扩展和深化，多维贫困理论被学界广泛接受。多维贫困的概念已经被西方国家广泛运用，并辅以多元复合贫困线作为政策依据。这一过程是西方福利国家福利思潮和价值理念演变的过程，其表现为从"市民权利"到"公民权利"、从"消极自由"到"积极自由"、从"消极福利"到"积极福利"的演变。"能力导向"扶贫成为实质多维贫困观的政策设计落脚点②。反贫困策略开始向理论交叉的视角转向，其代表理论包括森（Amartya Sen）的"可行能力"（capability）理论、可持续生计理论和资产建设理论等。

1. 能力反贫困视角

森综合经济学、政治学和社会学的观点提出了"可行能力"理论。他认为，贫困意味着贫困人口缺少享有正常生活的能力，或者说贫困的真正含义是贫困人口创造收入的能力和机会的贫困，贫困的根本原因在于贫困人口获取收入的能力被剥夺。穷人因缺乏构成"可行能力"的构成要件——政治自由、经济条件、社会机会、透明性担保以及防护性保障，而缺乏生活的实质自由，进而失去自我发展的基础③。所以，扶贫应该是赋予穷人"可行能力"，通过发挥穷人主体能动性，激发多元性的潜在权利需求，改变其政治权利现状，实现彻底脱贫。以维持经济发展和社会稳定为目的的扶贫具有强烈的"工具性"特征，脱贫具有形式主义；而以追求人的权利和自由为目的的扶贫则具有明显的"发展性"特征，使脱贫具有稳定性效果④。森的"可行能力"理论扩展了能力反贫困的理论视角，为社会服务介入反贫困提供了理论依据。

---

① 黄承伟，刘欣，周晶. 鉴往知来：十八世纪以来国际贫困与反贫困理论评述 ［M］. 南宁：广西人民出版社，2017：117-121.

② 王磊，张冲. 能力扶贫：精准扶贫的发展型视角 ［J］. 理论月刊，2017（4）：157-161.

③ 基本贫困是指维持基本生活的物资条件匮乏，包括饮食、衣服、能源、住所、出行、网络等资源未能达到人们基本生存的水平；禀赋贫困是指由先天具备或外界赋予的有形资本和无形资本（包括土地资源、自然环境、地理区位、健康水平、劳动能力等）缺失。

④ 王磊，张冲. 能力扶贫：精准扶贫的发展型视角 ［J］. 理论月刊，2017（4）：157-161.

2. 可持续生计视角

可持续生计理论于 1987 年由联合国"世界环境与发展大会"正式提出，其理论包括经济、环境、社会和政治。钱伯斯（Robert Chambers）对此进行了明确阐述。1995 年《哥本哈根宣言》对其内涵进行了系统阐述，包括：能推动社会发展的经济、政治和法律环境；根除贫困；保证生活温饱，提高就业水平；促进社会整合；实现性别平等；实现全面教育和卫生机会平等；加速非洲经济社会发展；通过社会措施缓解社会结构的调整过程。在农村扶贫发展实践中广泛应用的可持续生计途径主要有以下四种：DIFD 的可持续生计途径、CARE 的基本需要和权利相结合的生计途径、Oxfam GB 的可持续生计途径和UNDP 的可持续生计途径。可持续生计理论介入印度米佐拉姆邦 20 多年的实证研究具有代表性。该研究从地理环境、社会文化、政治历史、经济发展、人口特征等因素综合分析贫困原因，借助可持续生计框架从自然资本、金融资本、物质资本、社会资本和人力资本五个维度进行扶贫①。

另外，20 世纪 90 年代以后出现的社会质量理论、资产建设理论等均从理论混合的角度提出了反贫困的新思想。社会质量理论从人的社会属性这一规范性原则出发，从建构性因素（个人安全、社会认可、社会回应和个人能力）、规范性因素（社会正义、平等、团结和人的尊严）和条件性因素（经济保障、社会包容、社会凝聚力和社会赋权）三个主要方面②对贫困进行综合性理解并提出实践性对策。资产建设理论将家庭资产分为有形资产和无形资产。有形资产包括物质财产和相关权利；无形资产基于个人资源或社会关系，主要包括人力资本、非正式社会资本、正式社会资本等③。对资产的缺乏是导致持续贫困的主要原因，反贫困的策略是以家庭为单位建立资产账户以通过资产建设增强贫困者对抗经济风险和社会风险的能力。

三、反贫困的路径研究

反贫困理论在很大程度上影响着各国反贫困政策的制定和路径选择。可是，在很多情况下，反贫困的路径选择并非以成熟的理论为出发点，而是以社

---

① SATI V P, VANGCHHIA L. A sustainable livelihood approach to poverty reduction: an empirical analysis of Mizoram, the eastern extension of the Himalaya [M]. Cham: Springer, 2017.

② 沃克. 社会质量取向: 连接亚洲与欧洲的桥梁 [J]. 张海东, 译. 江海学刊, 2010 (4): 21-29.

③ 谢若登. 资产与穷人——一项新的美国福利政策 [M]. 高鉴国, 译. 北京: 商务印书馆, 2005: 122-125.

会问题为导向，或是以占优势地位的社会价值和社会观念为基础。反贫困策略的提出往往以社会主流价值为基础，由执政者个人做出的行为选择或宗教教义提出的行为倡导。另外，社会经济的发展水平和政治权利结构也是反贫困路径选择的重要基础。因此，按照不同社会历史时期的反贫困路径特征，可以将反贫困路径分为前现代社会反贫困路径、现代社会早期反贫困路径、现代社会中期反贫困路径和现代社会后期反贫困路径。

（一）前现代社会反贫困路径

将贫困与苦难和不安全感联系在一起是前现代文明均具有的共识，最常见的贫困形式是长期的饥馑和营养不良。就贫困原因来看，在社会层面是自然灾害和人为灾害所引发的偶发性或危机性贫困导致个人失去了自给自足的能力；在经济层面是资源匮乏和阶级性资源分配制度导致土地、淡水等供应出现结构性失衡，以致个人失去反贫困的物质基础。根据贫困致因，各国借以防止无偿占有别人劳动和产品的机构和传统，可以分为四大类——国营机构、私人机构、家庭方法和非正式策略。其一，基于基督教、佛教和伊斯兰教的教义，对穷人的慈善行为是核心的信条，为无家可归者提供住所，为贫困者提供食物和衣物，为没有家庭照顾的老人和残疾人提供家庭照顾，为慈善事业捐助土地用于建造医院、孤儿院或食品分配等行为成为主要的反贫困措施。这些措施在西欧的主要城市均有运用。其二，政府介入慈善机构进行反贫困行动。例如：西欧的修道院将教堂收入用于救济；中国南宋政府对贫困者实行"社仓制度"，北宋时期王安石实施"青苗法"；伊斯兰国家"瓦克夫"提供粮食分配和社会事务费用。其三，以行业和社群为基础的行会制度分配。以西欧国家为代表的行会制度，通过行会对会员提供困境救助、利润让步和组织安抚，在很大程度上减轻了贫困者的生存压力①。可见，前现代社会已经开始多元主体介入反贫困，其中宗教组织和民间组织占据主导地位，反贫困的主要路径还是以临时性的食物、现金和居所救济为主。

（二）现代社会早期反贫困路径

1450—1750 年进入现代社会早期阶段，结构性贫困和偶发性现象变得越来越普遍，更多人进入工业领域并依靠工资作为全部收入。一方面风险在不断增加，另一方面人们对抗风险的能力在减弱。穷人的结构性致因迫使政府开始从制度层面寻求反贫困路径。虽然世界各国的反贫困策略大致相同，但在西欧却出现了济贫结构的实质性变化。作为工业文明发端的英国，1536 年颁布

---

① 博杜安. 世界历史上的贫困 [M]. 杜鹃，译. 北京：商务印书馆，2015：30-34.

《亨利济贫法》，开始对身体健全的流民进行惩罚并对值得救济的贫民进行救济，这是反贫困制度化的开端。之后，英国各地开始发放行乞证，对贫民进行普查，征收专门的济贫税，建立济贫院。1601 年英国《伊丽莎白济贫法》的颁布，标志英国反贫困制度正式确立。法令确立了济贫官的职责和济贫基金的使用和管理规则，贫困者享受居家救济并承担责任，"院外救济"成为英国主要的反贫困路径。英国以外的欧洲国家在济贫制度化和结构化改变中虽然不如英国彻底，但也开始进行反贫困实践尝试。例如：法国在大城市实施"一般施舍"，在小城镇建立"慈善办公室"；意大利设立公共典当银行和粮食银行；荷兰阿姆斯特丹建立"锉木监狱"等。这些反贫困措施虽然在一定程度上缓解了贫困问题对政权和社会稳定的压力，但是所谓权利义务对等原则具有贫困"道德观"的惩罚意味。

（三）现代社会中期反贫困路径

1750—1945 年世界经济关联度加强，工业化带来了空前的经济增长，在此期间贫困程度降低，贫困变得并不致命。可是，贫困现象却变得十分普遍，抗风险能力下降加剧了经济生活的脆弱性。在 20 世纪初，英国有三分之一的人口生活在贫困当中，在 1935 年之前美国有一半以上的老人生活在贫困当中①。贫困的大面积扩展加剧了社会矛盾，大量的工人罢工动摇了社会的稳定机制。为了缓解社会矛盾，英国 1782 年通过了《吉尔伯特法》，放宽贫困的救济条件，扩大救济范围。但该法案却在一定程度上形成了道德瑕疵。于是，1834 年英国又通过了《济贫法修正案》（新济贫法），通过"院内救济"的方式规范贫民的行为，惩罚懒惰，以最低工资报酬水平为救济标准。但是，1880 年以后，贫困与救助之间的道德联系开始淡化，贫困的结构化解释开始变得盛行，国家加大了对社会福利的投入，对社会福利体制的支持开始成为社会主流思想。1883—1889 年德国开始实施社会保险立法，1911 年英国颁布实施《国民保险法》。社会保险成为反贫困的重要路径。另外，老人、残疾人、妇女和儿童等被排斥在劳动力市场之外的弱势群体开始被广泛关注，狭义社会福利作为当时另一反贫困工具出现。1935 年美国颁布《社会保障法》为老年人和残疾人提供兜底的社会保障，具有明显的社会福利特征。与此同时，西欧国家也正在酝酿惠及全体民众的全面社会福利保障制度。

（四）现代社会后期反贫困路径

1942 年，英国《贝弗里奇报告》发表，英国成为首个从"摇篮"到"坟

① 博杜安. 世界历史上的贫困 [M]. 杜鹃，译. 北京：商务印书馆，2015：77.

墓"的福利国家。此后，欧洲主要国家先后宣布成为福利国家。随着全体国民的国家福利形式形成，绝对贫困概念开始被相对贫困概念所取代。1945 年以后，"普惠型"福利模式成为资本主义意识形态对抗社会主义意识形态的重要工具，并一直延续到 20 世纪 70 年代福利国家危机出现。这一阶段在福利国家受教育程度和技术技能水平低下开始成为致贫的主要原因，而且贫困者往往集中于固定的区域和人群，并形成相对稳定的贫困文化，不断在代际强化贫困致因和贫困现象，相对贫困的差距也在逐步拉大。20 世纪 70 年代以后，大量的福利支出造成了福利国家财政危机，对福利依赖的批判和对福利道德的回潮，成为福利国家转型的依据。积极福利思想的提出，对西方福利国家改革提供了理论基础。20 世纪 90 年代，以"福利社会"取代"福利国家"的理念开始在主要福利国家实践。英国以"工作福利"政策为代表，通过实施职业培训和惩罚"恶性待业"，提升贫困者能力和内驱力；美国以"资产建设"政策为代表，通过家庭账户建立和政府配比拨款的方法提升贫困家庭的受教育水平和资产建设能力；北欧国家以"家庭服务"政策为代表，通过将家庭事务社会化，解放妇女并让她们参与社会劳动，以实现妇女反贫困。可见，上述国家近年的反贫困路径均开始强调社会服务在多维贫困和相对贫困中的作用发挥。而且，从福利国家的社会福利资金供给方面可以看出，以现金形式供给的社会救助和社会保险开始出现下滑，而社会服务的资金供给则呈现不断上升的趋势。中国自 2013 年提出精准扶贫，在反贫困的路径选择中主要强调资金供给、实物供给和硬件设施建设。随着精准资金帮扶解决了贫困户的基本生存问题，以能力建设和个人发展为要求的社会服务精准供给亦提出了新要求。

第二节　积极福利思想

积极福利（positive welfare）思想是发展型社会政策的重要组成部分，亦是当今西方福利国家福利思想的最新表现。20 世纪 90 年代末，吉登斯（Anthony Giddens）首先提出应当以"积极的"或"主动的"福利政策代替传统福利模式或消极福利模式（negative welfare）。他认为："积极福利的思想就是要把贝弗里奇所提出的每一个消极的概念都置换为积极的：变匮乏为自主，变疾病为积极的健康，变无知为一生中不断持续的教育，变悲惨为幸福，变懒惰为创造。"① 从吉登斯的积极福利思想和之后以英国为首的福利国家的实践可以看出，积极福利是以个人责任与义务相平衡为基础，通过社会投资积极应对社会风险，最终实现个人赋权和激活社会力量的目标。从消极福利向积极福利转变的过程，也是消极平等观向积极平等观转变的过程——意味着平等的机会和在公共生活中的平等参与。这不但是一种准入的机会，也是一种权利的真正拥有和平等的分享②。福利本身不是单纯为了经济的目标，而是在实现经济利益的基础上促进个人的人格发展。吉登斯指出积极福利与消极福利在应对风险类别、目标、手段和机制上具有明显区别（见表1-1）。因此，积极福利可以分解为积极个人、积极政府和积极社会三个维度，分别从主体、价值理念、管理机制、运作模式、评价结果等方面进行整体性建构。从精准扶贫的角度来看，积极的扶贫不是简单地和被动地对贫困者进行经济帮扶和物资救助，而是主动地通过社会投资、资源链接、能力建设和教育扶贫等方式提供社会服务和社会救助，其目标是通过提升贫困者的抗风险能力和自主意识提升贫困者"可行能力"和"内生动力"，进而从根本上改变贫困者的贫困面貌，提高其生活水平和社会地位，保障精准扶贫的改革成果，促进社会公平正义。

表1-1　积极福利与消极福利

	积极福利	消极福利
风险类别	用以应对人为风险，是积极的行动	系根据外部风险组织起来的，用来解决已经发生的问题，具有被动性，本质上是一种风险的重新分配
目标	不是为了应对贫困，而是要推动人的发展，强调自我实现和责任	维持人的一种生存状态，应对贫困，使人不至于因遭遇风险而陷入生存危机
手段	通过增强人自身的生存能力来面对和化解各种人为风险	外在的物资或现金给付
机制	对人为风险采取"事先预防"的方法，即在风险出现时或可能出现时，采取防范措施	对外部风险采取事后风险分配制

资料来源：根据相关资料整理。

---

① 吉登斯. 第三条道路：社会民主主义的复兴 [M]. 郑戈，译. 北京：北京大学出版社，2000：132.

② 吉登斯. 第三条道路：社会民主主义的复兴 [M]. 郑戈，译. 北京：北京大学出版社，2000：107.

一、积极福利思想的时代背景①

世界上的主要福利国家在"福利国家危机"之后普遍进入后工业时代，社会结构和经济结构均出现根本性的变化。在全球化、信息化、风险社会和多元主义的影响下，更加个性化的福利供给对象需要以全新的福利思想和理念，以"新福利"来应对"新风险"。

（一）从工业社会到风险社会，社会风险分配逻辑体现"无差异化"

工业社会风险具有可知性，富裕阶层通过财富购买安全，将风险下沉到贫困阶层。这种"财富在上层聚集，而风险在下层聚集"的不平等，成为工业社会的风险分配逻辑。全球化和数字革命正在解构以"标准化"为核心思想建构的工业社会价值传统，信息技术的变革和现代交通的改善改变了人类的物理空间概念，缩短了人际距离，扩充了交往空间，实现了物资资源和人力资源的全球流动和共享，人类正在进入不安全的风险社会。风险的爆发表现为降临的不可预知性、影响的不可估量性、分配对象的随机性和产生范围的全球性。工业社会中稳定的社会管理体系和确定的危险应对体系在进入风险社会后被完全打破，与之相伴的则是风险的"无差异"分配。正如贝克（Ulrich Beck）所言："不平等的"社会价值体系被"不安全的"社会价值体系所取代②。基于传统风险逻辑建立的福利国家制度型社会政策，在风险应对时具有明显滞后性。老龄化危机、技术更新加速、不稳定婚姻等新社会风险加速了男性养家型社会保险政策的解体③，风险抵御主体开始呈现多元化特征。因此，需要通过具有积极性和预防性的社会政策应对消极性和滞后性的传统风险。

（二）从工业社会到信息社会，经济结构发生革命性变化

工业社会福利经济始终在凯恩斯主义和新自由主义之间徘徊，纯损耗型经济发展一直将福利支出聚焦于消费性财政支出。在出现经济危机时，福利支出的缩减和僵化的劳动力市场扩大了社会不公。随着信息社会的到来，经济结构体现为产业经济向知识经济转型，损耗型福利经济已经不能支撑多样化劳动形态的需求。经济结构变化促进就业结构变化。2000年《里斯本议程》（*Lisbon Agenda*）指出：欧盟有超过80%的工人必须通过从事以知识为基础的工作或服

---

① 王磊. 从福利国家到社会投资国家：发展型社会政策生成机理及其运行逻辑 [J]. 东岳论丛，2020（3）：57-65.

② 贝克. 风险社会 [M]. 何博闻，译. 南京：译林出版社，2004：56.

③ ESPING-ANDERSEN G, GALLIE D, HEMERIJCK A, et al. Why we need a new welfare state [M]. New York：Oxford University Press, 2002：2.

务性工作来谋生。随着新的职业分工出现，"巨无霸电脑"（Big Mac）工作者和高技术专家在新知识经济中超过了50%①。在劳动力从制造业向服务业转移的过程中，有一个生产率下降的长远趋势，并影响经济增长②。弹性的就业时间和灵活的就业场所在促进经济增长的同时带来了就业结构的重构。就业结构的调整表现为从"不流动"的终身单一工作场所里的全职工作（它时刻伴随着失业的可能性），到充满风险的灵活、多样和分散的就业体系（它可能永远不会引起完全失去付薪工作这个意义上的失业问题）的转变。"失业消失"，带有普遍风险的不充分就业体系形成③。灵活就业比率加大、女性就业人数增加、职业生涯年限延长成为更新后的就业结构。人力资源的全球化流动加快了就业结构的变革，也加快了人力资源的全球流动。因此，社会支出结构需要从需求导向变为供应导向④。就业机会的公平获取和劳动力多样化需求的满足成为社会投资国家弥补福利国家不足的重要诉求。

（三）从工业社会到后工业社会，社会结构呈"多元化"特征

工业社会中核心家庭结构在后工业社会被多元文化和家庭结构肢解，社会资本开始衰落。欧美国家离婚率上升、结婚率下降、家庭流动性增强、非传统家庭出现、非婚生子增加、全职家庭增加等现象加速了标准化社会结构的解构。妇女和儿童成为"新穷人"中的主力军，加之社会老龄化，使得社会救助需求和能力提升诉求增加。工业社会传统共同体的社会团结建立在政府与公民的"消极信任"基础之上，社会通过既定的权力服从方式或严密的契约监督来保持稳定。然而，后工业社会的多样性社会关系和对权力的"去中心化"打破了既定的信任权威，对过度契约约束所产生的高额管理成本嗤之以鼻。多元化福利供给主体出现，旨在打破单一型福利关系，建立社会伙伴关系以实现福利递送流程再造。因此，投资社会变成了后工业社会社会资本重建和社会团结的重要期待。另外，生活方式发生改变，人们更关注健康和安全，以及环境对人类的影响。公民对日常生活民主化和社会生活前瞻性需求带来的大规模福利资金需求无疑加剧了福利国家危机。面对社会结构转型，风险社会不直接提

---

① 吉登斯. 全球时代的欧洲 [M]. 潘华凌, 译. 上海: 上海译文出版社, 2015: 57.

② PIERSON P. Post-industrial pressures on the mature welfare states [M] //PIERSON. The new politics of the welfare states. New York: Oxford University Press, 2001: 84.

③ 贝克. 风险社会 [M]. 何博闻, 译. 南京: 译林出版社, 2004: 175.

④ 郭灵凤. 欧盟社会保障政策的社会投资转向: 理念发展与政策评估 [J]. 欧洲研究, 2014 (6): 119-128.

供福利，而是鼓励和提供差异化和个性化的选择和行为模式①，以期通过动员群众提高竞争力，扩大机会，改变行为和对责任的预期来化解福利国家危机，进而实现对社会结构的"多元化"。

二、积极福利思想的理论基础

积极福利思想由英国著名社会理论家和社会学家吉登斯于 20 世纪 90 年代提出。吉登斯的积极福利思想是在对现代性反思的背景下，针对社会民主主义和新自由主义的"二元论"提出"结构二重性"的基础上建立起来的。对于社会结构的解构，吉登斯对社会民主主义的弊端、新自由主义的优势和二者之间的关系进行了重新解读，并重构二者的关系，这由此成为积极福利思想的理论基础。

（一）"结构二重性"："结构"和"能动"的包容

在社会学领域，结构（structure）和能动（agency）具有"二元对立"关系。一方面是社会对个体的影响（结构），另一方面是个体的行动自由对社会的形塑作用（能动）②。在研究实践中结构研究者重宏观层面的社会现象研究，而能动研究者重微观层面的个人行动。从表面上看二者对立的关系清晰，但实际运作中却界限模糊。吉登斯认为，"能动和结构二者的构成过程并不是彼此独立的两个既定现象系列，即某种二元论，而是体现着一种二重性"③，结构和能动是互相包含的关系。结构具有赋能性（enabling），不仅仅是限制和约束条件，有了结构，个体的创造性行动才有可能实现；反过来，个体的重复行动加在一起，可以再生产和改变社会结构。结构化理论的核心是"基于时空环境有序展开的"社会实践，社会结构就是通过这些生产和再生产出来的④。吉登斯的"结构二重性"（duality of structure）化解了结构和能动的悖论。其理论上的具体表现就是"第三条道路"的提出，这也构成了积极福利思想的内在结构性基础。

社会民主主义和自由主义的"二元对立"在社会福利理论和福利政策的演变中充当重要的逻辑基础。伴随 20 世纪 70 年代"福利国家危机"的出现，

---

① 泰勒-顾柏. 新风险 新福利：欧洲福利国家的演变 [M]. 马继森，译. 北京：中国劳动社会保障出版社，2010：9.

② 吉登斯，萨顿. 社会学基本概念，王修晓，译. 北京：北京大学出版社，2019：33.

③ 吉登斯. 社会的构成：结构化理论大纲 [M]. 李康，李猛，译. 北京：生活·读书·新知三联书店，1998：89.

④ 吉登斯，萨顿. 社会学基本概念 [M]. 王修晓，译. 北京：北京大学出版社，2019：35-36.

福利国家在福利发展进程中逐渐出现了福利理念的分野。以瑞典和挪威为代表的斯堪的纳维亚国家坚持走古典社会民主主义（老左派）道路，以英国和美国为首的自由主义国家开始向新自由主义道路（新右派）迈进。自由主义所倡导的放任福利观始终为古典社会民主主义所诟病。老左派一直是公民社会权利的坚实捍卫者，并随福利国家的建立和发展使公民权演进达到顶峰。在福利国家，公民具有社会公民身份，社会福利和社会服务的分配具有普遍意义。政府广泛而深入地参与到公民经济生活和社会生活中，以公民资格为标准，不论身份、职业、性别和年龄，提供覆盖全民的普惠型社会福利，反对使用"家计调查"来对不同社会群体"贴标签"。在高标准福利供给水平上，追求强烈的平等主义，力求创造更加平等的社会；在福利供给内容方面，老左派始终坚持多方位的福利国家理念，保护公民"从摇篮到坟墓"。从高额的社会救济金到细致入微的社会服务，北欧福利国家的社会福利政策涵盖了生育、医疗、住房、教育、家庭服务等各个领域，实现了内容上的全覆盖。将现金救济和服务提供相结合的方式更是从内容方面提高了社会福利水平；古典社会民主主义在集体主义意识形态中寻求政府的绝对责任。政府在社会福利供给方面承担主体责任，对公民社会具有支配地位。政府将零散的和市场提供的低效社会服务项目和公共服务产品供给作为义务。一方面，在福利供给中限制市场作用，反对混合经济和以社会为主的供给方式。不断强化政府对个人、家庭和社会的责任。另一方面，对慈善组织持保留态度。老左派认为与政府负责的社会服务组织相比，慈善组织呈现出非专业、管理差、效率低的特点，在社会福利供给时更倾向于政府负责的方式。北欧福利国家的高福利需要靠高税收来维持，在这些国家，受慈善不专业和服务不收费的影响，对高额福利的支出只能靠高额税收来实现。税收的保证则要依靠高就业率来维持，这又对福利支出的使用效果提出更高要求。

新自由主义是在自由主义基础上发展起来的另一种形式的"市场原教旨主义"。同样是强调市场的绝对力量，新自由主义在市场的发育中增添了政府的应有作用和地位，走"控制式"个人主义道路。"新自由主义者把福利国家看成一切罪恶的源泉，正像当初的革命左派把资本主义视为一切罪恶的源泉一样"①。以英国为代表的新右派，二战后在"贝弗利奇报告"指引下，实现了向福利国家的顺利转型，在经历福利国家危机后，开始进行大刀阔斧的撒切尔

---

① 吉登斯. 第三条道路：社会民主主义的复兴 [M]. 郑戈，译. 北京：北京大学出版社，2000：14.

改革，从古典社会民主主义走向了新自由主义。从表面上看，改革只是福利水平的降低、福利覆盖面的缩小和福利内容的削减，然而，从本质上看，却是对社会福利的公共安全网功能认识的彻底改变。社会福利作为公共安全网不是社会平等的体现，而是对市场机制漏洞的补充，福利的提供应该是经济增长和市场引导。所以，新自由主义倡导的是通过经济个人主义，由公民自身通过财富积累和市场行为实现福利的供给。在反集体主义（anti-collectism）意识形态基础上建立的普惠型社会福利是对个人和家庭保障功能不足的有效补充，虽具有普及性，但却属于基础型，不具有优质性。新右派认为国家对福利的全权供给是对个人自由的侵蚀、对市场发展的威胁，所以坚决反对由国家和政府对福利全面供给，主张通过经济组织、慈善组织、个人和家庭发挥自主作用，在残补式社会福利模式下提供福利，走一条福利多元主义道路（welfare pluralism）。在福利供给方面，提供多样化的工具，除了服务和现金补助外，实物供给、福利券、扣抵税额等方式大行其道，弗里德曼（Milton Friedman）提出的负所得税和教育券就是典型代表。

可见，在意识形态、平等观和福利功能上古典社会民主主义和新自由主义处于"二元对立"状态。这种对立状态并未真正解决福利国家危机，其根本原因就在于将社会结构和个人行为看作对立双方。然而，吉登斯的"第三条道路"则认为，社会结构和个人行为并非机械地分割，而是具有能动机制的。因此，应该超越"左"与"右"，将二者进行解构并通过互构来重建二者的关系。其一，"能动"的民主。民主化的双向运动化解了对"大政府"还是"小政府"的争论，取而代之的是政府权威在更为积极的基础上得到重构。民主制度更加保护个人自由，真正体现民主制度中的民主意愿，充分发挥个人的积极作用。加大政府控制领域的透明性和监督力度，提升政府的公信力和治理效能。在福利供给中既激发个人和社会供给的动力，也体现政府的透明度和能力。其二，"能动"的平等。吉登斯认为："一种能动的平等模式或平等化能够为在富人与穷人之间达成新的契约提供基础……内涵更广的福利是摆脱为被剥夺者提供经济帮助的模式，培养自发的带有目的的自我。"[①] 平等既不是无底线的包办，也不是完全交由市场来运作的个人自由，而是政府通过宏观政策设计能动地促进微观个人行为模式改变。在全面福利供给的基础上，激发个人潜力，弱化福利依赖，将发展和平等纳入社会政策，以实现真正意义的平等。

---

① 吉登斯. 超越左与右——激进政治的未来 [M]. 李惠斌，杨雪冬，译. 北京：社会科学文献出版社，2003：203.

其三，"能动"的社会。"第三条道路"中公民权利意识的崛起和公民社会的复兴形成了作为合作伙伴的政府和公民社会。以社区为平台，通过激发地方的主动性实现社区复兴。同时，大量的第三部门介入，成为政府社会服务的承包方和实践者，并强化政府的监督角色和财政主体角色。税收、付费和捐赠的多元结合，为公民社会的复兴带来福利财政的红利。因此，"第三条道路"的提出打破了社会福利政策轮转的逻辑基础，实现了"结构"和"能动"的包容，"消极福利"开始向"积极福利"转向。

（二）从传统风险到"新风险"社会：风险类型转型的应对

福利制度的产生以风险应对为主要目标，并随着风险类型和特征的转换调整福利制度和福利模式。从传统风险社会到"新风险"社会，风险的生成机制、表现形式和应对方案均发生了重大变化。从制度作用的行为模式来看，风险类型的根本性变化影响了福利理念的根本转换，传统社会"事后补救"的行为模式导致了"消极福利"的思想。"新风险"社会的到来加剧了社会发展的系统性风险。现代社会风险从危险中抽离，社会风险的分配逻辑被重构①。社会风险分配的均等化、社会不平等的个体化、生活方式的差异化、劳动的去标准化在塑造新社会结构的同时加剧了社会风险，加之后工业社会互联网技术升级和信息巨量扩散强化了社会风险的系统性需求。这些新特征要求必须形成"能动预防"的"积极福利"思想。吉登斯通过提出风险类型转型的理念，分析转型背后的逻辑关系，并形成"积极福利"理论的逻辑基础。

工业社会形成主要风险类型的是外部风险或自然风险，其风险具有明显的客观性，可以通过相对传统和封闭的风险管理模式进行监控和应对。传统风险管理模式主要包括"残补模式"和"制度模式"。从工业社会伊始至1935年，人们对传统风险的认知停留在"个体性"而非"社会性"角度，认为贫困由个人懒惰引起，政府所承担的仅仅是有限责任和对弱势群体的补救。此时，社会福利制度的"非稳定性"和"残补性"特征明显。包括英国新、旧《济贫法》和"德国1883年社会保险三法"在内的各国社会福利制度和法规，在面对风险时均以补救社会和个人风险的目标为依托。无论是社会救助还是社会保险在这一阶段都具有一定制度的不稳定性。随着人们对抗风险能力的不断提升，有较强稳定性的制度化社会福利制度开始实施。其以1935年美国《社会保障法》为代表，之后1942年英国《贝弗里奇报告》的出台标志着英国进入

---

① 贝克.风险社会：新的现代性之路 [M].张文杰，何博闻，译.南京：译林出版社，2018：9.

福利国家行列，至此社会福利的制度模式开始形成。社会结构的致贫原因成为主导价值取向，对个人的功能补救变为针对社会的功能补救。可是，制度模式下社会风险的应对逻辑依然是被动行为模式，始终没有超出"消极福利"的理论范围。

在全球化背景下，人为不确定性超过了环境不确定性，社会不确定性增强和不确定范围扩大。吉登斯认为："生活一直是件具有风险的事。人为不确定性闯进我们的生活意味着我们的存在，无论是在个人层面还是集体层面，都比以前更有风险。而且，风险的根据以及范围都发生了改变。"[①] 技术的革新和人本主义的传播，让人类对世界的作用越来越明显。人们对社会生活条件和自然环境的介入形成了新风险，新风险所涉及的问题是全新的。建立在传统风险基础上的风险应对机制、管理体系和福利制度，在新风险时代完全不能处理风险所带来的危害。而且，新风险的生成是人类科技知识不断补充的过程，该过程在带来进步的同时制造着风险，如此循环往复。传统风险的"补偿性"机制将永远不能赶上危机制造的速度，以静态的旧风险应对逻辑所构建的防御体系已经不能处理动态的新风险的结构性问题。因此，面对新风险需要彻底改变应对机制，并重构危机应对体系。

从"消极福利"到"积极福利"就是要激活社会，主动面对风险的过程。其一，用"群体激活"目标取代"收入维持"目标。在新风险背景下，社会政策的主要目标已经从收入维持向激活与重新整合弱势群体转变。这一过程中，社会保障的功能从消极地补偿社会风险，转变为努力矫正对申请者和雇主的行为激励，并将重点放到预防性的社会投资上面[②]。其二，用"社会治理"思维取代"社会管理"思维。"社会管理"思维是通过政府以自上而下的管理模式对社会进行层级式管理。在面对社会个体多样性需求时，政府单一式管理模式已经不能降低系统性分析，反而会因权力运转不畅产生结构性风险。因此，通过政府引导的自下而上的社会治理思维，能够最大限度调动社会力量和激活社会群体，以全域式网络面对多样性风险。其三，用"共同体公众"概念取代"个体化公众"概念。国际竞争给再分配的范围和全面福利国家的去商品化权利带来挑战。货币市场、商品市场和服务市场跨界竞争的增加极大地

---

① 吉登斯. 超越左与右——激进政治的未来 [M]. 李惠斌，杨雪冬，译. 北京：社会科学文献出版社，2003：4.

② 吉登斯，戴萌德，里德. 欧洲模式：全球欧洲，社会欧洲 [M]. 沈晓雷，译. 北京：社会科学文献出版社，2010：101.

降低了全民福利国家的战略空间①。福利国家对"个体化公众"的福利供给已经无法逾越全球化的福利风险和种族的福利供给界限。只有通过"社会伙伴"的结成发展"共同体公众",由政府、社会组织、社区、家庭和个人结成的伙伴关系来共同提供福利,即福利社会,才能抵御全球化风险。

(三)现代性与现代性自反:自我认同的"外延性"和"意向性"关联

积极福利思想对社会结构、政治派别、风险类型的认识,基于对社会形态中现代性的宏观解释和微观行动之间的逻辑关系。现代性的显著特征之一就在于外延性(extensionality)与意向性(intentionality)这两级之间日渐增多的关联:一级是全球化的诸多影响,另一级是个人的禀赋②。现代性在理论体系建构并完善的同时孕育出对现代理性的批判,这种普遍性渗透到哲学、社会生活和个人意识,并形塑了现代性的特征,即现代性与现代性自反的统一。另外,现代性的动力机制源于时间和空间的分离和他们在形式上的重新组合,正是这种重新组合使得社会生活出现了精确的时间-空间的"分区制",导致了社会体系的脱域;同时通过影响个体和团体行动的知识的不断输入,对社会关系进行反思性定序与再定序③。积极福利思想中个人权利的获取与个人义务的体现在某种意义上来说就是现代社会自我认同的"外延性"和"意向性"的统一。

一方面,积极福利思想是对自我认同"外延性"体现。福利本身是一种心理机制,社会福利的供给也体现出自我的内心满足。但是,在晚期现代性的大背景下,个人之无意义感——那种认为生活未能提供任何有价值的东西的感受正逐渐成为根本性的心理问题④。积极福利思想就是希望通过对自我价值的体现重构人们的价值体系和心理机制,改变福利国家无所不能的"假象",摆脱现代性自我认同的局限,进而将外延不断扩展至社会领域。

另一方面,积极福利思想亦体现出自我认同的"意向性"特征。现代性与现代性自反在内涵中的解释基于我们日常生活中最熟悉的个人领域,个人在现代社会中对自我认同的"意向性"表现是对现代性自反的隐喻。象征标志(symbolic tokens)和专家系统(expert system)的两种脱域机制在不断强化自我意向,反思自我、发现自我和展示自我。通过自我认知提升,实现对现代性

---

① 吉登斯,戴萌德,里德.欧洲模式:全球欧洲,社会欧洲 [M].沈晓雷,译.北京:社会科学文献出版社,2010:97.

② 吉登斯.现代性与自我认同:晚期现代中的自我与社会 [M].夏璐,译.北京:中国人民大学出版社,2016:1.

③ 吉登斯.现代性的后果 [M].田禾,译.南京:译林出版社,2011:14.

④ 吉登斯.现代性与自我认同:晚期现代中的自我与社会 [M].夏璐,译.北京:中国人民大学出版社,2016:9.

的反思。自我建构作为一种反思性的"项目",是现代性的反思性的一个基本部分①。

"信任"是自我认同的"外延性"和"意向性"关联的重要桥梁,通过信任建立的广泛群体关系是用来应对新风险的有效方式。在信任体系建立中现代性制度的特性与抽象体系中的信任机制(特别是专家系统中的信任)密切相关②。积极福利思想就是想通过信任体系建立个人认同和社会认同机制相关联并且体系化的风险防范机制。因此,自我和社会的认同在现代性与现代性自反中实现了"外延性"和"意向性"关联。

三、积极福利思想的核心观点

吉登斯的现代性理论、社会结构理论和风险社会理论构成了其相对完整的理论体系,并为积极福利思想的形成奠定了强大的理论基础。在《超越左与右——激进政治的未来》《第三条道路:社会民主主义的复兴》和《全球时代的欧洲》三本著作中吉登斯对积极福利思想做了深入且体系化的归纳,从价值取向、基本目标、指导思想、政策逻辑、操作工具等方面提出了其核心思想。

1. 积极自由:积极福利思想的价值取向

"第三条道路"中"能动的包容"对福利国家的内在结构进行重构,将能动的社会作为重构的价值理念,表现在积极福利理念中就是从"福利国家"向"福利社会"转变。该过程也是对"自由"概念的重新解读。传统福利制度旨在把风险从个人转向国家。保障被定义为减少风险,并被看作福利国家和提高社会公正所要追求的主要目标③。但是,将个人和社会割裂的福利制度所培育出的消极自由,难以切合"后匮乏时代"个人和社会多样性特质。因此,积极福利思想强调将个人与社会关联,以"混合福利经济"的表现形式,实现积极个人和积极社会相统一,通过积极信任实现社会团结的福利社会。

"第三条道路"政治就是要建立起个人与社会之间的新型关系,同时探寻政府与社会的关系。社会民主主义和新自由主义的政治在自由的理念上要么偏左,要么偏右,自由最终表现为被动的自由和缺乏保障的自由,都属于消极的自由。"第三条道路"所倡导的自由以建立在个人、社会和政府之间的伙伴关系为基础,是在三者间互动的积极自由。这种伙伴关系的经济基础就是新型的

---

① 吉登斯. 现代性的后果 [M]. 田禾,译. 南京:译林出版社,2011:108.
② 同①:73.
③ 吉登斯. 全球时代的欧洲 [M]. 潘华凌,译. 上海:上海译文出版社,2015:98.

混合经济。"新型的混合经济试图在公共部门和私人部门之间建立一种协作机制，在最大限度地利用市场的动力机制的同时，把公共利益作为一项重要的因素加以考虑"①。政府将权力下放到基层社会，以契约委外的形式将福利国家中政府包办的公共利益项目交由社会来供给。对现代性反思的社会是以高度的自治组织为标志的社会。公民社会发展壮大的结果就是具有能动性和包容性的社会。

积极自由的最终价值是实现社会团结，可以通过心理、行为和结构三个维度进行描述。心理维度的社会团结表现为信任，积极福利背景下实现了从消极信任向积极信任的转变。积极信任的双方是双向协商而非依赖，信任在其中必须以一种慎议的方式不断更新，且建立在扁平化组织的基础之上，信任的范围更广。行为维度可以理解为礼貌（civility），表现为陌生人之间的互动具有了更深入的关系纽带。结构维度指社区、国家或其他形式的社会联系的融合程度。积极福利背景下的社会融合程度是一个网络社会的一体化，其建立在具有认同感、责任感和归属感的社会共同体中。社会团结的保障机制则建立在双向协商和常规监督的"积极信任"机制和日常生活中多样性实质自由的"日常生活民主化之上"②。

2. 积极平等：积极福利思想的目标设定

事实上，无论是社会民主主义还是新自由主义均没有从根本上消除社会排斥和结构性不平等问题。其原因在于被动接受社会资源再分配和权利扩展的福利国家逻辑，不能从根本上解决"后匮乏时代"的福利资源供给不足和个人心理满意度缺失的问题。低自尊限制了自主，也限制了人们改变命运的能力。"第三条道路"政治正是在寻找个人与社会之间的一种新型关系、寻找一种对于权利和义务的重新定义③，即无责任便无权利。这种新型关系亦是新的平等观——积极平等。积极平等将平等定义为"包容"（inclusion），而非社会排斥。积极福利的目的是培养"自发地带有目的的自我"（autotelic self），它具有源于自尊的内在信心，其本体上的安全感来自基本的信任，这种安全感为积极地容忍社会差别提供了条件④。一方面，积极平等表现为社会机会的平等供

① 吉登斯. 第三条道路：社会民主主义的复兴 [M]. 郑戈，译. 北京：北京大学出版社，2000：104

② 吉登斯. 全球时代的欧洲 [M]. 潘华凌，译. 上海：上海译文出版社，2015：104-107.

③ 吉登斯. 第三条道路：社会民主主义的复兴 [M]. 郑戈，译. 北京：北京大学出版社，2000：68.

④ 吉登斯. 超越左与右——激进政治的未来 [M]. 李惠斌，杨雪冬，译. 北京：社会科学文献出版社，2003：201.

给；另一方面，积极平等表现为个人自尊自信的内在感受。此二重性目标最终体现为增强社会凝聚力和加强社会团结。

旧平等主义（消极平等）关注底线公平，强调通过经济上的保障和再分配；关注地位平等，主张通过消除阶级差别来实现所有社会成员的地位平等；追求在民族国家范围内实现社会正义的目标；倾向无条件权利，忽视责任重要性；聚焦收入再分配或者协议工资。新平等主义（积极平等）强调在关注社会公正的同时关注经济动力或经济效益，尽量保障二者的协调和平衡，实现经济的可持续发展；关注效率，认为效率提高对于收入和财富分配具有持续性；关注机会平等，主张增进代际机会平等；充分重视全球化背景下文化、种族多样性；充分重视责任，把权利和责任同时引入福利制度改革中；关注财富和生产禀赋的初次分配，最终以实现"能动的个人"目标。

从"消极福利"向"积极福利"的转变，是"公民权利"福利向"权责统一"福利的转变，意味着公民积极承担社会责任，主动分散社会风险，在政策执行中发挥主体作用。通过激励和惩罚相结合的措施，建立积极的劳动力市场，激活劳动者的工作积极性，使其在工作中形成积极的心态和健康的心理。以积极平等为目标实现了从"消极公民"向"积极公民"的转变。

3. 积极干预：积极福利思想的实践逻辑

传统福利国家针对的是外在风险，具有明显的事后性，其实践逻辑是风险弥补；认为社会政策支出是为了维护经济发展和稳定，将社会政策看作纯损耗型的消费，处于经济政策的从属地位。积极福利针对人为风险，具有预防性特征，其实践逻辑是风险预防，通过人力资本投资，而非直接提供经济资助。在此基础上建立的国家是"社会投资型国家"①。用"投资性"策略替代"消费性"策略，以提升社会综合性指标。社会投资以进行社会风险管理、解决社会结构矛盾、促进经济发展、调和经济与社会的矛盾为目标，进行人力资本投资。社区资本投资和社会资本投资，社会政策被认为是生产要素，具有促进经济发展和社会发展的双重功能。

社会投资战略的核心是人力资本投资。积极福利思想的人力资本投资强调全生命周期投资，其延展特征明显。以资金投资的方式属于直接社会投资，主要包括幼儿教育、妇女教育、在职培训、再就业培训等内容。在家庭领域对儿童和妇女的教育投资可以有效建立"友好型家庭"和有效缓解儿童贫困。在工作领域对残疾人、失业者和老年人的人力资本投资可以有效建立"友好型

---

① 吉登斯. 全球时代的欧洲 [M]. 潘华凌, 译. 上海：上海译文出版社, 2015：17.

劳动力市场"，通过"预防性就业能力"来解决新型劳动力市场分割的问题，以及通过放松解雇保护的方式来增强劳资关系的弹性①。另外，社会投资还通过提供社会服务的方式进行赋权和工作机会的提供，这属于间接社会投资，主要包括保障投资质量的保障性措施，比如家庭服务、医疗保障、康复计划、失业保险、培训福利、积极的劳动市场和劳动政策等。

另外，人力资本的投入也在促进社区资本的形成。社区在社会投资过程中将形成居民良性互动关系、塑造优势文化、传播慈善精神，进而增强社区凝聚力，积累社区无形资本和有形资本。在进行社区设计时，政府通过投资社区公共设施打造居民公共活动的物理空间，投资社区文化建设打造社区文化空间，投资社区价值整合打造社区融合的心理空间，最终形成优势社区资本。社区优势资本形成能促进社会整合和社会团结，起到增加社会资本的作用。社区项目是社会资本形成的载体，通过对社区项目的投资将居民、社会组织、政府部门和营利企业有效链接，形成社会资本网，最终实现对经济发展的贡献。通过穷人资产账户建设促使政府转移支付的资金形成投资。从福利效应来看，资产建设所带来的效应包括：促进家庭稳定，确立未来取向，刺激其他资产的发展，促进专门化和专业化，奠定承担风险的基础，增强个人效能，加大社会影响力，增加政治参与，增进后代福利②。可见，通过有形资产和无形资产的投资可以实现社会资本增值③。

四、理论述评

贫困是一个复杂的社会现象，我们可以从社会历史的发展过程去窥视贫困定义的差别及其背后的理论解读。从世界范围来看，虽然各国经济和社会发展水平相异，但从致贫原因、贫困性质、贫困表现和反贫困行动来看表现出大致相同的发展过程。先发展国家的反贫困经验，对于后发展国家来说具有重要的借鉴意义。贫困的理解，大致体现出经济一维向经济社会二元再到经济社会政治三维贫困的概念转向。贫困的理解愈加深刻和全面，贫困的理论研究愈加丰富。贫困问题也一直是我国社会主义建设的重要议题，是全面建成小康社会的

---

① 吉登斯，戴萌德，里德. 欧洲模式：全球欧洲，社会欧洲 [M]. 沈晓雷，译. 北京：社会科学文献出版社，2010：105.

② 谢若登. 资产与穷人——一项新的美国福利政策 [M]. 高鉴国，译. 北京：商务印书馆，2005：181.

③ 王磊. 从福利国家到社会投资国家：发展型社会政策生成机理及其运行逻辑 [J]. 东岳论丛，2020（3）：57-65.

关键点。我国的贫困问题既体现出西方先发展国家的运行规律，也具备自身的发展特色。特别是在精准扶贫时代，中国特色社会主义制度对精准脱贫的要求既是民生需要也是政治要求。

积极福利思想对于反贫困具有一定的实践意义，我国在精准扶贫中可以借鉴。

第二章　积极福利视域下社会服务反贫困的国际经验比较

　　贫困特征的地区差异化和个体差异化决定了差异化精准扶贫在我国可以顺利开展。从贫困特征的差异化来看，其既有因社会结构变化而出现的新贫困，又有因自然条件落后而产生的传统贫困。因此，在国际经验借鉴方面需要针对两类型贫困进行比较研究。从积极福利思想的角度来看，英美两国是发达国家积极福利思想的较早践行者，在面对新贫困时更倾向于以积极福利为指导思想，使用社会服务工具进行反贫困。孟加拉国作为发展中国家，其贫困特征以传统贫困为主，贫困程度深。近年来，孟加拉国的反贫困取得了突出的成绩，主要原因在于其以积极福利思想为指导的金融社会服务（格莱珉银行）的实践。这不但成为发展中国家反贫困的典范，而且被发达国家所效仿。另外，三个国家不同的福利体制决定了反贫困主体的差异性：美国强调市场主体性，英国强调国家主体性，孟加拉国强调社会组织的主体性。对三个以积极福利思想反贫困国家的社会服务的比较研究，能够对我国不同类型主体的反贫困策略提供启发。

第一节　积极市场：美国反贫困社会服务的经验

　　美国是当今世界最富有的发达国家之一，受自由主义思想影响，美国更倾向于"市场原教旨主义"，即通过基本的社会福利政策和充分的市场竞争来维护自由精神或美国精神是美国社会运转的基本信条。因其所带来的贫富差距扩大化和社会排斥使贫困成为美国社会进步的必然产物。美国是一个移民国家，其贫困的群体性差异突出，黑人贫困、拉丁裔贫困、印第安裔贫困等成为美国社会的特殊贫困现象。20 世纪 90 年代以来，随着新自由家长主义的兴起，美国政府开始接受积极福利思想，并通过社会服务项目进行人力资本投资、社会资本投资和贫困者资产建设，有效实现了贫困者可行能力的提升，为后发现代化国家新贫困的解决提供了经验与借鉴。

一、美国贫困现状分析

（一）贫困测量方法

19 世纪 70 年代，美国开始对贫困定义和测量进行广泛研究。初期的贫困研究将贫困定义为绝对贫困或赤贫（pauperism）。1894 年，阿特华特（Wilbur Olin Atwater）根据不同食物的营养和价格计算食物成本，并以此判断人们的生活水平，食物营养则包括蛋白质、碳水化合物、脂肪和矿物质四类。该营养支出法成为后来美国农业部发放粮食的指导方法。1923 年，道格拉斯（Dorothy Douglas）将贫困分为贫困水平（poverty level）、最低生存水平（minimum of subsistence level）、生存以上水平（minimum health and decency）和舒适水平（comfort level），其标准依然是绝对贫困[1]。1965 年，奥珊斯基（Mollie Orshansky）通过 1955 年的家庭食品消费调查，发现平均每个家庭将税后家庭收入的三分之一用于食品。然后，她将最低膳食食品计划的成本乘以 3，得出不同规模和组成家庭的贫困门槛值，计算出 124 类农业家庭和非农业家庭在节省水平和低支出水平上的贫困线[2]。1965 年，经济机会办公室采用奥珊斯基的两种贫困线中较低者作为用于统计、计划和预算的贫困定义，这就是美国的贫困门槛（poverty threshold）。1969 年，约翰逊总统的经济机会办公室正式将"绝对贫困线"定为家庭或个人为满足基本需要而缺乏资源（以税前现金收入衡量）的门槛[3]。但是该方法却难以让人们相信政府的财政支出会对贫困者产生效果[4]。2010 年初，奥巴马政府采用了补充贫困线（supplemental poverty measure，SPM）方法，将贫困定义为缺乏经济资源来满足基本需求，如食品、住房、服装和公用事业等。贫困测量较之前更为准确。

目前，美国联邦政府每年发布两项官方贫困衡量标准——一项是美国人口统计局（U.S. Census Bureau）发布的贫困门槛线（poverty thresholds）或官方贫困线（official poverty measure，OPM）；另一项是美国健康与人力资源服务部

---

① 杨立雄. 美国贫困门槛的发展及对中国的启示 [J]. 中州学刊，2013（3）：88-95.

② ORSHANSKY M. Counting the poor：another look at the poverty profile [J]. Social security bulletin，1965，28（1）：3-29.

③ CITRO C F，MICHAEL R T. Measuring poverty：a new approach [M]. Washington，D. C.：National Academy Press，1995.

④ BLANK R M. Presidential address：how to improve poverty measurement in the United States [J]. Journal of policy analysis & management，2008，27（2）：238.

（Department of Health and Human Services）发布的贫困线指导标准（official poverty guideline, OPG）（见表2-1）。这两项官方贫困衡量标准旨在确定满足基本需要所需的收入水平。美国人口普查局每年用两种方法统计贫困人口。官方和补充贫困措施都是基于满足基本需要的收入水平的估计。那些生活在收入低于这些收入水平的家庭中的人被认为是贫穷者。人口统计局的贫困门槛是进行贫困统计的指挥棒。该方法因家庭规模和组成（家庭成员年龄）而异，使用不包括资本收益或非现金收入（如公共住房、医疗补助和食品券）的税前货币收入计算所得。如果一个家庭的总收入低于贫困门槛线，那么该家庭及其每个成员都被视为贫困。官方贫困门槛线每年都会根据居民消费物价指数（CPI-U）和通货膨胀率进行更新。统计区域包括全国范围和特殊区域（见表2-2）。另外，人口统计局还提供数据，将人们或家庭的收入水平与其贫困线进行比较：家庭收入超过其贫困线的100%被视为"高于贫困线"；收入高于100%但低于125%的贫困被视为"接近贫困"；收入在100%或以下的家庭被视为"贫困家庭"；低于贫困线50%的家庭收入被视为"严重贫困"或"深度贫困"。

表2-1　美国贫困门槛线与贫困线指导标准比较

	贫困门槛线 （poverty thresholds）	贫困线指导标准 （official poverty guideline, OPG）
发布部门	人口统计局	健康与人力资源服务部
用途	统计——计算贫困人口数量	管理——确定贫困受助资格
特征	标准以阈值矩阵（48 个单元格）随家庭规模、子女数量以及 1 人和 2 人家庭（无论是否老年）而变化。所有 50 个州和特区都使用相同标准	标准因家庭大小而异。48 个相邻州及哥伦比亚特区一个标准。阿拉斯加和夏威夷分立标准
更新时间	每年 1 月份发布初步贫困门槛线，在衡量贫困的年份之后的 9 月份发布最终贫困门槛线。贫困门槛线根据衡量贫困年份的价格水平进行调整	每年 1 月下旬发布贫困指导线
计算方法	使用 CPI-U 从 1978 年的门槛矩阵中每年更新 48 个单元格矩阵。使用 CPI-U 从上一年的最终加权平均门槛中更新初始加权平均门槛。使用系列加权数字从当前年度的 48 个单元格矩阵中计算最终加权平均门槛	根据最新发布的（最终）加权平均贫困门槛，使用 CPI-U 进行更新
取整	精确到个位数	精确到十位数

资料来源：U.S. Department of Health & Human Services. https://aspe.hhs.gov/frequently-asked-questions-related-poverty-guidelines-and-poverty#many.

表 2-2　2018 年美国贫困门槛线

家庭人口数/人	3	4	5	6	7	8	9 及以上
门槛线/（美元·年）	19 985	25 701	30 459	34 533	39 194	43 602	51 393

资料来源：US Census Bureau. How the US Census Measures Poverty; Income, Poverty, and Health Insurance Coverage in the United States. 2019：18-19.

卫生和公共服务部每年发布贫困指导线。该方法简化了人口统计局计算的官方贫困门槛，具有行政目的，主要用于确定联邦援助计划的财政资格，决定个人是否有资格参加联邦安全网计划。其统计时间跨度从 1959 年至今；关于统计区域，48 个相邻州使用统一指南，阿拉斯加和夏威夷使用单独指南。贫困指导线中的收入水平是以家庭中的人数为基础的，不考虑年龄。2019 年美国官方贫困指导线具体反映在表 2-3。

表 2-3　2019 年美国官方贫困线指导标准

（Official Poverty Guideline，OPG）　　　　单位：美元

家庭人数/人	48 州及哥伦比亚地区	阿拉斯加	夏威夷
	贫困线	贫困线	贫困线
1	12 490	15 600	14 380
2	16 910	21 130	19 460
3	21 330	26 660	24 540
4	25 750	32 190	29 620
5	30 170	37 720	34 700
6	34 590	43 250	39 780
7	39 010	48 780	44 860
8	43 430	54 310	49 940
8 人以上	多一人增加 4 420	多一人增加 5 530	多一人增加 5 080

资料来源：U.S. Department of Health & Human Services. https://aspe.hhs.gov/poverty-guidelines.

（二）贫困人口概况

从上文可以看出，美国官方贫困线指导标准较高，因此而产生的贫困人口的比例相较发展中国家而言也较高。美国官方的贫困率从 1959 年的 22.4% 到 1973 年的 11.1% 不等。1964 年后随着大规模反贫困战争启动，贫困率开始迅

速下降，贫困率一直在 11% 和 15% 之间波动。美国人口统计局的数据显示：贫困率 2014 年为 14.8%，2016 年为 12.6%，2017 年为 12.3%。据官方统计，2017 年有 3 970 万美国人生活在贫困之中。根据补充贫困措施，2016 年在贫困线下 50% 的深度贫困人口有 1 850 万人，占总人口的 5.8%，占贫困人口的 45.6%；近 8.2% 的儿童和 3.3% 的 65 岁以上老年人生活在赤贫之中。从种族和血统来看，黑人或西班牙裔最有可能陷入深度贫困，贫困率分别为 10.8% 和 7.6%。非西班牙裔或亚裔的白人最不可能生活在贫困中，贫困率分别为 4.1% 和 5.2%[①]。

美国人口统计局 2019 年的统计数据显示：2018 年，美国贫困率为 11.8%，家庭收入中位数为 63 179 美元，根据一个 4 口之家（两个成年人和两个孩子）25 465 美元的生活标准来衡量，有 3 810 万人贫困，较 2017 年减少 140 万人，但仍有 1/8 的美国人生活在贫困线以下。深度贫困人口占 5.3%（1 730 万），贫困线附近的人口占 29.9%（9 360 万）（US Census Bureau，2019）。不同性别和族裔的美国家庭的贫困状况差异较大：美国有 10.6% 的男性和 12.9% 的女性生活在贫困之中。其中已婚夫妇的贫困率仅为 4.7%，男性单亲家庭贫困率为 12.7%，女性单亲家庭的贫困率为 24.9%。残疾人和儿童的贫困占比较高，分别达到 25.7% 和 16.2%。在族裔方面，美国原住民贫困占比最高为 25.4%，黑人的贫困率接近 21%，而非西班牙裔白人的贫困率约为 10%[②]。（见表 2-4）非裔美国家庭的收入中位数为 41 361 美元，而白人非西班牙裔家庭的收入中位数为 70 642 美元。

表 2-4　美国 2018 年贫困人群占比情况　　　　　单位:%

贫困人群	残疾人	儿童	老年人	原住民	黑人	南美裔	亚裔	非西班牙裔白人
贫困占比	25.7	16.2	9.7	25.4	20.8	17.6	10.1	10.1

资料来源：US Census Bureau. How the US Census Measures Poverty, Income, Poverty, and Health Insurance Coverage in the United States. 2019：18-19.

（三）致贫原因分析

其一，20 世纪六七十年代，美国社会家庭结构发生重大变化，社会离婚率

---

① 资料来源：https://poverty.ucdavis.edu/faq/what-current-poverty-rate-united-states.

② National Public Radio. U.S. Census Bureau reports poverty rate down, but millions still poor [EB/OL]. (2019-09-10) [2020-10-14]. https://www.npr.org/2019/09/10/759512938/u-s-census-bureau-reports-poverty-rate-down-but-millions-still-poor.

和未婚生育率快速上升。美国儿童和妇女贫困的主要原因是单亲妈妈家庭数量一直呈上升趋势。约翰逊总统在"伟大社会"（great society）项目中对贫困者慷慨救助，社会福利膨胀反过来刺激"非婚生子女"快速增长，成为大量年轻穷人退出正式劳动力市场的真正推动力。"伟大社会"项目在刺激经济增长的同时，也改变了与身份相关的刺激因素，这就是"穷人的同化"（homogenization of the poor）。这种为健康者提供长期现金津贴的福利有着固有的缺陷①，福利腐蚀了对那种能够让人们摆脱贫困的行为的普遍支持②。以现金为支付基础的消极福利所带来的福利依赖成为美国贫困的主要因素之一。

其二，美国种族歧视所带来的少数民族社会参与机会匮乏是该群体贫困的主要原因。威尔逊（William Julius Wilson）认为，美国少数族裔的贫困问题不是贫困文化所致，而是社会结构所造成的机会限制，这也是种族—阶级不平等的主要原因③。制造业的没落使得缺乏技能的部分黑人聚居于贫民窟。贫民窟严重缺乏基本的工作机会和社会资源，贫民窟的社会结构互动变化与"新贫困"所出现的社会背景相一致④。1959 年以前黑人贫困率是总贫困率的 3 倍左右，1959 年甚至达到 55.1%。1980 年由于黑人社会福利水平的提升，黑人贫困率有所下降。贫困率在黑人之后的排名依次为拉丁裔和亚裔民族。

其三，美国自由主义传统在本质上对机会平等的维护和对福利国家理念的否定是对贫困者进行慷慨救助时的最大障碍。这使得鼓励工作福利贫困者进行能力提升时，能力提升困难的贫困者会陷入生活困境。这也是美国贫困人群中深度贫困比例较高的主要原因。当然，因为美国的贫困测量标准相对于发展中国家较高，其贫困的特征只是相对贫困。随着新技术的发展和国际贸易竞争的加剧，新贫困出现的概率越来越高，陷入风险的概率也越来越高。虽然美国的经济复苏在一定程度上减少了贫困的发生，但是贫困的绝对数依然较大。

二、美国反贫困的社会服务策略

（一）反贫困社会服务崛起

1965 年，约翰逊总统提出向贫困宣战，并通过一系列关于应对社会排斥、女性贫困、儿童贫困等社会问题的"伟大社会"纲领。随着政策内容的不断丰富，美国反贫困策略主要包括经济扶贫（cash benefit）和社会服务扶贫（benefit

① ELLWOOD D. Poor support [M]. New York：Basic Books，1988：237.
② ELLWOOD D. Poor support [M]. New York：Basic Books，1988：24.
③ WILSON W J. The truly disadvantaged [M]. Chicago：Chicago University Press，1987：61.
④ WILSON W J. When work disappears [M]. New York：Alfred Knopf，1997：23.

in kind)。经济扶贫主要针对无就业能力群体进行现金和实物救助，主要对象为65 岁以上老人、重度残疾人和儿童等。社会服务扶贫主要针对具有发展潜力和可就业群体提供劳动性质的服务项目，包括早期教育、家庭服务和就业服务等。目前美国共有 82 个反贫困帮扶项目，其中健康、劳动服务、教育、就业培训等属于社会服务扶贫的项目占 48 个[1]。从美国 1980 年到 2015 年公共部门社会给付中的现金给付和服务给付占 GDP 的比重可以发现服务给付持续增长，到 2015 年占比中服务给付已经超过现金给付（见图 2-1）。

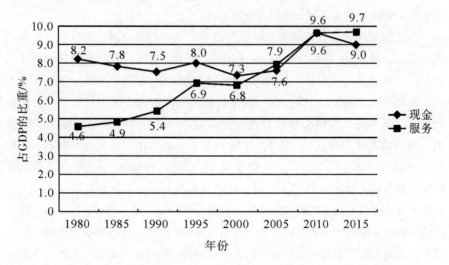

图 2-1　美国 1980—2015 年公共部门现金、服务支出占 GDP 的比重

［资料来源：根据 OECD 官网（https://stats.oecd.org/Index.aspx）统计数据整理］

（二）新家长式福利的社会服务政策

通过不同形式的社会援助项目来缓解贫困，是美国社会政策的传统。从1935 年"儿童津贴"（Aid to Dependent Children，ADC）联邦项目到"对有子女家庭补助计划"（Aid to Families with Dependent Children，AFDC）和"失业父母项目"（AFDC Unemployed Parent Program，AFDC-UP），领取现金救助的穷人越来越多，但福利效能并未提升。从 1980 年开始的美国社会福利支出变化表现出了美国在社会福利和社会政策领域的指导思想的根本变化，其中家长式福利就是突出代表。家长式福利的定义是指把依靠救助生活的穷人当作孩

---

①　List of 80+ federal welfare programs［EB/OL］.（2020-02-16）［2020-10-14］. https://singlemotherguide.com/federal-welfare-programs/.

子，其实不是指孩子本身，而是指一种明显的促进自力更生和自我约束的方式①。政府通过政策制定来约束穷人行为，培养一种责任心和自力更生的理念。在美国以现金福利为重心的政策历史中，福利政策带来的却是非福利的效果。以福利为核心的思想开始被家长方式的积极福利思想逐步取代。正如埃尔伍德（David Ellwood）所说，现金津贴福利不可能不削弱就业激励、不威胁双亲家庭及不降低责任行为的回报就提供高于贫困线的收入。由此，对于一个身体健康的成年劳动力来说，唯一的可摆脱贫困的途径是就业。福利必须由提供就业代替②。

其实，1962 年美国政府就开始注意到福利依赖的问题，并通过《社会保障法案修正案》对参与 AFDC 项目的穷人进行"重建社会服务"。具体方案为：社会工作者采取"生活环境调查法"到福利受益人家中采访、了解需求，提供咨询、职业培训、家庭计划及法律咨询等服务，旨在激励其重返劳动力市场和积极就业。1967 年，"工作激励项目"（Work Incentive Program，WIN）启动，要求子女超过 6 岁的失业者必须参与失业项目培训计划，不然将失去领取 AFDC 资助资格。1981 年，"社区工作经验项目"（Community Work Experience Program，CWEP）允许 AFDC 资助者通过参与公共服务工作来获得申领资格。然而，这些促进人们就业的社会服务项目并未取得实质性的效果。伴随 1988 年《家庭援助法案》（Family Support Act，FSA）的实施，工作福利开始从意识形态讨论进入实际操作阶段。FSA 规定所有 3 岁以上孩子的母亲必须参加职业培训或教育项目，完成培训后必须寻找机会积极就业。在从福利享受者到积极就业的过渡阶段，其子女可以享受日托服务和为期 1 年的公共医疗资助保险。另外，该法案的"工作机会与基本技能项目"（Job Opportunities and Basic Skills，JOBS）要求为有孩子的贫困家庭提供教育、培训和就业机会，为积极就业者提供一系列以就业为导向的服务项目；政府还为各州提供配套基金。该项目取得了显著的成果③。至此，美国政府确立了福利政策设计中"权利与义务相平衡"的宗旨，并开始重视社会服务，在此后的福利政策设计中沿用了此新家长式福利的思路。

---

① 迪肯. 福利视角：思潮、意识形态及政策争论 [M]. 周薇，等译. 上海：上海人民出版社，2011：60.
② 迪肯. 福利视角：思潮、意识形态及政策争论 [M]. 周薇，等译. 上海：上海人民出版社，2011：84.
③ 国际社会保障协会. 激活失业者：工作导向型政策跨国比较研究 [M]. 王金龙，译. 北京：中国劳动社会保障出版社，2004：166-170.

（三）反贫困社会服务

工作福利是美国消除福利依赖以及让贫困者返回主流社会最主要的反贫困策略，其表现形式是以劳动给付为主的社会服务，或是间接经济支付。1996年克林顿政府进行福利制度改革，通过了《个人责任和工作机会调和法案》（Personal Responsibility and Work Opportunity Reconciliation Act, PRWORA），将单纯救济和普遍福利改为工作福利制（work fare）和有限救助，增加贫困者工作时间、限制受益时间、实施制裁措施以及消除劳动力进入市场的障碍。其中比较著名的是加利福尼亚州的"独立大道"（Greater Avenues for Independence, GAIN）计划。该计划通过为福利接受者提供工作机会、基础教育和技能培训，让贫困者的就业状况大为改观。在为期 3 年的 GAIN 计划中就业比例提高了 6个百分点[①]。美国劳工部（Department of Labor）于 1998 年通过《劳动力投资法》（Workforce Investment Act of 1998）为低收入美国人提供职业培训和就业服务。该计划由美国劳工部就业和训练署负责，由联邦政府负责拨款，全美约2 500 个就业中心提供具体服务。具体服务包括：成人就业和培训活动、青年活动、失业工人就业和培训活动、印第安和美洲土著计划、移民和季节性农场工人计划、学徒津贴、青年津贴、劳动力创新基金、老年人社区就业服务和工作团。其中，老年人社区就业服务向 55 岁及以上失业人群和低收入人群提供兼职、有偿社区服务和职业培训，以支持老年人就业。工作团则针对 16~24岁的青年提供强化教育和职业培训，包括职业规划、在职培训、就业安置和其他服务。2013 年，工作团的参与人中 61% 为高中辍学生，44% 在参加前处于失业状态，33% 来自获得公共援助的家庭，23% 为残疾人。根据美国劳动部的统计，2015 年工作团的结业生就业率为 77%[②]。2014 年美国通过《劳动力创新与机会法》（Workforce Innovation and Opportunity Act of 2014），对接受者提出了严格的培训时间限制。以工作福利为核心的反贫困社会服务涉及所有美国族裔，在此后服务项目不断增加的情况下，各族裔贫困状况得到了极大改善。

家庭社会服务是美国反贫困社会服务中对工作福利的有益补充，其主要有三个项目。其中具有代表性的一项是妇女、婴儿和儿童（Women, Infants, and Children）制度。该制度包括妇女、婴儿和儿童的营养补贴制度和营养教育服务。1978 年，该制度将受助资格定为贫困门槛的 195% 或更低，2016 年定为

---

① 索洛，希梅尔法尔，刘易斯，等. 工作与福利 [M]. 刘文忻，陆云航，黄雪，译. 北京：中国社会科学出版社，2010：2，45.
② 谢棋楠. 美国联邦政府现行扶贫制度与近期反贫穷立法草案之探讨 [J]. 科学与人文研究，2019，6（4）：95-110.

185%。该制度强调向所有计划中受助的贫困者提供营养教育，让其参与营养培训。2016 年，妇女、婴儿和儿童营养支出占 67%，营养服务和管理占 33%①。另一项社会服务是儿童托育制度。该制度来源于 1990 年《儿童托育和发展整笔拨款补助法》中的"托儿计划"和 1996 年的《个人责任和工作机会协调法案（修正案）》，旨在为有子女抚养的低收入家庭提供服务，包括托儿服务，由美国卫生和人类服务部负责。该计划于 2015 年提供了 150 万名儿童的托儿服务，在很大程度上缓解了贫困家庭的照顾压力，为贫困者正常进入劳动力市场起到了帮助作用。最后一项是头脑启动制度（Head Start）。该项目是美国卫生和人类服务部向进行学前教育的公私教育机构提供拨款的制度，拨款项目包括培训、咨询、教育、监测等，旨在促进儿童教育、增进儿童健康。2015 年，该计划扶助近 100 万名儿童接受学前教育，满足了学龄前儿童的情感、社交、健康、营养和心理需求，为在早期消除贫困打下了基础。

实施"负所得税"与资产建设相结合的金融社会服务政策。负所得税是美国最大的反贫困工具。1975 年，美国所得税抵免辅助（Earned Income Tax Credit，EITC）和儿童税收抵免辅助制度颁布。2009 年颁布的《美国复苏与再投资法案》（American Recovery and Reinvestment Act，ARRA）和 2017 年颁布的《投资机会法案》（The Investing in Opportunity Act，IOA）都体现了税收减免对贫困的缓解作用。负所得税方法虽然是现金的反贫困形式，但是其与资产建设相结合就构成了完整的金融社会服务政策。美国 1998 年颁发了《联邦资产独立法案》，明确以资产为基础的社会政策的法律地位后，实施了由福特等 12 个基金会资助的历时四年的被称为"美国梦"的个人发展账户示范工程。该工程针对个体就房屋、教育、投资和退休等消费目标进行储蓄的情况，意欲提高他们的长期生活水平并让他们在经济上做到自给自足，具体包括账户结构、配款额、时间限制、储蓄目标等要求。参与者通过金融普及教育与资产专项教育两项社会服务开始建立资产账户②。历时 7 年的项目使得参与者贫困程度大大降低，并获得稳定家庭、增强个人效能、提高社会影响、扩大政治参与、增进后代福利等福利效应③。

---

① Office of Policy Support，Food and Nutrition Office，USDA. The extent of trafficking in the supplemental nutrition assistance program：2012—2014 ［R/OL］.（2017-09-22）［2020-10-14］. https://fns-prod.azureedge.net/sites/default/files/ops/Trafficking2012-2014.pdf.

② 史乐山，邹莉. 个人发展账户："美国梦"示范工程 ［J］. 江苏社会科学，2005（2）：201-205.

③ 谢若登. 资产与穷人：一项新的美国福利政策 ［M］. 高鉴国，译. 北京：商务印书馆，2005：181.

三、启示

（一）"积极的"反贫困理念和社会服务策略

自由主义思想和新家长制福利思想是最切合美国反贫困行动的思想。通过解除福利权，以工作福利来应对反贫困，正是积极福利思想的诠释。限制福利分配和惩罚措施相结合的原则，有效激发了贫困者的脱贫动力。在工作福利的政策制定中，执政党始终维护反贫困的"权利与义务相统一"原则，保证了反贫困工作的效果。除了 2008 年金融危机所致的贫困率上升，美国在经济复苏的近些年贫困率处于下降趋势。这与工作福利密不可分。

除了对贫困群体的经济救助之外，美国反贫困的策略开始侧重于具有积极福利倾向的社会服务，这也是工作福利主要的策略工具。美国以工作福利为中心的反贫困策略逐渐形成了以就业服务为主、现金救助为辅的策略思路。其中反贫困社会服务逐渐发展为包括就业咨询、就业培训、各年龄段就业服务、妇女教育、托育服务、学前服务等在内的各群体、各年龄反贫困社会服务——既包括直接就业服务也包括生活服务和教育服务，这对于反贫困起到了直接和间接的作用。另外，社会服务开始向整合型服务发展，其中个人资产建设项目就是集金融服务、项目服务、工作服务、教育服务等于一体的综合性服务项目体系，而且该项目有效整合了现金帮扶和服务帮扶的优点，为反贫困策略的制定提供了借鉴。

（二）多样化测量标准与差异化社会服务项目

美国贫困测量不再以收入标准为唯一标准，食品、住房、服装和公用事业等生活标准被纳入贫困测量范围强化了测量的科学性。对贫困门槛、指导贫困线、补充贫困线和深度贫困标准的测量使得在不同情况下使用测量方法有了可选择性。另外，测量标准中将对象按照不同年龄段、不同家庭成员数和地区进行划分加强了贫困测量的精准性。在贫困率统计中对不同族裔、性别和年龄的区分使得反贫困政策设计更具针对性。对人群的测量和贫困率的细分使得社会服务的供给更具有科学性和有效性。例如：按年龄层次划分，反贫困社会服务分为学龄前儿童教育服务、高危青年就业服务、老年人社区就业服务；按人群特征划分，反贫困社会服务分为无家可归者服务、妊娠期妇女服务、土著民族服务、单亲家庭服务。

但是，美国贫困测量的基础数据中由于方法的局限性，贫困测量数据精准性不够，难以做到精准帮扶。美国补充贫困措施的制定便是基于美国家庭抽样的年度估计数。2016 年，人口调查（current population survey，CPS）年度社会和经济补充（annual scial and economic supplement，ASEC）信息被发送到 50 个州和哥伦比亚特区的约 95 000 个美国家庭。由于这是一项家庭调查，样本排除了许多可能被视为贫困的人。样本不包括那些无家可归和不住在收容所的人，也不包括没有与至少一名平民成年人生活在一起的军事人员，以及长期护理医院和疗养院等机构的人员。另外，虽然美国提供了大量的社会服务用于提升贫困群体的职业技能和社会适应能力，但贫困统计内容集中于经济性和物质性统计，对贫困者能力贫困和社会服务需求的统计较少。

（三）政府主导与多元合作相结合

虽然对贫困者领取社会救助设置了非常严苛的门槛，但是美国政府主导的最低安全网社会保障措施依然保证了大量的美国人免于贫困。补充营养援助制度（supplement nutrition assistance program，SNAP）、住房援助制度（housing and urban development，HUD）、临时性救助贫困家庭制度（temporary assistance for needy families，TANF）、补充性安全收入制度（supplemental security income，SSI）、佩尔助学金制度（PELL GRANT）、低收入家庭能源援助计划（low-income home energy assistance program，LIHEAP）和 2009 年《美国复苏与再投资法案》等政府主导的反贫困政策发挥了重要作用。据统计，18~64 岁人口的贫困率 1966 年开始下降；18 岁以下的美国人贫困率从 1964 年的 23%下降到不到 17%，尽管 2009 年再次上升到 20%；另外，美国 65 岁以上人口的贫困率降幅最大，从 1966 年的 28.5%下降到 10.1%。哥伦比亚大学的研究表明，若没有社会安全网，2012 年的贫困率其实是 29%，而不是 16%[1]。2018 年补充贫困措施显示，2017 年社会保障福利使 2 700 多万人脱贫，可退还的税收抵免对近800 万人也起到了同样的作用。补充营养援助计划的福利，即食品券，也使大约300 万人免于贫困[2]。可是，美国的残疾人贫困和儿童贫困问题依然严峻。

另外，美国的结社传统和政府组织参与社会服务的传统为反贫困社会服务递送提供了重要的支持。政府在社会服务项目执行中主要起着资金输送和监督管理的作用，很少直接参与社会服务的递送。通常的做法是通过政府购买的形式将反贫困服务项目外包给专业的服务机构。政府还会鼓励社会资本参与政府社会服务项目融资，例如，"美国梦"个人项目就是政府拨款和 14 家基金会共同完成的。

---

① 谢棋楠. 美国联邦政府现行扶贫制度与近期反贫穷立法草案之探讨 [J]. 科学与人文研究，2019，6（4）：95-110.

② National Public Radio. U.S. Census Bureau reports poverty rate down, but millions still poor [EB/OL]. (2019-09-10) [2021-10-14]. https://www.npr.org/2019/09/10/759512938/u-s-census-bureau-reports-poverty-rate-down-but-millions-still-poor.

第二节　积极政府：英国反贫困社会服务的经验

英国是世界上第一个完成工业革命的国家，是第一个在社会福利领域立法的国家，也是第一个宣布进入福利国家行列的国家。英国早期现代工业的发展和圈地运动使得大量贫民和流民出现，再到后来"新贫困"的出现，英国政府在不同福利意识形态的影响下不断推出反贫困政策——从 1536 年的《亨利济贫法》、1601 年的《伊丽莎白济贫法》《吉尔伯特法》《斯品汉姆兰法》，到1834 年的《济贫法》、1942 年的《贝弗里奇报告》，再到 1998 年《一项新的福利契约：我国的新目标》绿皮书。英国反贫困理念经历了从"自由主义思想"到"社会民主主义思想"再到"第三条道路思想"的转变，反贫困政策经历了从"院外救济"到"院内救济"到"福利国家"再到"福利社会"的转变。在反贫困工具选择过程中，英国率先启动社会服务（或个人社会服务）（personal social services）进行反贫困。从伊丽莎白时期的救济者技能培训和强制性就业到"第三条道路"时期的工作福利服务，英国的反贫困社会服务在理念和实践方面都成为典范。英国是积极福利的倡导者，其积极福利社会服务的成功经验具有重要的借鉴意义。

一、英国贫困现状分析

英国与美国相似，均属于贫困线较高的国家。在建立现代福利国家之后，英国从本质上消灭了绝对贫困，此后的贫困是指相对贫困。英国福利国家制度在 20 世纪 70 年代改革之前受困于严重的"福利依赖"，因此反贫困改革就侧重于通过积极福利思想设计政策模式实现以社会服务为主的工作福利。另外，英国相对严重的儿童贫困也受到了政府的重视，以预防性社会政策来缓解儿童贫困也成为英国反贫困的重要内容。

（一）贫困测量方法

英国是最早进行贫困测量和设置贫困线的国家。1901 年英国学者朗特里以 6 口之家维持人体正常生理机能所需的食物、衣物、住房和燃料最低数量为标准［"市场菜篮法"（shopping basket）］，测算出一周最低收入为 26 先令（英国旧辅币单位。1 先令 = 12 便士），这也是英国最早的贫困线。在 1950 年以前，英国都是用该方法进行贫困测量，这也是绝对贫困的测量方法。随着英国进入福利国家行列，贫困测量开始以相对贫困为目标。20 世纪 70 年代，英国将贫困定义为"家庭收入中位数的60%",即在扣除住房成本和所得税,并考虑家庭人口数和抚养子女数量后,低于家庭收入中位数60%的就是贫困者。此后的几十年,该方法成为英国贫困测量的主要方法。2008年,英国著名的贫困研究机构朗特里基金会(Joseph Rowntree Foundation,JRF)公布了最低收入标准(minimum income standards,MIS),该标准成为目前英国评价贫困的重要指标。这是基于公众认为达到适当生活水平所需的商品和服务的最低需求标准,该标准每年更新一次,包括食物、衣服、住所、家庭账单、交通、社会和文化参与机会。JRF使用MIS的75%作为贫困指标,收入低于MIS 75%的家庭被剥夺机会的可能性通常是MIS 100%或以上家庭的4倍以上。例如,2016年,一对有两个孩子(一个学龄前儿童和一个小学年龄儿童)的夫妇每周收入在扣除住房和托儿费用后要达到422英镑,才达到公众认为的最低收入标准,一个正值工作年龄的人最低每月收入为178英镑。收入仅为这些最低标准的75%(夫妇收入317英镑,单身者收入134英镑),则表明一个家庭的资源很可能无法满足他们的需求,他们的收入下降得越厉害,他们的处境可能就越不利①。

在进行贫困率统计时,JRF使用的贫困指标是扣除住房成本后(after housing costs,AHC)家庭收入低于其家庭类型平均收入的60%。该贫困线包含四种家庭类型,其总净收入包括就业收入、自营职业损益、国家支持项目(福利、税收抵免和国家养老金),另外还包括所得税、国家保险和议会税付款,以及企业养老金计划、维修费和学生贷款偿还的缴款这些收入。这些费用是在扣除了住房成本后结算的,具体包括:租金(在任何住房福利之前)、水费、社区水费和议会水费、抵押贷款利息支付、保险费以及地租和服务费②。2017年英国贫困线见表2-5。

表2-5　英国2017年贫困线

家庭类型	双亲家庭	单亲家庭	俩孩 (5~14岁) 双亲家庭	俩孩 (5~14岁) 单亲家庭
贫困线(英镑/周)	255	148	413	306

资料来源:Joseph Rowntree Foundation. UK poverty 2018:a comprehensive analysis of poverty trends and figures [EB/OL]. (2018-12-4) [2020-10-14]. https://www.jrf.org.uk/report/uk-poverty-2018.

---

① Joseph Rowntree Foundation. We can solve poverty in the UK [EB/OL]. (2016-09-06) [2020-10-14]. https://www.jrf.org.uk/report/we-can-solve-poverty-uk.

② Joseph Rowntree Foundation. UK poverty 2018:a comprehensive analysis of poverty trends and figures [EB/OL]. (2018-12-04) [2020-10-14]. https://www.jrf.org.uk/report/uk-poverty-2018.

（二）贫困人口概况

从 1994—2018 年的 25 年贫困率统计数据来看，英国的总体贫困水平一直相当稳定，但特定群体面临的风险却发生了变化。贫穷在人口中的差别很大，领取养老金者的收入贫困率从 28.3% 下降到 16%，而儿童贫困率仍高达 30%，无孩劳动适龄成年人的贫困率从 16.6% 上升到 18%，有孩劳动适龄成年人的贫困率从 26.1% 下降到 24%。总体来说，1994/1995 年度—2004/2005 年度，英国贫困人口减少了约 1/5。在接下来的 10 年里，英国反贫困工作停滞不前，贫困再次抬头。1994/1995 年度，只有不到 1/4 的人口生活在贫困之中；2004年下降到 1/5；到 2015/2016 年度，这一比例略微上升至 22%。然而，不同群体的贫困趋势不同。虽然养老金领取者的贫困率大幅下降，但无孩劳动适龄成年人的贫困率稳步上升。对于有孩劳动适龄成年人，贫困率自 2004/2005 年度以来一直在小幅上升，在截至 2018 年的过去 10 年中略有下降，2017/2018 年度已达到 24%（见表 2-6）。

2017/2018 年度，英国有 1 400 万人处于贫困之中，占总人口的 1/5 以上（22%），其中 800 万人生活在至少有一人在工作的家庭。800 万劳动适龄成年人、400 万儿童和 200 万领取养老金者生活在贫困之中①。英国有 7% 共 460 万人处于持续贫困之中，持续贫困率最高的是单亲家庭（24%），其次是没有子女的单身男子（12%）。在截至 2018 年的过去 25 年中，英国大幅减少了传统上处于最危险状态的人（养老金领取者）的贫困，可是儿童贫困问题依然严峻。贫困总体呈加剧趋势，正是儿童贫困率的上升推动了这一趋势。儿童贫困率预计在未来 4 年内急剧上升，而劳动适龄成年人贫困率则可能在较长时期内上升。

表 2-6　英国 1994—2018 年各类型人口贫困率（扣除 AHC 之后）

单位:%

年份	人口类型				
	全部类型	无孩劳动适龄成年人	有孩劳动适龄成年人	儿童	养老金领取者
1994/1995	24.5	16.6	26.1	32.6	28.3
1995/1996	24.2	16.1	26.1	32.8	27.8
1996/1997	25.2	17.1	26.5	33.9	29.2
1997/1998	24.4	15.9	25.8	33.1	29.2

① FITZPATRICK S, BRAMLEY G, SOSENKO F, et al. Destitution in the UK 2018. [EB/OL]. (2018-06-07) [2020-10-14]. https://www.jrf.org.uk/report/destitution-uk-2018.

表2-6(续)

年份	人口类型				
	全部类型	无孩劳动适龄成年人	有孩劳动适龄成年人	儿童	养老金领取者
1998/1999	24.4	15.5	26.2	33.8	28.7
1999/2000	24	16.2	25.6	32.7	27.5
2000/2001	23.1	16.1	24.7	31.1	25.9
2001/2002	22.7	15.6	24.5	30.8	25.6
2002/2003	22.2	16.4	23.9	29.4	23.8
2003/2004	21.3	16.5	23.4	28.4	20.2
2004/2005	20.5	16.2	23.1	28.2	17.1
2005/2006	21.4	17.4	24.8	29.4	16.3
2006/2007	22.2	17.6	25.2	30.5	18.7
2007/2008	22.5	17.9	25.9	31.4	17.7
2008/2009	22.1	18.8	25.6	30.3	15.6
2009/2010	22.2	19.5	25.5	29.5	15.2
2010/2011	21.1	19.2	24.2	27.3	14
2011/2012	21	19.8	23.5	27.1	13.3
2012/2013	21	19.3	24.6	27.2	13.2
2013/2014	21.1	19	24.5	27.8	13.8
2014/2015	21.3	18.4	25.3	29	13.7
2015/2016	21.8	18.4	25.4	29.6	15.6
2016/2017	22.1	19	25.5	30	15.8
2017/2018	22	18	24	30	16

资料来源：GOV. UK. Households below average income（HBAI）statistics［EB/OL］.（2019-03-28）［2020-10-14］. https://www.gov.uk/government/collections/households-below-average-income-hbai--2.

从不同类型的贫困状况来看：

儿童一直是英国社会的主要贫困群体。自2011/2012年以来，贫困儿童人数增加了50万，达到410万。这种增长主要限于工薪家庭的孩子。现在生活在工薪家庭中的贫困儿童人数是没有人从事有偿工作的家庭的2倍：280万人：140万人。2004/2005年度，工薪家庭贫困儿童人数首次超过非工薪家庭。自2010年以来，这种情况一直在持续并迅速增长。在截至2018年的过去20

年中，非工薪家庭儿童的贫困率波动很大，从1996/1997年度的83%下降到2012/2013年度的63%，到2016/2017年度又上升到73%。工薪家庭的儿童贫困率一直远低于非工薪家庭的儿童贫困率，但正在上升。在1996/1997年度，只有不到1/5的工薪家庭儿童生活贫困（19%）。然而，在此前的几年中，这一比例已经上升到近1/4（24%）。

在截至2018年的过去20多年的大部分时间里，英国养老金领取者的贫困程度有所下降。1994/1995年度，英国领取养老金者的贫困率高于有工作的成年人（有或没有孩子），低于儿童。到2011/2012年度，养老金领取者的贫困率下降到只有13%，主要是由于单一养老金领取者贫困率提高。然而，几年后，领取养老金的贫困人口又开始增加，在2016/2017年度达到16%。从截至2018年的过去20年的情况看，单身退休者比领取养老金的夫妇更容易陷入贫困。在这些单身养老金领取者中，女性的境况最差，在这20多年里，她们的贫困率都高于单身男性养老金领取者和夫妻养老金领取者。1996/1997年度，42%的单身女性退休人员处于贫困状态，而1997/1998年度，单身男性退休人员贫困的最高点为34%[1]。

在这过去的20多年里，劳动适龄的单亲家庭的贫困率大大减少，1994/1995年度58%的单亲父母生活贫困，1996/1997年度这一比率上升到62%。他们的贫困率随后在2010/2011年度降至41%的低点，2016/2017年度再次升至46%。没有孩子的夫妇的贫困率一直很低，变化也很小，在这过去的20多年里，大约1/10的夫妇处于贫困状态；没有孩子的单身人群的贫困水平也相当稳定——1994/1995年度约有25%处于贫困状态，2009/2010年度上升到28%，到2016/2017年度下降到26%。

劳动适龄家庭中的残疾成年人比非残疾人更容易陷入贫困，比例分别为39%和18%。残疾和非残疾成年人的贫困率存在差异，这取决于他们是生活在工作家庭还是非工作家庭。在截至2018年的过去5年中，无论是在工作家庭还是无业家庭，残疾成年人的贫困率都有所上升。对于工薪家庭的残疾成年人，贫困率从2011/2012年度的18%上升到2016/2017年度的21%。非劳动家庭中残疾成年人的贫困率很高，达到67%，而且在这一期间也略有上升。对于非残疾成年人，工薪家庭的贫困率远低于残疾成年人，而且也略有上升，在2016/2017年度上升到14%。生活在非工作家庭的非残疾成年人中有一半以上

① Joseph Rowntree Foundation. Poverty rate by person type over time, after housing costs（AHC）[EB/OL].［2020-10-14］. https://www.jrf.org.uk/data/poverty-rate-person-type-over-time-after-housing-costs-ahc.

生活在贫困之中。这是一个很高的比例，但低于非工作家庭中残疾成年人的比例，而且自 2011/2012 年度以来有所下降①。

（三）致贫原因分析

过去 30 年，全球化、跨国竞争和创新经济压低了传统消费品和服务的价格，全面提高了生活水平。然而，住房、食品和燃料价格的上涨增加了生活成本，对贫困人口而言尤其如此。2008—2014 年，生活必需品的成本增长速度是平均工资的 3 倍。对于贫困者特别是缺乏工作能力的老人和儿童来说生活成本的增加无疑加深了其贫困程度。高新技术的发展在很大程度上削弱了低技术工人的工作能力，增加其失业风险，降低其收入水平。特别是在 2008 年金融危机之后，英国用于缓解贫困的资源开始紧缩，由此影响人们的生存环境，进而影响其行为模式。另外，长期以来，由于经济增长不平衡和机会减少，全英国最贫困的人和地区贫困程度加深。英国经济的不确定性引发人们对另一次衰退的担忧，就业机会减少和投资减少意味着贫困程度会越来越深。近年来，失业、低工资和没有保障的工作、技能缺乏、家庭问题、福利制度不健全和生活高成本构成了英国贫困的主要原因，此外，市场机会缺失、国家支持不够和个人决策失误等一系列因素也是英国致贫的原因。

从宏观层面来看，市场机会不公平使得贫困者资金和技术缺乏的弱势加剧，导致低工资、不安全感、失业、歧视、收入和消费能力下降等问题的出现，进而强化持续贫困。虽然英国政府已经开始进行积极福利制度改革，但是依然受传统福利国家思想的影响，福利制度中的福利依赖情况依然存在，在贫困救助方面的高水平投入降低了政府的税收及在高质量教育和社会服务方面的支出。

从微观层面来看，增加就业、税收抵免和降低住房成本等综合措施是减少养老金领取者和儿童贫困的主要措施，但是近年来效果却不佳。贫困率正在上升，特别是儿童，原因是税收抵免、低工资和不断上涨的住房成本削弱了对他们的支持。在过去的几年中，所有类型工作家庭的贫困率都在上升，这也加剧了家庭贫困对儿童贫困的影响。其中，单亲父母全职工作率不高是重要因素，2017 年该比率为 32%，而且工作水平也相对较低。就工人而言，其贫困率比截至 2018 年的过去 20 年的任何时候都高。其中工作父母的贫困率上升是主因，即福利待遇降低、工资水平不高以及税收抵免减少②。

① Joseph Rowntree Foundation. UK poverty 2018：a comprehensive analysis of poverty trends and figures［EB/OL］.（2018-12-04）［2020-10-14］. https://www.jrf.org.uk/report/uk-poverty-2018.

② Joseph Rowntree Foundation. UK poverty 2018：a comprehensive analysis of poverty trends and figures［EB/OL］.（2018-12-04）［2020-10-14］. https://www.jrf.org.uk/report/uk-poverty-2018.

二、英国反贫困的社会服务策略

英国是较早推行社会服务政策的国家，在 1945 年以前传统的社会服务相对分散且未形成体系，主要包括非正式组织的社会服务、宗教和慈善组织的社会服务、行会组织的照顾服务和社区互助服务。1945 年以后，《儿童法》和《国民救助法》的推出，把"现金"（cash）与"照顾"（care）分割开来，这是英国社会服务制度的基本特征①。现代社会福利最明显的政策改革转向是 1998 年新工党布莱尔政府上台后发布《社会服务现代化》（*Modernising Social Services*）白皮书和《一项新的福利契约：我国的新目标》（A New Contract for Welfare：New Ambitions for Our Country）社会政策。布莱尔和吉登斯强调通过"第三条道路"积极福利思想接轨欧洲社会民主主义，主张增加机会和提高能力而非依赖，工作是有能力的工作者最好的摆脱贫困的途径，同时为没有工作能力的人提供尊严和保障。这是将公共服务和私人服务结合起来的新型伙伴关系②。改革转向突出积极性和预防性的福利国家政策、以工作为中心的福利政策、机会而非收入的再分配、权利和责任的平衡。该政策旨在提供失业者在求职过程中所需的帮助和支持，主要包括培训和工作准备等社会服务。社会服务的作用在积极福利思想的影响下愈加突出。从英国 1980—2015 年公共部门社会给付中的现金给付和服务给付占 GDP 的比重可以发现服务给付持续增长，到 2015 年占比中服务给付已经超过现金给付（见图 2-2）。

（一）儿童社会服务

儿童贫困是机会排斥的根源，因此消除儿童贫困是社会服务减少机会不平等的第一步。《儿童法》颁布后，儿童社会服务在所有弱势群体中处于优先地位，与成人社会服务分别对待，并设立和安排专门的儿童机构和工作人员进行管理。20 世纪六七十年代个人社会服务部成立，将儿童服务纳入地方社会服务部统一管理，在 90 年代后向社区照顾转变。越来越多的证据表明，增加对儿童社会服务的投入，能有效缓解儿童贫困。其中主要的政策包括儿童保育、儿童早教、儿童中心计划以及减税政策对儿童社会服务的辅助。

---

① 丰华琴. 从混合福利到公共治理——英国个人社会服务的源起与演变 [M]. 北京：中国社会科学出版社，2010：5.

② Department of Social Security. A new contract for welfare：new ambitions for our country [M]. London：The Stationery Office，1998：19.

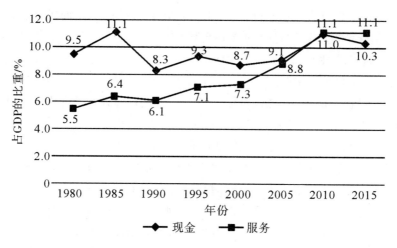

图 2-2　英国 1980—2015 年公共部门现金、服务支出占 GDP 的比重

（资料来源：OECD 官网统计数据整理。https://stats.oecd.org/Index.aspx）

从 1994 年开始，英国政府将 40 英镑的儿童保育津贴作为家庭信贷（税收信贷制度的前身）的一部分来资助儿童。这项津贴是通过税收抵免的连续改革而增加的，现在每周的价值高达儿童保育费用的 70%。从 2005 年起，政府还通过代金券计划为不符合税收抵免条件的父母提供儿童保育费用支持，目前每年每位父母的费用高达 933 英镑。1998 年开始英国普及免费早教，所有 4 岁儿童每周接受 12.5 小时。2004 年，这项优惠扩大到所有 3 岁儿童，2006 年起，3 岁和 4 岁儿童每周接受 15 小时（或每年 570 小时）。从 2013 年起，40% 的两岁儿童每周还接受 15 小时的免费早教。政府更提议从 2017 年开始，将 3 岁和 4 岁儿童的免费托儿时间延长至每周 30 小时。从 2004 年起，英国开始实施"SureStart 儿童中心计划"（the SureStart children's centre programme）作为早教项目的补充，主要是早期干预和家庭支持服务，具体包括儿童及产妇保健和保健访客服务、母婴心理保健服务、育儿方案、社会工作、培训和就业服务。英格兰儿童中心方案制订的目的是通过在全国建立 3 500 个中心，确保每个家庭都能获得这些服务①。

从 2017/2018 年度起，大约 74 亿的公共资金被分配给英国的儿童保育支出，大约占 GDP 的 0.5%。增加儿童保育的机会有助于支持工作中母亲比率的

① BUTLER A, RUTTER J. How publicly-funded childcare can help reduce poverty [EB/OL]. (2016-01-27) [2020-10-14]. https://www.jrf.org.uk/report/creating-anti-poverty-childcare-system.

上升。1996—2013 年，已婚母亲在工作中的比率上升了 5%，同居母亲上升了 11%，单身父母上升了 17%。儿童社会服务体系的建立，对于改变英国家庭贫困状况和儿童贫困状况起到了巨大作用。

（二）工作福利服务

英国撒切尔政府和梅杰政府在 1997 年之前就已经开始推进从福利到工作的政策。在 1997 年布莱尔政府上台后工作福利成为英国新工党的核心政策。新政策措施和就业区计划帮助人们从依赖社会福利转向工作；提供灵活多样的个性化服务，帮助人们就业；减少可以工作并希望工作的人们遇到的工作障碍，并确保权利与义务对等①。工作福利是任何旨在鼓励或促进人们从依赖福利转向有偿工作过程中所采取的现金补助和服务供给的一系列措施。通过提供咨询服务、培训和发展机会改变贫困者态度和动机的社会服务的重要性凸显。

从内容来看，教育和培训服务内容包括工作培训、青年培训、青年信贷、现代学徒计划、职业发展计划、工作技能培训、岗前培训和领取救济金期间的其他形式学习；求职援助服务内容包括再就业面试服务、再就业课程服务、工作计划研讨会、求职研讨会、工作总结面试及研讨会、旅行面试计划、工作俱乐部服务、工作至上计划、工作面试担保、"1-2-1 计划"、父母附加计划和工作合同服务；雇主激励服务内容包括雇主的国家保险缴费假期计划、工作启动计划、工作尝试计划、创造公益岗位的项目性工作服务计划和工作辅助计划中的职工儿童照护，其中工作尝试计划也是英国就业服务局提供的主要的劳动力市场服务项目——该项目主要为连续 6 个月失业的失业者制订为期 3 周的工作计划，由职介中心将失业者安排到参加该计划的雇主提供的工作岗位上工作，其间求职者继续领取失业津贴，还可领取适当交通费和餐费补贴，企业不需要负担，待计划期满之后，由双方商议是否确定正式雇佣关系②。

就过程来看，布莱尔新政的主要政策对象集中于青年失业人口、长期失业人口、单亲父母、残疾人或长期患病人口、失业者的配偶。青年失业人口（18～24 岁）失业时间达到 6 个月就可以进入服务程序。他们首先进入为期 4 个月的入门阶段，政府就业服务局与合作伙伴通过就业服务计划提高其就业能力，为其寻找工作。若 4 个月后他们依然没有就业则进入备选阶段，包括为期 6 个月的国家补贴就业、接受全日制教育或培训、做环卫工作、到志愿部门工作四

---

① Department of Social Security. A new contract for welfare: new ambitions for our country [M]. London: The Stationery Office, 1998: 23.

② 国际社会保障协会. 激活失业者——工作导向型政策跨国比较研究 [M]. 王金龙, 译. 北京: 中国劳动社会保障出版社, 2004: 2-8.

个备选方案，他们可以任选其一。若到最后他们仍未找到工作，将进入全程跟帮阶段，接受强化帮助直至找到工作。长期失业者（25 岁以上）申领求职津贴连续两年者将强制纳入新政策计划。首先他们进入为期 3~6 个月、平均面谈 7 次的咨询阶段，就业服务局和合作伙伴通过服务提升其就业能力。若在该阶段他们没有就业则转入为期 6 个月的国家补贴就业阶段和接受为期 1 年的全日制教育或培训阶段。如果参加者到面对面咨询阶段结束仍未就业，他们可以重新参与正常求职活动，在下一年度再启动面谈时加入。其他长期就业群体此时也可以参与面谈咨询服务①。

英国工作福利服务的最主要特征就是强制工作与个性化、持续性服务相结合，政策关键是积极地投资于个人的咨询服务和实际服务。该政策鼓励人们重新加入劳动者队伍，在一定程度上解决了英国福利依赖和贫困问题。

（三）社区照顾服务

1990 年，《国民健康服务和社区照顾法》颁布，明确提出对老年人和残疾人提供服务、进行供养并以其过上独立生活为目标。这一法案已经具备积极福利的理念。而且，该法案的颁布要求社区照顾体系由"提供方利益"主宰和指导的"资源导向"，向以使用者和顾客为中心的"需求导向"的服务理念转变，为服务对象提供机会参与服务计划的制订。至此，健康服务开始向社区服务转型。社区成为老年人、残疾人和儿童社会照顾的重要场所，实现了从正式照顾向非正式照顾（社区照顾）的转移，政府也从服务的提供者变成服务的授权者。社区中康复服务人员和社会工作者成为重要的工作人员。社区照顾服务以政府出资提供服务的形式为贫困者的健康增进和社区照顾创造了条件，也在很大程度上为贫困家庭赢得了就业的时间和机会，在反贫困方面有着重要的辅助作用。

从服务项目来看，家庭照顾可以减轻被照顾者的经济压力、降低其时间成本，包括家务劳动（洗衣、清洁、购物和园艺）和膳食照顾（供餐、送餐和营养教育）；个人照顾主要针对生活自理困难者，包括基本家庭照顾、护理照顾、康复服务；扩展个人能力服务可以提升贫困者的个体能力，主要是特殊设备供给（住房改造和辅具配置）；工作与就业服务可以为工作受挫者提供受保护工作环境和带薪就业，如受保护车间、工业聚集地、成人训练中心；社会治疗主要针对社会关系和自我形象受损的修复，如对丧失亲人者的安慰、家庭关

---

① 国际社会保障协会. 激活失业者——工作导向型政策跨国比较研究 [M]. 王金龙，译. 北京：中国劳动社会保障出版社，2004：10-12.

系修复和交流模式学习；社区激励主要是调动贫困者重塑进入社区和工作环境的信心，如社区组织、社区利益倡导和社区规则制定；社会整合主要防止对贫困者的社会隔离，促进参与社会生活，如友好访问、日间中心、社会俱乐部等①。

从服务对象来看，老年人和残疾人是英国社区照顾服务的主要对象，通过社区照顾服务提升个人能力和社会融合水平有效降低了贫困的风险。老年人社区照顾分为由社区照顾和在社区照顾两类。由社区照顾分为：家庭照顾或非正式照顾、居家照顾（包括居家医疗照顾、居家护理保健照顾、个人生活照顾和家政服务）、日托照顾（包括日间医院、日托中心、短期护理服务中心）。在社区照顾主要是机构照顾，包括老人院、老人福利院和老人护理院②。作为残疾人社会服务供给基础的社区康复服务也表现出了积极福利特征，其服务宗旨为最大限度地恢复和增强残疾人适应生活和融入社会的能力，使残疾人能生活得更加幸福。国民保健服务体系根据残疾人身体健康状况和康复服务供给场所将康复服务分为"集中式康复"与"分散式康复"，并对生理残疾和心理残疾区别对待。"集中式康复"是对独立生活能力和身体健康状况较差的残疾人，提供集中康复服务以恢复其身体机能的康复方式。生理残疾者和心理残疾者在经过身体健康评估和精神健康评估后，根据健康状况，对确实需要在康复机构和医疗机构进行"庇护式"康复照顾的残疾人实施"集中式康复"。英国各地的康复中心就是集中式康复的主要场所。康复中心配备了各种训练器具，以及织机、厨房等设备和用品，指导残疾人进行适应日常生活的训练，同时，康复中心还组织舞会、体育比赛等活动，不仅帮助残疾人恢复生理机能和生活能力，还尽量丰富残疾人的精神生活③。康复服务项目包括：听力保健服务，主要是针对听力障碍者进行听力功能恢复性训练和交流功能补偿性训练，例如手语和读唇技能训练；视力照顾服务，主要对视力障碍者提供盲文阅读训练和有声读物，以及为其独立生活进行居家设备改造和生活能力恢复；语言治疗服务，主要通过语言治疗师向语言障碍者进行交流训练和食物吞咽训练；物理治疗服务，通过理疗师对中风或关节病等原因造成的行动困难者进行运动、电疗或徒手治疗，以增强独立行动和独立生活能力。当残疾人经过"集中式康复"后生理和心理机能得到一定恢复，此时开始评估介入，达到一定条件者将进入

---

① WEBB A, WISTOW G. Social work, social care, and social planning: the personal social services since Seebohm [M]. London: Longman, 1987: 16.

② 谢美娥. 老人长期照顾的相关论题 [M]. 台北: 桂冠图书股份有限公司, 1993: 14.

③ 岳晨. 英国残疾人社会福利制度研究 [D]. 北京: 中国人民大学, 2008: 42.

个人居住的社区或家庭进行"分散式康复"。2007年《精神能力法案》规定经过科学评估后可以在社区进行康复的精神残疾人士必须回归社区继续康复。残疾人需要参加当地社会服务机构由职业治疗师负责的健康和社会照料评估，根据评估结果和残疾人意愿制订康复帮助计划，并最终确定为残疾人提供卫生保健、居家照料、康复设备和居家环境改造等康复服务。然后，经由专业社工和社区护士提供专业康复服务。对于精神残疾人，由全科医生、社区精神健康护士、精神科社会工作者、精神病顾问、健康访问者和临床心理学家等组成的专业社区精神健康小组制订详细的康复计划并为其提供服务。

三、启示

（一）"第三条道路"积极福利思想

英国是积极福利思想的原创地。该理念被政府部门在施政纲领中直接运用，这是福利思想和政府政策结合的最好案例。而且，在此后的政府政策设计中，无论是工党还是保守党都将"第三条道路"积极福利思想作为其社会福利和反贫困政策的指导思想。与"老左派"和"新右派"相比，"第三条道路"派企图以其独特的福利思想超越"老左派"与"新右派"。其核心思想包括：福利供给方式既非平均主义分配，亦非放松控制者方式，而是采取社会投资的方式。福利供给按照低水平设计，以迫使更多的福利依赖者和贫困者走向工作岗位和社会。福利支出更强调务实性和科学性，更加注重多元主体参与式监督和管理。福利递送模式则注重多元主体的合作伙伴关系，表现在具体操作层面是公共部门、私营部门和公民社会的混合福利经济。福利分配以福利资源分配中权利与义务相结合的原则，注重培养公民的责任感和社会团体意识。福利供给结果更注重对起点公平、过程公平和结果公平的包容。

积极福利思想下的反贫困更注重能力建设和服务供给。福利国家非差别化的福利分配制度在新公共管理改革之前造就了大量的福利依赖者，这部分人在后来的新自由主义改革中成为能力缺失的人群。而且，现金供给的福利模式在基础兜底福利情况下是有效的，在能力缺失的情况下却难以进行有效的反贫困。积极福利思想下的社会福利分配通过能力提升计划配套相应惩罚措施进行循序渐进的政策设计。在能力建设过程中社会服务起到了核心作用，从就业信息服务、就业培训到儿童贫困服务再到社区服务，都对贫困者的能力建设和工作机会的获取起到了直接和间接的作用。另外，政府的预防性政策设计也是能力建设的衍生品和政策前置的导向性特征。儿童贫困社会服务中对儿童和其家庭的教育服务、托育服务和社区家庭咨询服务等社会服务项目均是为以后儿童进入社会永久性摆脱贫困而设计的。因此，积极福利前瞻性和能力导向型社会服务对于稳定、改善和预防贫困起到了积极作用。

（二）福利混合经济的服务递送策略

英国福利国家危机之后，对福利改革的主要措施除了削减福利开支就是实施福利混合经济（mixed economy of welfare）。新工党力主减少政府在社会保障中的直接供给，以养老金政策为例，其政策目标是保证在 2025 年以前，财政性养老金支出占 GDP 的比重下降 10%，在 2050 年以前下降 42%①。从改革的实际情况来看，实施福利混合经济所实现的效果要优于福利开支削减。福利混合经济的多元递送模式，为英国反贫困社会服务提供了资金支持、效率支持和人力支持。在福利混合经济或福利多元主义政策背景下，社会和个人被激活，贫困者、市场主体、社会组织和政府之间形成文化的转变，双方对于反贫困既有权利也有义务，积极性特征被激发。正如吉登斯所说，新的混合经济需要政府与公民社会中的机构结成伙伴关系，以促进社会的更新和发展。伙伴关系的结成改变了福利供给和递送的内在结构，在不同福利经济类型中提供反贫困社会服务。

从资金供给类型来看，福利混合经济包括：国家福利经济类型、私人福利类型、志愿与社区部门福利类型和非正式福利类型。

国家福利经济类型中政府提供资金和项目供给、社会递送服务。英国全民保健服务体系（National Health Service，NHS）在进行准市场改革后，全科医生基金被基层医疗组织取代，并委托授权"中层医疗体系"，直接雇佣保健探访员、助产士和社区护士，将社会服务由服务使用者来推动。2003 年《英国医疗和社会照顾法案》将 NHS 基金医院确立为独立的谋求公共利益的公司性质医院。这种医院的经理大部分有当地居民选举产生，居民会被邀请成为基金医院的"订购用户"，而基金医院则独立于政府卫生部门的管理和控制系统②。在服务外包过程中，政府充分发挥其监管职能进行服务评估，并设置科学的绩效评估标杆和标准。英国政府还将政府社会服务的权限下放到社区，希望通过社会资本的积累实现脱贫。例如 2005 年新工党通过向社区拨款建立社区资产让居民培养反贫困的能力。另外，《私人融资计划》鼓励私人服务供应商和公共部门合作，并通过资金共筹来实现项目合作。至 2008 年底英国公共服务中的 18% 由私营和志愿性机构来提供。

---

① 鲍威尔. 理解福利混合经济 [M]. 钟晓慧，译. 北京：北京大学出版社，2011：51.
② 同①：55.

私人福利类型的效率优势和个性化服务优势更有利于提升反贫困社会服务的有效性和服务质量。

志愿与社区部门福利类型具有正规化、独立性、非营利性和志愿性的优势。这一方面为贫困者提供了物质帮助和专业的服务支持，另一方面又支持了贫困者提升社会资本和社会参与水平。

非正式福利类型可以说是最经济和最具有个性的服务类型。1995 年《照顾者（服务承认）法案》、1999 年《全国性照顾者策略》、2000 年《照顾者和残疾儿童法案》、2004 年《照顾者平等机会法案》等政策的实施为家庭成员提供服务进行了有效的资金和政策支持，非正式照顾者进行社会服务能获得短假、就业帮扶、就业岗位、社区服务等帮助，在很大程度上是以积极的方式让其和其家庭获得贫困帮扶。

（三）社会服务供给的精细化设计

经过多年来的经验积累和政策优化，英国的社会服务供给越来越显示出其专业性和精细化设计。在人群方面，将儿童、工作人员、老人和残疾人进行需求细分后进行专业化的服务递送。在不同类别中还进行进一步细分以体现专业化设计，例如通过家庭成员和子女数量对不同家庭结构提供有针对性的反贫困服务。在流程方面，无论贫困者能力如何，都在不同的能力培训阶段进行个性化的跟进和培训，并做到无缝对接。在扶贫方面，工作技能、社会适应、心理健康、社会资本、家庭关系、信息传递、咨询服务等方面都尽量做到精细化和个性化的社会服务供给。正是精细化的服务供给，使得英国贫困率就算在金融危机时也相对稳定，并呈逐步下降的趋势。

第三节　积极社会：孟加拉国反贫困社会服务的经验

孟加拉国是世界上最贫困的国家之一。它虽然是个小国，却拥有 1.5 亿人口，而且贫困率较高。由于其经济发展滞后和社会发展落后，民众的收入水平、医疗水平、受教育程度、基础设施建设均比较落后。近年来，随着该国经济发展、政府政策调整、民间力量参与和人口控制，孟加拉国的贫困率和贫困人口数量均出现大幅下降，居民生活明显改善。从反贫困的措施来看，其主要包括七项：人口控制、食品生产、小额贷款、服装产业培育、口服补液疗法推广、妇女权利赋予和民间发展组织培养。其中以孟加拉乡村银行（Grameen Bank，GB）为代表实施的小额贷款战略为孟加拉国反贫困做出了重要贡献，其积极福利思想有效激发了贫困妇女的内生动力，对于反贫困和社会文化的改变均产生了重要影响。在以小额金融贷款为主要方式反贫困过程中，大量的社会服务项目介入，为贫困者建立个人资产创造了条件。因此，其反贫困经验对于中国深度贫困地区具有重要的借鉴意义。

一、孟加拉国贫困现状分析

（一）贫困测量方法

孟加拉国最早的贫困测量是在其 1971 年独立后不久的 1973/1974 财年开始的，主要是家计调查（household income and expenditure survey，HIES）。该方法在 1983/1984 财年进行了改进，但是由于缺乏有效的数据收集、定义和估计方法使其数据统计不科学[1]。1995/1996 财年孟加拉国统计局（Bangladesh Bureau of Statistics，BBS）在亚洲开发银行和世界银行的财政和技术支持下运用家庭支出调查（household expenditure survey，HES），通过测量每日卡路里摄入量（daily calorie intake，DCI）和基本需求成本（cost of basic needs，CBN）方法进行贫困指标估算，得出两个贫困线，即较低贫困线（绝对贫困线）和较高贫困线。1994—1998 年，BBS 进行了 7 次贫困监测调查（poverty monitoring surveys，PMS），以监测国家、城市和农村各级的情况。这些调查采用的是小样本，由政府资助。1999 年，在加拿大国际开发署和亚洲及太平洋农村综合发展中心的财政和技术援助下，PMS 样本增加到 16 000 个家庭。该项目管理旨在提供孟加拉国 21 个地区的一系列贫困指标，以及先前调查中得出的农村、城市和国家总人口。PMS 与 HES 分享孟加拉国的能力建设、贫困监测和分析主流化及制度化目标。两种方法和三种测量构成了孟加拉国贫困测量的主要依据。

在每日卡路里摄入量法中，任何家庭的人均千卡摄入量计算值低于预定阈值（城市为 2 112，农村为 2 122），都被视为贫困。一个贫穷家庭的所有成员都算是穷人。临界值降低到 1 805 千卡，以估计硬核或极差。该方法实现简单。但是，它没有明确考虑到服装、住房、教育、药品和其他非食品必需品的支出。在贫困监测调查中，BBS 采用了所谓的食物和能量摄入方法。从每个样本家庭中计算出每日人均卡路里摄入量（x）和每月人均支出（y）。将 y 在 x 上的自然对数进行简单的线性回归，$\ln y = A + bx + r$，以 r 为残差，拟合到家庭

---

① World Bank. Bangladesh: from counting the poor to making the poor count [R]. Washington, D. C., 1998.

值。用 2 112 或 2 122 代替拟合方程中的 x 来估算贫困线。月人均支出低于估计贫困线的家庭，或更确切地说家庭成员，被视为贫困[①]。

（二）贫困人口概况

孟加拉国建国时（1973—1974 年）的贫困率达到 74%，1991—1992 年为 57%，2000 年降至 49%（其中 34.3% 处于"极度贫困"），2005 年降至 40%[②]。2014 年孟加拉国统计局公布的贫困率为 25.5%，较上一年减少 8%，其中极度贫困率为 12.8%，较上一年同期的 13.1% 略有下降[③]。至 2016 年 10 月，仍有贫困人口 3 760 万，占人口总数的 23.5%，其中极端贫困人口 1 940 万[④]。虽然，贫困率依然较高，但是贫困率的快速下降是孟加拉国反贫困获得的重要成绩，其中"五年计划"的实施和反贫困社会服务的作用尤为重要（见表 2-7）。

表 2-7　孟加拉国 1973 年以来实施五年计划所取得的成就

五年计划	实施时期/年	GDP 增长率/%	人均 GDP 增长率/%	贫困率/%
"一五"计划	1973—1978	4	1.3	82.1
"二五"计划	1980—1985	3.8	1.5	69.9
"三五"计划	1985—1990	3.8	1.6	56.6
"四五"计划	1990—1995	4.2	2.4	50.1
"五五"计划	1997—2002	5.1	3.5	48.9
"六五"计划	2011—2015	6.3	4.9	24.8

资料来源：陈松涛. 孟加拉国的贫困治理：经验与症结［J］. 印度洋经济体研究，2018（1）：107-122.

（三）致贫原因分析

与英美发达国家不同，孟加拉国贫困主要以绝对贫困为主，其中又以农村贫困占主导，经济发展滞后依然是主因。农村基础设施、生活习惯、受教育水平、文化观念、生产方式的落后，是孟加拉国致贫的主要原因。另外，城乡差

---

① DAVID I P. Poverty statistics and indicators：how often should they be measured？［R/OL］.［2021-04-16］. https://unstats.un.org/unsd/methods/poverty/Sid%20Aug%202000%20Povnote.PDF.

② 左常升. 世界各国减贫概要：第 1 辑［M］. 北京：社会科学文献出版社，2013：73.

③ 李华. 国际社会保障动态：反贫困模式与管理［M］. 上海：上海人民出版社，2015：142.

④ 中国驻孟加拉国经济商务参赞处. 过去 8 年超过 460 万孟加拉人赴海外务工［EB/OL］.（2017-07-13）［2021-04-16］. http://bd.mofcom.gov.cn/article/jmxw/201707/20170702609317.shtml.

距加剧了社会不平等，大量农村移民转移到城市生活，形成城市贫民。城市人口中有约 62% 居住在贫民窟，平均每年有 50 万人从农村涌入城市①。贫民窟落后的基础设施和卫生条件加剧了贫困现象。从本质上说，孟加拉国贫困的原因在于基本社会保障安全网的缺失和可持续脱贫机会的缺失。

二、孟加拉国反贫困的 GB 扶贫模式

孟加拉国在反贫困斗争中做了大量的尝试和计划，例如农村发展委员会（Bangladesh Rural Development Board，BRDB）、综合农村发展计划（Integrated Rural Development Programme，IRDP）、以工换粮计划、孟加拉国关爱计划、Rangpur 和 Dinajpur 农村服务计划、乡村援助计划和孟加拉国农村康复计划等。然而，很少有项目专门针对贫困妇女和女性化贫穷。其中许多是临时救济、施舍项目。相比之下，GB 的小额融资计划持续了 30 多年，并成功地、可持续地解决了孟加拉国的贫困问题，增强了农村妇女的能力。

（一）GB 扶贫模式的反贫困方案

孟加拉乡村银行又称格莱珉银行（Grameen Bank in Bangladesh，GB），由尤努斯（Muhammad Yunus）教授于 1976 年发起建立，并首先将 Jobra 村作为项目试点。它按照团体贷款同侪支助方法，向农村贫穷妇女提供不需要提供抵押品的小额贷款。GB 是一个自给自足的金融机构，通过孟加拉国全国 2 247 家分行向 867 万借款人支付 167 亿美元，贷款偿还率高达 97%。该模式鼓励借款人在生活中创建自己的资源资本、人力资本、社会资本和其他诸如经济可持续发展的资本。GB 的成功要素是将工作人员当作社区内部人员而非外部介入人员。现在，GB 被认为是消除贫穷和赋予妇女权利的最有效工具，其独特的项目实施步骤使妇女增加了收入、增强了能力，成功地实现农村贫困妇女创造自营职业和选择机会的目标。而且，自 1993 年以来，其反贫困模式已经推广至包括美国在内的 98 个国家②。

从操作流程来看，首先，GB 寻找社区贫困人口需求的来源，并为他们确定相关服务。GB 通过工作人员在地化对目标地区进行调查，包括社区中穷人的人口组成、物质基础设施和社会基础设施，并分析对贷款的需求。其次，找到深度贫困者并将其作为目标客户，与其建立良好关系，开展 GD 银行业务。

① 中国驻孟加拉国经济商务参赞处. 孟加拉政府与世行签署 2 亿美元贷款协议[EB/OL].(2016-07-11)[2021-04-16].http://bd.mofcom.gov.cn/article/jmxw/201607/20160701356355.shtml.

② ROUF K A. Micro financing implementation and expansion strategies of Grameen Bank in Bangladesh [J]. Double blind peer reviewed international research journal, 2015, 15 (10).

该目标客户群体是农村中无任何资产和现金财产的最穷群体。最穷的人将拥有优先权。然后，现场工作人员亲自提供非正规培训，让穷人熟悉 GB 产品和服务，并由他们根据先前搜集的信息确定适当的产品（包括：贷款规模、贷款类型、还款方式和服务战略）。之后，将背景相似和贫困特征相似的借款人组成小型非正式小组。以财务平衡为导向，进行人力资本投资。对项目领导人进行培训，提升其严谨性和创造性，并能深入了解农村环境。对贫困小组进行定期培训，使其认同独立生活的价值理念，对其进行基本生存能力、理财能力、就业能力的培训，使其掌握科学的生活知识。贫困小组通常由 5 名成员组成，另有一个由 40 名成员组成的中心，这也是 GB 银行信贷系统运行的基石。它强调信用纪律和集体借款人责任或同辈压力，通过组织获得规划和执行微观发展决策的能力。贫困小组在功能上与 GB 银行联系，且与银行外勤人员每周定期参加中心会议。只要借款人遵守并保持格莱珉原则和符合筛选标准就可以获得任何业务贷款①。GB 通过强制性和自愿储蓄提供的特别保障将穷人面临的风险降到最低。

（二）GB 扶贫模式的积极福利价值取向

（1）相信个人能力的赋权理念。尤努斯认为，在最贫瘠地区，最贫困的人有可能是很聪明、很能干的人。你只需要创造适当的环境来支持这些人，他们就能改变自己的生活②。GB 扶贫模式最主要的理念就是帮助贫困者提升能力和对他们充分赋权，让贫困者拥有自己的资产，从环境、心态和文化各方面建立起积极的反贫困氛围。在赋权氛围的营造中，促进贫困者的劣势社会资本与优势社会资本相联系，将弱连接向强连接转变，最终实现地区性社会资本水平提升，进而影响贫困者的心理状态、行为模式和文化传统。

（2）从劣势视角向优势视角转换，将妇女作为扶贫项目的主角。通常认为，贫困地区的妇女因身体素质和受教育水平低于男性，加之有家庭照顾的负担，在反贫困行动中处于劣势地位。GB 反贫困模式的根本理念认为，每一个借款者都是诚实的，妇女比男子更具有理财和经营的能力，对妇女实施小额贷款和资产建设的反贫困效果更佳。根据孟加拉国的社会经济条件来看，妇女通常照顾家庭和儿童，她们的丈夫收入不足极大地影响了家庭的生存，特别是孩

① HUSSAIN M, MASKOOKI K, GUNASEKARAN A. Implications of Grameen banking system in Europe：prospects and prosperity ［J］. European business review，2001, 13（1）：26-42.

② KAMALUDDIN S. Lender with a mission：Bangladesh's Grameen Bank targets poorest of poor ［EB/OL］. ［2021-04-16］. http://www.soc.titech.ac.jp/titsoc/higuchi-lab/icm/ grameen-articles.html #two.

子们的生存。GB 反贫困模式下借款人大多是女性，占总客户数的 94%，她们对家庭的支持有效地改善了家庭状况，减少了妇女对丈夫收入的依赖，她们对生存的渴望和对家庭的整体发展有着更大的影响①。

（3）以信任为基础的合作伙伴关系建立。GB 扶贫模式不需要提供抵押品，但是必须加入一个由 5 名成员组成的小组和一个由 40 名成员组成的中心，每周参加会议，并且必须对其小组成员的贷款承担责任。违约者会使其他人丧失机会，因此集团成员必须明智地选择自己的合作伙伴。如果这 5 个人都能及时偿还贷款，只要她选择继续做客户，就保证每个人都能获得信贷。GB 将其客户定义为贷款业务的合作伙伴，而非服务对象和救助对象，在观念上以平等的角色介入具备了积极福利的价值基础②。以社会抵押品取代物质抵押品。

（三）GB 扶贫模式的社会服务行动方案

该行动方案包括参与式管理和个性化社会服务。GB 模式的特征是动态式的组织架构，能对客户的需求进行及时和有效的反馈。其管理模式是通过四级组织——基层支行（branches）、地区分行（area offices）、地区办事处（zonal offices）和总部（head office）将贷款人纳入其中进行管理。基层支行是与乡村居民和农村贫困人口保持联系的基层单位。地区分行一般设在区镇，监督 10~15 个分支机构。地区办事处监督几个地区分行，并反过来指导达卡的总办事处。GB 约 90% 的工作人员与客户合作，帮助评估客户的需求，并迅速有效地做出回应。每个 GB 基层支行都有 6 名男女银行工作人员，由一名经理领导。外勤人员住在他们工作的区域，经常和客户生活在一起，鼓励客户参与扶贫方案设计并提供信贷计划和具体服务③。

第一，就业服务。GB 为会员提供 100 家集团企业的 400 多种个人创收服务。服务的经营范围包括稻壳加工、奶牛和家禽饲养、纺织、缝纫等，集团企业经营类型包括鱼类养殖、农作物种植、家禽养殖、贸易和房屋建筑。为创收提供技术服务，例如提供新品种的种子服务、新兴农业信息服务和兽医服务。通过庞大的创收选择组合，提供各种形式的创业教育和培训服务。第二，生活服务。GB 在其成员中倡导健康饮食和科学生活理念。提供蔬菜和水果种子，

---

① HUSSAIN M, MASKOOKI K, GUNASEKARAN A. Implications of Grameen banking system in Europe: prospects and prosperity [J]. European business review, 2001, 13 (1): 26-42.

② HUSSAIN M, MASKOOKI K, GUNASEKARAN A. Implications of Grameen banking system in Europe: prospects and prosperity [J]. European business review, 2001, 13 (1): 26-42.

③ AUWAL M A, SINGHAL A. The diffusion of Grameen Bank in Bangladesh: lessons learned about alleviating rural poverty [J]. Knowledge creation diffusion utilization, 1992, 14 (1): 7-28.

对种植、烹饪、饮用水等科学方法进行宣传并提供培训。进行计划生育理念指导，为妇女和儿童提供生育、健康、卫生、发展和营养等全方位的生活教育和指导服务。培养妇女储蓄和科学生活的习惯。第三，学习服务。提供学习如何书写和阅读的机会，以便记账，以及在收到和偿还银行贷款时正确签名。会员按要求每周进行体能训练，背诵"16项社会福利章程"口号（sixteen slogans），树立正确的人生哲学观。

三、GB 扶贫模式的经验分析

GB 扶贫模式在孟加拉国的扶贫过程中发挥了突出的作用，社区减贫、社区健康、社区教育、环境改善、妇女地位等方面都有极大的改进[①]。这主要得益于 GB 模式基于社区的积极福利理念和社会服务供给，但是其在发展过程中也表现出了一些弊端。

（一）优势：积极福利理念中的社会服务供给

（1）从经济增长到积极福利。传统社会福利的基础是经济的持续发展，通过经济发展带来财富再分配和社会公平的维护。GB 计划认为，经济发展并非一定有利于穷人，而更具参与性和自发发展性的社会结构才有利于社会公平。因此 GB 模式强调积极福利中的"积极平等"：在利益分配方面更大的平等性和更广的参与性，在知识和权利分配方面更强的共享性和可持续发展基金更大的独立性。

（2）从消极施舍到积极就业。孟加拉国的格莱珉经验表明，一个赤贫的人需要连续 6 至 10 次贷款（每一年贷款一次，按照既定原则确保成功）和艰苦的工作才能越过贫困线。贷款成功与否不仅取决于还款条件，还取决于是否符合计划生育、教育家庭成员、整洁卫生等其他原则。在这个过程中，借款人在"客户为导向"的组织结构中建立了一个安全的自营职业。穷人在还款计划的压力下开始注重能力提升和就业机会获取。从短期看，为其家庭发展提供了经济基础，并减少了社会负担和对政府的依赖。从长期看，GB 模式为贫困者从根本上消除贫困获得自信提供了持续性保障。

（3）从现金救助到整合性社会服务。与社会救助的单一现金直接给付方式相比，虽然都是以现金的方式进行帮扶，但是 GB 模式更强调金融项目中的社会服务。每个社会服务项目都是以改变生活方式和价值理念为基础，将就业

---

① ISLAM M A, MATHEWS M R. Grameen Bank's social performance disclosure ［J］. Asian review of accounting, 2009, 17 （2）: 149-162.

服务、生活服务、教育服务等内容进行整合，根本目的就在于提供创收和反贫困的机会，对贫困者赋权，彻底改变其贫困状况。整合社会服务除了改变贫困者的生活方式和心理状态，还改变了妇女的家庭地位、社会地位以及社会文化和社会动力机制。

（4）从建立信用机制到"信用是基本人权"。传统银行借贷是以信用记录和物质抵押为基础的借贷。然而，GB模式认为，自营职业信贷是穷人的一项基本人权，这可以保障其他权利的实现①。人人有权享有足以维持自己和家庭健康和福祉的生活保障，包括食物、衣服、住房、医疗和必要的社会服务，以及在他出现失业、疾病、残疾、丧偶、年老或其他缺乏生活必需品的情况下获得保障的权利。由于穷人没有任何抵押品，所以必须向他们提供信贷，而不必坚持任何形式的实质性抵押。这就是人权得以实现的基本保障，穷人通过自营职业、创收和储蓄获得这些基本人权。

（二）劣势：模式发展的自身瓶颈

其一，通过高利率打压贫困者的内生动力。格莱珉的银行业方法因较高的利率收费而受到批评——格莱珉的利率（20%）高于孟加拉国的传统银行业（10%~15%）。然而，人们担心贷款的进一步分期（这取决于借款人偿还贷款的能力）。这一要求使贫穷的借款者处于同样的财务状况，也就是说，穷人可能会隐瞒他们无法将所收到的贷款增值的情况，因为害怕以后得不到贷款。因此，穷人只能把钱用于生存，而不是为了赚钱以支付贷款的高额利息。其二，贷款者未能充分认识制度优势。20世纪90年代，孟加拉国政府开始大量削减在GB的占比份额，最终只占到股份的5%。95%的借款人拥有股份，但65%的借款人并不明白股东的价值，他们也不被允许出售自己的股份②。贷款者对公司经营模式的理解滞后制约了GB模式的进一步发展和妇女能力的再提升。其三，作为潜在政治力量的GB受到政府打压。以尤努斯为代表的非政府组织形成了潜在的政治力量，拥有800万借款人的人力资本和组织结构，几乎每个村庄都有一家银行，它们可以很容易地动员客户在选举中为候选人投票。而且，非政府组织领导人在接受西方国家经济援助的同时已经成为西方国家选定的伙伴，对现有政权构成威胁。因此，2011年，哈西娜（Sheikh Hasina）免去了尤努斯的格莱珉主席职务，并强行驱逐尤努斯，从而化解了尤努斯以及任何

---

① YUNUS M. Credit for self-employment: a fundamental human right [R]. Dhaka, Bangladesh: Grameen Bank, 1987a.

② KARIM L. Reversal of fortunes: transformations in State-NGO relations in Bangladesh [J]. Critical sociology, 2018, 44 (4/5): 579-594.

非政府组织领导人在未来选举中的政治角逐。此后，受政治因素的影响孟加拉国的 GB 计划效果在后来的实践中受到影响。

（三）展望

GB 反贫困模式已经传播到了包括欧美发达国家在内的大多数国家，并取得了优秀成绩，同时也传到了中国。目前 GB 反贫困模式在中国已经建立了 10 个项目点，拥有 7 位孟加拉国专家，还款率达 99%，拥有 3 000 名妇女会员①。中国严格按照格莱珉"社会服务为中心"的普惠金融服务反贫困模式，有效实现了贫困户的脱贫。但是，中国的贫困具有本土化特征，在借鉴 GB 模式的过程中还需要不断地结合中国国情做结构化调整和本土化改良。

---

① 见格莱珉中国网站：http://www.grameenchina.cn/h-col-105.html。

第三章　积极福利视域下精准扶贫
　　　　与社会服务

第一节　精准扶贫概念及产生的时代背景

精准扶贫是针对中国特殊的国情和历史时期所提出的具有中国特色的政策术语，其核心在于"精准"。我国自 1986 年起开始大规模开发式扶贫，1994年至 2000 年进入"八七扶贫攻坚"阶段，从 2001 年开始进行"新世纪整村推进扶贫开发"。可是，开发式扶贫具有明显的"大水漫灌"特征，扶贫对象不聚焦、扶贫主体不落地、扶贫方法较单一、扶贫评估走形式的特征与贫困致因复杂性、贫困表现多样性、贫困影响长远性、贫困主体脆弱性形成尖锐的矛盾。2013 年 11 月，习近平总书记在湖南湘西考察时做出了"实事求是、因地制宜、分类指导、精准扶贫"的重要指示，这是"精准扶贫"的首次提出。"精准扶贫"作为全面建成小康社会的重要举措针对的是"粗放扶贫"和"输血式"扶贫，通过精准化"靶向定位"和个性化方法设计解决差异化贫困问题。2015 年 11 月，《中共中央 国务院关于打赢脱贫攻坚战的决定》对精准扶贫做了具体要求，包括：通过"精准识别、建档立卡"实现扶贫客体精准，通过"精准选派驻村干部、因村派人"实现扶贫主体精准，通过"项目安排精准、资金使用精准、措施到户精准"实现扶贫管理精准，通过"动态监测、方法科学、数量质量相结合"实现脱贫成效精准[①]。简言之，精准扶贫就是指主体精准、客体精准、管理精准和脱贫精准。在"中央编译局对 30 个新术语的权威翻译"中，"精准扶贫"被翻译成"take targeted measures to help people

---

[①] 中共中央 国务院关于打赢脱贫攻坚战的决定 [EB/OL]. （2015-12-07）[2020-11-11]. http://www.gov.cn/xinwen/2015-12/07/content_5020963.htm.

lift themselves out of poverty"，即采取针对性措施协助人们脱离贫困①。2015 年12 月 15 日，国务院新闻办公室举行"十三五"脱贫攻坚工作有关情况新闻发布会，扶贫办主任刘永富提出精准扶贫和精准脱贫的基本要求与主要途径是"六个精准"和"五个一批"。六个精准是：扶贫对象精准、项目安排精准、资金使用精准、措施到户精准、因村派人精准、脱贫成效精准。五个一批是：发展生产脱贫一批、易地扶贫搬迁脱贫一批、生态补偿脱贫一批、发展教育脱贫一批、社会保障兜底一批②。在具体实施过程中，精准扶贫还包括"四个施策"和"十项工程"。四个施策是：分类施策，因人因地施策，因贫困原因施策，因贫困类型施策。十项工程是：干部驻村帮扶、职业教育培训、扶贫小额信贷、易地扶贫搬迁、电商扶贫、旅游扶贫、光伏扶贫、构树扶贫、致富带头人创业培训、龙头企业带动。

习近平总书记关于扶贫工作重要论述是习近平新时代中国特色社会主义思想的重要内容，开创了马克思主义反贫困理论中国化新境界，为丰富和发展中国特色扶贫开发理论作出了新贡献，为新时代打赢脱贫攻坚战提供了行动指南，为全球减贫事业贡献了中国智慧③。

第二节　积极福利思想嵌入精准扶贫实践

一、新贫困产生及积极福利应对

（一）新贫困产生与传统贫困的差异性分析

传统贫困概念是基于经济学基础产生的，具有评价的一维性特征。朗特里将贫困定义为总收入水平不足以获得仅能维持身体正常功能所需的最低生活必需品，包括食品、房租和其他项目等，即绝对贫困概念。贫困线被定义为在特定社会中可以预期一个人具有足够营养条件的总消费支出④，穷人被定义为消

① 顾东辉. 精准扶贫内涵与实务：社会工作视角的初步解读 [J]. 社会工作，2016 (5)：3-14.

② 精准扶贫脱贫的基本方略是六个精准和五个一批 [EB/OL]. (2015-12-15) [2020-11-11]. http://www. scio. gov. cn/xwfbh/xwbfbh/wqfbh/2015/33909/zy33913/Document/1459277/1459277. htm.

③ 重庆市中国特色社会主义理论体系研究中心. 深刻认识习近平总书记关于扶贫工作重要论述的重大意义 [EB/OL]. (2019-05-14) [2021-04-16]. http://theory.people.com.cn/n1/2019/0514/c40531-31083671.html.

④ 瑞沃林. 贫困的比较 [M]. 赵俊超，译. 北京：北京大学出版社，2005：43.

费水平或收入水平低于贫困线的人。贫困线具有判定贫困人口和提供社会救济的依据功能，以及维持廉价劳动力与劳动力市场的稳定关系的功能①，工具性特征明显。然而，汤森（Peter Townsend）认为，贫困不仅是基本生活必需品缺乏的"绝对剥夺"，而且是因缺乏社会资源被排斥在正常生活方式和社会活动之外的"相对剥夺"。汤森将相对收入标准（不同类型家庭平均收入的50%）作为测量相对贫困的贫困线，并提出贫困的剥夺标准，运用包含生活、娱乐、教育、健康和社会关系在内的 13 个指标计算出客观剥夺和主观剥夺指数②，即相对贫困概念。汤森的贫困识别超越了纯粹经济学分析方法，具有社会学内涵，将贫困的隐性因素曝光，其政策理念实现了从"经济性一维"到"形式性多维"的转变③。以此为基础建立的贫困线测量方法成为之后许多国家评价贫困的唯一标准，直到 20 世纪 70 年代权利贫困理念的提出。

20 世纪 70 年代，西方工业国家开始从工业社会向后工业社会转型，经济和社会结构发生根本性变化。随之出现大量失业，非正规部门就业及其就业者的低收入、无保障，无家可归者、社会闲散人员增加，单亲家庭成员贫困，种族、移民贫困等问题，并呈现出区域性贫困、阶层性贫困等特点。西方把这些现象称为"新城市贫困"④。结构性贫困成为新贫困的主要原因。虽然新贫困以城市为主要表现场域，但是城乡融合发展的特征决定了新贫困是城乡空间流动发展的统一性特征。无论在城市还是乡村，新贫困成为贫困问题延续到新时期的阶段特征，且将在相当一段时期存在，并在后发展国家的发展历程中经历该阶段。

美国乃先发展自由主义国家的典型代表，其贫困现象的发展特点具有一定代表性。1914 年美国的贫困率为 66%，1932 年上升到 78%，二战期间的 1944 年为 24%，1947 年为 32%，1958 年为 24%，1968 年下降为 13%，可见这一阶段美国的贫困率波动较大。从 1968 年到 2006 年的数十年间，美国贫困率一直在 12% 和 16% 之间波动，相对比较稳定⑤。可见，美国在经济发展进入后工业时代以前，贫困发生率较高而且波动较大，在进入后工业时代以后贫困发生率

---

① 宁亚芳. 从道德化贫困到能力贫困：论西方贫困观的演变与发展 [J]. 学习与实践，2014 (7)：112-120.

② WILLIAMSON J G. Poverty in the United Kingdom: a survey of household resources and standards of living by Peter Townsend [J]. The journal of economic history, 1980, 40 (2)：392-393.

③ 王磊，张冲. 能力扶贫：精准扶贫的发展型视角 [J]. 理论月刊，2017 (4)：157-161.

④ 李华. 国际社会保障动态：反贫困模式与管理 [M]. 上海：上海人民出版社，2015：98.

⑤ 康西安，丹齐革. 改变贫困，改变反贫困政策 [M]. 2 版. 刘杰，等译. 北京：中国社会科学出版社，2014：22.

处于相对稳定的阶段。后工业时代的美国，新贫困特征明显：超过20%的家庭的高贫困率，都发生在女性户主、户主学历低、无业及有色人种家庭中①。这部分群体往往贫困时间较长、贫困深度较深、脱贫难度较大，因此由这部分新穷人所构成的贫困人口的贫困率较为稳定。面对新贫困，美国采取积极劳动力市场政策，鼓励新贫困群体就业，社会福利项目中以服务为主的实务福利增长速度超过了现金福利。新贫困的结构性障碍需要通过社会参与的机会平等获取而不是结果公平来消除。

新贫困的出现还来源于新社会风险。新社会风险特指后工业社会转型中的风险，主要表现为：妇女就业增加，男人养家比例下降；老龄人口绝对数量增长，社会福利成本增加；劳动市场流动性增强，低技术劳动需求减少；制造业向服务业转型，私营服务扩张②。新社会风险下新贫困人群扩大至受教育水平低的年轻人和有劳动能力但低技能的老年人，影响领域扩展到除劳动力市场之外的家庭生活空间，福利供给的方式从财税供给向提升抗风险能力转变。

由此可见，在社会结构和新风险社会的双重影响下贫困的致因、表现形式、应对措施和性质均发生了根本性变化。传统贫困向新贫困转型出现以下特征：其一，传统贫困认为社会财富分配不均是贫困致因，而新贫困认为贫困致因是社会结构的变化和新风险的出现；其二，传统贫困是建立在经济性指标为唯一标准的评价基础之上，而新贫困的表现形式是包括经济贫困、权利贫困、能力贫困和文化贫困在内的多维贫困；其三，传统贫困的对策是进行以现金为主要形式的经济性社会救助和社会保险，而新贫困的对策是在经济性社会福利供给的基础上进行机会提供、能力提升、社会融合和资产建设等社会服务项目为主的赋权性福利服务；其四，传统贫困是基于温饱保障的基础性贫困，而新贫困则是以个体能力提升为目标的发展性贫困。

（二）新贫困及多维贫困评价

新贫困是相对贫困与多维贫困的综合，以社会救助和社会保险为主的传统社会福利工具已经不能达到新贫困的多维贫困评价标准。其评价标准主要是：

（1）能力贫困。森（Amartya Sen）从多维视角对贫困进行定义。他提出"可行能力"（capability）概念，引入能力贫困评价方法。森认为，即使在基本必需品和贫困线被确定之后，贫困的定量化分析似乎也需要把绝对贫困与相

① 康西安，丹齐革. 改变贫困，改变反贫困政策 [M]. 2版. 刘杰，等译. 北京：中国社会科学出版社，2014：31.
② 泰勒-顾柏. 新风险 新福利：欧洲福利国家的转变 [M]. 马继森，译. 北京：中国劳动社会保障出版社，2010：3.

对贫困结合起来考虑，绝对贫困度量必须由相对贫困来补充①。穷人因缺乏构成"可行能力"的构成要件——政治自由、经济条件、社会机会、透明性担保以及防护性保障，而缺乏生活的实质自由，进而失去自我发展的基础②。新贫困就是因五项"可行能力"的缺乏而产生的能力贫困，能力贫困将贫困的性质和致因扩展到包括政治、经济、制度和文化等在内的多维视角。能力扶贫能有效应对因知识、技能、机会、社会资本不足而产生的贫困致因，以主观能动性和潜在能力激发微目标，以实现贫困者的权利诉求和机会均等，其"发展性"特征明显。

（2）权利贫困。社会结构的变迁带来社会阶层固化和社会身份固化，因社会身份不同而产生的权利缺失和话语权缺失容易造成贫困代际传递，进而强化经济贫困、能力贫困和文化贫困。坎勃（Robert Chamber）将这种因社会排斥而出现的脆弱性和无话语权称为权利贫困，并将其归为新贫困的重要评价内容。穷人因为权利贫困而缺乏保障自身的有效手段，只能被动接受低收入工作，他们的活动被排斥在主流文化和政治生活之外，无法充分参与经济、政治和社会生活。因此，穷人往往被排斥在新经济机会之外，工作不稳定，居住条件恶劣，家庭压力大，社会隔离。权利贫困的扶贫重点在于从政策角度对制度进行改革，以打破结构固化而造成的社会排斥，通过权力下放和制度创新实现贫困者赋权。

（3）文化贫困。倘若能力贫困和权利贫困形成固化，就容易在贫困人群中形成强化贫困的亚文化——贫困文化，进而形成相对固化的行为模式、思维模式和文化样态。文化贫困有两层含义：一是指某一区域或人群的文化属于致贫的亚文化或文化贫困化，其与贫困文化等同；二是指文化的缺失，包括文化水平低下和文化内涵缺失，进而形成主观能动性较低的文化认同。因此，文化贫困是贫困文化的重要组成部分，是贫困文化中负向影响发挥的部分。负向影响包括低成就动机、低教育水平、低自我认同、因循守旧等，贫困文化通过培养自己的传承载体具有了复制和滋生贫困的功能③。新贫困中的文化贫困形成一种负向的心理机制和社会氛围，并具有复制功能。文化扶贫可以从公共文化服务的角度来提供正向的文化导向，发挥贫困文化的正向功能。

---

① 森. 贫困与饥荒：论权利与剥夺 [M]. 王宇，王文玉，译. 北京：商务印书馆，2001：44-45.

② 森. 以自由看待发展 [M]. 任赜，于真，译. 北京：中国人民大学出版社，2001：4.

③ LEWIS O. Five families：Mexican case studies in the culture of poverty [M]. New York：Basic Books, 1966：215.

（三）积极福利思想的应对

消极福利思想在应对传统贫困时发挥了重要的作用。其以社会平等为价值诉求，以分配正义为目标导向，以政府主导为扶贫主体，以社会救助为主要工具——这些构成了传统反贫困的应对体系。但在应对新风险和新贫困时，则需要以全新的积极福利思想发挥系统性作用。

其一，以社会团结为价值诉求。积极福利需要以整体性治理的方式应对新风险社会的系统性风险。其主要应对方式就是要最大限度地动员社会力量，以整体性的方式进行风险预防和控制。社会平等的价值诉求以满足个体平等为要义，但在风险随机性、分散性、扩大化的情况下难以应对。以个体平等应对新风险的难度加大。然而，通过社会融合和社会整合的方式来实现社会团结的价值诉求则可以汇聚更多力量和实现社会动员来对抗新风险，纾解新贫困。其路径是从个人赋权到社区赋权再到社会赋权。

其二，以能力扶贫为目标导向。积极福利思想通过社会投资应对结构性因素和新社会风险，其目标在于通过社会投资而非社会救助来实现贫困者的能力提升。以社会投资为主的能力扶贫包括：通过投资制度建设，实现制度的体系化改造以提供贫困者参与社会事务和能力提升的机会，例如积极劳动力市场；通过投资社区建设，建设社区社会支持网络，营造社区自助文化氛围，提供社区服务项目，增加社区社会资本，以提供贫困者能力提升的社会环境和文化环境；通过投资个人建设，提升个人技术能力、学习能力、社会交往能力，以实现自我认同、自我实现和自我赋权。

其三，以多元供给扶贫为主体。从福利国家向积极福利社会转型的过程就是各社会主体进行福利供给的过程。政府通过契约委外的方式将权力下放和服务外包，在此过程中多元供给主体建立公私伙伴关系（PPP）。包括政府、社会组织、企业、家庭和个人在内的福利多元主体形成"福利五边形"，积极发挥各自的优势进行扶贫供给。政府成为反贫困的政策供给者、项目发包者和项目监督者，企业和社会组织成为反贫困的服务提供者和项目运作者，家庭和个人成为反贫困的积极参与者和责任人。此时，积极福利的福利开支将不再是完全由政府来承担，而是由政府与其他机构（包括企业）一起通过合作来实现①。

其四，以服务扶贫为主要工具。现金形式的福利供给是消极福利反贫困政

---

① 吉登斯. 第三条道路：社会民主主义的复兴 [M]. 郑戈，译. 北京：北京大学出版社，2000：132.

策的典型代表。积极福利反贫困政策针对的是以能力贫困为代表的新贫困，单一的现金救助已经不能应对多维贫困的出现。因此，以就业服务、金融服务、教育扶贫、家庭服务等为主要项目的社会服务成为新贫困的主要应对工具。现金救助和社会保险制度的建立只能解决经济贫困和绝对贫困；对于新贫困，因其差异化和个性化特征，还需要个体化的服务供给来实现个体化增能。

二、积极福利思想嵌入精准扶贫实践的内在逻辑

积极福利思想嵌入新贫困的反贫困行动具有行动的一致性，亦具有逻辑的自洽性。我国精准扶贫阶段的扶贫与大水漫灌式的开发式扶贫已经有了本质的区别。开发式扶贫（1990—2013 年）对应的"梯度式"经济开发造成了城乡和东、西部贫富差距。乡村新贫困包括在城乡二元结构下村民难以获得以城市生活方式为参照的社会公认生活水准而引发的结构性贫困[①]。开发式扶贫的新贫困主要以相对贫困的生活改善为主要目标。在精准扶贫阶段（2014 年开始）大多数边缘贫困群体的贫困程度有了降低。但是，仍有部分贫困者很难通过扶贫开发方式脱离贫困或缓解贫困，从而形成所谓"贫困内核"——主要是生活环境、身体条件和地理区位较差的贫困者。另外缺乏劳动机会、劳动能力低下、社会资源稀缺的贫困者也是该阶段的主要扶贫对象。贫富分化、阶层分化由早期简单的"板块式分布"深化为错综复杂的"插花式分布"，贫困户识别和返贫困难度增加[②]。致贫原因和脱贫路径的差异性，决定了扶贫政策的个性化，包括贫困识别精准、贫困诊断精准和贫困对策精准的"精准脱贫"成为当下治理新贫困的重要举措。

（一）精准扶贫背景下的多维贫困分析

2015 年《中共中央 国务院关于打赢脱贫攻坚战的决定》中关于贫困人口脱贫的目标是："到 2020 年，稳定实现农村贫困人口不愁吃、不愁穿，义务教育、基本医疗和住房安全有保障（两不愁三保障）。"[③] 该目标也是 2016 年《关于建立贫困退出机制的意见》中贫困人口退出的重要标准。另外，精准扶贫还以国家农村扶贫标准为依据，即以农民人均纯收入（2010 年标准为 2 300元，此后各地根据当年价贫困标准来衡量）来评价贫困标准和建档立卡标准。

---

① 郑红城，童星. 新贫困视域下乡村转型的困厄与重构路径 [J]. 中国农业大学学报（社会科学版），2018（4）：29-41.

② 童星. 贫困的演化、特征与贫困治理创新 [J]. 山东社会科学，2018（3）：53-57.

③ 中共中央组织部干部教育局，国务院扶贫办行政人事司，国家行政学院教务部. 精准扶贫精准脱贫：打赢脱贫攻坚战辅导读本 [M]. 北京：党建读物出版社，2016：3.

可见，从精准扶贫的评价标准来看，我国贫困评价还是以经济贫困或物质贫困为主要评价指标和依据，具有评价的一维性特征；从脱贫需求角度来看，属于基础性的生存型需求和传统贫困范畴。

然而，目前我国经济社会的发展既具有社会转型的特征，又要面对新社会风险，传统贫困的一维性评价模式在精准扶贫过程中略显单薄。面对市场经济、新型城镇化、后工业社会和消费社会的新形势，有别于传统贫困的"新贫困"、有别于传统穷人的"新穷人"已经出现，并将越来越成为贫困领域的新常态①。短期内以经济贫困为目标的精准扶贫可能取得实质性的进展，但是没有多维贫困的脱贫策略体系支撑将很容易出现返贫。2017年牛津贫困与人类发展中心发布了"全球多维贫困指数2017"（Global MPI 2017）。其包含3个维度10个指标：健康维度（营养和儿童死亡率），教育维度（受教育年限和入学儿童）和生活维度（燃料、厕所、饮用水、电、屋内地面、耐用消费品）。该指数是对经济贫困的扩展，可以定义脆弱人口，即位于极端贫困标准之上又低于更高标准的相对贫困人口；该群体生活状况不稳定，抗风险能力低，极易返贫。随着极端贫困人口在2020年后逐步消除，大部分脆弱人口会成为中国扶贫开发的重点人群。据估计，2021年中国多维度脆弱人口的规模应该不低于1亿人②。在精准扶贫背景下脆弱人口就是新穷人，而且该群体的多维贫困特征决定了其贫困状态的稳定性。另外，在经济贫困和教育贫困的基础上，多维贫困还应该包括文化贫困、心理贫困、权利贫困、能力贫困等。虽然精准扶贫以经济扶贫为重点，但在降低返贫率和稳定扶贫成果的要求下，更应该以体系化的多维贫困体系进行脱贫攻坚实践。

（二）积极福利思想嵌入精准扶贫实践的现实性分析

习近平总书记关于扶贫工作重要论述开创了马克思主义反贫困理论中国化新境界，实现了扶贫模式的根本性转变。在扶贫方式方面，实现从"大水漫灌"式的传统扶贫到"精细滴灌"式的精准扶贫，以"精准"为逻辑起点，通过建档立卡实现对扶持对象的精准识别；通过"六项精准"对扶贫过程进行流程控制，做到精准管理；通过"五个一批"工程实现扶贫方式的精准帮扶；通过贫困县、贫困户和贫困人口的考核与退出机制实现精准考核。在价值取向方面，实现从物质扶贫到精神扶贫和物质扶贫相统一的转变。"扶贫先扶

---

① 中共中央组织部干部教育局，国务院扶贫办行政人事司，国家行政学院教务部. 精准扶贫精准脱贫：打赢脱贫攻坚战辅导读本 [M]. 北京：党建读物出版社，2016：3.

② 王小林，张晓颖. 迈向2030：中国减贫与全球贫困治理 [M]. 北京：社会科学文献出版社，2017：57.

志""扶贫必扶志"是新时代习总书记对扶贫工作的新论断,是对党扶贫理论的新发展,要做到"物质扶贫"和"精神扶贫"相统一,同时摆脱物质上和精神上的贫困。在发展理念方面,实现从单一式扶贫到统筹兼顾式扶贫的转变。精准扶贫坚持扶贫开发与经济社会发展相协调,坚持扶贫与扶智相结合,坚持个体扶贫与整体脱贫相结合,坚持扶贫开发与兜底保障相统一。在扶贫动力方面,实现从政府"输血"到合力"造血"的转变。精准扶贫是在政府主导下,以最大限度动员社会各界力量形成合力,打破扶贫机制壁垒,开发贫困地区和贫困人口的自我发展意识和能力①。精准扶贫重要论述是包括宏观架构、中观战略和微观政策在内的多维扶贫理论体系,其对应的贫困定位也是多维贫困和新贫困。精准扶贫坚持群众主体,激发内生动力,要求充分调动贫困地区干部群众的积极性和创造性,注重扶贫先扶智,增强贫困人口自我发展能力,表现出了积极福利思想的内涵。

社会投资理念、能力扶贫理念、社会包容理念和多元参与理念均得到体现,具有代表性的政策包括就业扶贫机制、教育扶贫机制、电商扶贫机制、弱势群体服务机制和社会扶贫动员机制等。就业扶贫机制是积极福利思想得到体现的核心政策机制,包括劳动力就业失业基础信息管理机制、产业开发帮扶和就业岗位开发机制、劳动力输送和劳务协作机制、就业技能培训和公共就业服务机制、劳动力权益保障和社会保障机制。教育扶贫机制是"五个一批"工程中重要的脱贫策略,主要通过教育经费保障、师资力量保障和教育硬件保障来实现教育资源的倾斜;通过以就业为导向发展职业教育,提升职业技能水平,培育现代职业人才;通过实用技能培训提升贫困户和扶贫干部的综合素质和社会适应能力。电商扶贫机制是信息化社会以互联网和物联网为基础重塑贫困户社会资本的新平台,通过电商服务补偿机制、农村电商销售平台、电商人才培训机制和电商金融信贷机制对贫困户进行信息化能力建设。弱势群体服务机制是通过社会服务的方式来强化弱势群体融入社会和参与社会事务的能力,包括幼儿服务、为老服务、家庭服务、留守儿童和留守老人服务、社区服务和公共空间打造。社会扶贫动员机制是多元主体参与精准扶贫的保障机制,目前形成了东部发达地区对西部贫困地区的东西协作扶贫制度框架,形成政府部门、企业和事业单位的"定点扶贫"制度框架,初步建立了包括社会组织在

---

① 王志章,韩佳丽. 贫困地区精准脱贫的路径优化与退出机制研究 [M]. 北京:人民出版社,2018:50-51.

内的社会扶贫动员机制①。

（三）积极福利思想助推精准扶贫实践的合理性分析

精准扶贫的深度推进在经济扶贫的目标导向基础上实现了多维脱贫的目标转向，此时嵌入积极福利思想具有其合理性。这主要表现为：

（1）目标契合性。积极福利思想的目标是在新平等主义理念下实现社会机会的平等供给和个人自尊自信的内在感受，实现"消极公民"向"积极公民"的转变。从传统扶贫模式向精准扶贫模式的转变，在目标上是"单一式扶贫"向"扶贫与扶智并重"的转变。我国传统扶贫模式具有整体性扶贫特征，缺乏个体性分析、个性化帮扶和精准性评估，对贫困户深度开发不充分。精准扶贫模式通过社会性动员在资金、技术和社会资源各方面提供贫困户参与社会事务的机会，通过个性化的帮扶措施深挖贫困根源以激发内生动力，实现对贫困户的充分赋权。可见，积极福利思想和精准扶贫在目标上具有契合性，都是希望通过对个体赋权培养"积极公民"，且目标均具有长远性。

（2）主体多元性。积极福利思想受到新公共管理和福利多元主义思想的影响，在福利供给主体上摈弃了福利国家政府绝对供给主体的角色，倡导由政府、企业、社会组织、非正式组织等多元主体进行供给。精准扶贫则改变了传统扶贫模式中政府资金供给和服务递送的绝对主体地位，在政府倡导下将政府机关、事业单位、群团组织、国有企业、私营企业、社会组织、非正式组织等社会力量整合起来进行扶贫。在世界范围内，很少有国家可以做到像中国这样通过动员全社会来进行脱贫攻坚，其主体多元性特征明显。积极福利思想所倡导的多元主体福利供给在精准扶贫行动中得到了充分体现。

（3）价值趋同性。积极福利思想的价值以个人、社会和国家的新型伙伴关系为基础，实现从以契约为基础的"消极自由"向以信任为基础的"积极自由"转变。该过程亦实现了"消极信任"向"积极信任"的转变，其最终价值是实现社会团结。精准扶贫是中国全面建成小康社会的重要举措。精准扶贫通过最大限度地调动社会力量参与脱贫行动，促使贫困户和社会多元主体形成了良好的信任关系。精准脱贫是社会性的目标，目标实现的过程也是社会互动并形成新型社会关系的过程，该过程极大地促进了社会各主体间的信任，实现了社会团结的目标。虽然积极福利思想和精准扶贫在价值上并非完全等同，但在最终实践结果的考量中都具有社会团结的价值趋同性。

---

① 王小林，张晓颖. 迈向 2030：中国减贫与全球贫困治理 [M]. 北京：社会科学文献出版社，2017：79.

（4）工具适应性。积极福利思想的主要方式是通过社会投资实现人力资本增值，主要工具是包括就业服务、家庭服务、资产建设、能力培训等在内的社会服务。社会服务可以通过服务供给来实现贫困群体的能力提升和自我认同。通过精准扶贫的项目开发和实践我们已经看到劳动力培训、就业政策供给、产业开发、金融服务等乃具有社会投资性质的扶贫工具。但是，精准扶贫在社会服务供给方面还有很大差距，通过加大积极福利实践中的社会服务项目的开发和运用将更有利于精准脱贫。因此，积极福利思想和精准扶贫具有社会服务的工具适应性和优势性。

三、积极福利思想与扶贫社会服务的内在逻辑

（一）内在价值契合性

从本质来看，积极福利以集体主义为价值取向，强调预防性的制度设计和目的性的集体行动，这与社会服务中服务给付形式的集体主义精神相契合。积极福利思想通过制度性干预和集体性参与实现个体性赋权，最终实现社会团结和社会整合之目标，进而实现公平正义的价值取向。个体赋权的过程其实就是个人发展和社会发展相融合的过程，也是社会发展和经济发展相协调的过程，具有包容性发展的特质。从现代社会服务发展来看，社会服务融入了发展的观点，在实践过程中强调服务目标从"弱势救助"向"优势发展"的转变，以期通过服务激发贫困者内生动力，摆脱贫困，融入社会。通过优势视角社会服务供给激活个体实现了"积极自由"和社会平等目标，亦实现了经济发展与社会发展的协调，最终实现积极福利思想与社会服务之间工具理性和价值理性的契合。另外，积极福利思想强调在社会动态变迁需求之上对个性化需求满足的动态资源分配机制。扶贫社会服务亦是随着经济发展水平和个性化需求提供差异化和动态化服务，通过社会政策和社会项目的实施成功消除贫困，满足社会需要，以期在动态中实现经济政策和社会政策的和谐一致，解决贫困和社会剥夺问题①。

（二）作用对象趋同性

积极福利思想倡导社会福利在基本普惠基础上的包容性。从其在世界范围内的实践项目可以发现，积极福利思想的关注对象主要集中于贫困者、老年人、残疾人、儿童、失业者、妇女等群体。其中最具有积极福利性质的对象就

---

① 王磊，梁誉. 以服务促发展：发展型社会政策与社会服务的内在逻辑析论［J］. 理论导刊，2016（3）：26-29.

是贫困者，通过政府的社会投资策略，贫困者能有效实现增能，减少社会排斥，减轻代际贫困，有效促进社会整合。英国和美国以"工作福利"代替"生活福利"就是针对贫困者的典型积极福利思想表现。社会服务从产生之初就将作用对象集中于贫困者，英国1601年颁布的《济贫法》中有少量社会服务内容，其目标就是扶贫。在社会服务的发展历程中，社会服务的作用群体在社会投资国家理念的影响下开始向全体居民扩展，从社会服务的"残补型"向"制度型"转变。但是，贫困群体的弱势帮扶在相当时期内依然是社会服务的核心对象。可见，积极福利思想与扶贫社会服务的作用对象具有趋同性，都是贫困者和贫困家庭。

（三）核心目标耦合性

积极福利思想以"无责任即无权利"为核心思想，倡导政府的主体责任和公民个人责任相统一，通过公民积极参与生活政治激发社会参与的积极性。其核心目标在于重构公民权利，重塑个人自我认知能力和自我发展能力，最终实现从"福利国家"向"福利社会"的转型。积极福利思想主张"公平责任权利"的福利哲学与"福利需要发展"的理论基础[1]，强调权利与责任的平衡，强调福利的接受与贡献的关系，强调社会资源分配与正义的共存，提倡建立 一种权利与个人责任紧密联系型的福利制度[2]。现代社会服务，特别是扶贫社会服务已经开始从"救助性"服务向"发展性"服务转变，服务的项目从单一服务供给向技能培训、资产建设、心理建设等方向发展，核心目标从"救助性"向"发展性"和"赋权性"转变。扶贫社会服务的目标实现倾向于服务对象的劳动参与、人力资本投资、社会资本建设，最终目标还是以社会生活参与和社会整合为核心。这与积极福利思想中公民责权平衡的"新平等主义"相耦合。在扶贫社会服务中贫困者充分参与社会事务实现了公民权责平衡。

---

① 李静，龚莹.我国残疾人就业福利政策重构与耦合的国际经验与现实考量 [J]. 华中科技大学学报（社会科学版），2013（2）：118-124.

② 彭华民.西方社会福利理论前沿——论国家、社会、体制与政策 [M]. 北京：中国社会出版社，2009：138.

第三节　社会服务概述

社会服务是现代社会福利的产物，起源于社会救助。自 1951 年蒂特姆斯（Richard Titmuss）首次提出社会服务（social service）这一概念以来，以劳动为主要表现形式的社会服务与以现金为主要表现形式的社会救助分道扬镳。在英国，社会服务被称为个人社会服务（personal social service），与教育服务、就业服务、住房服务、健康服务共同构成英国社会服务体系①。在北欧福利国家，社会服务被称为社会照顾服务（social care service），突出照顾的含义和性别在日常服务供给中的意义，强调个人自主性（personal autonomy），认为社会照顾服务是指那些旨在加强女性、老年人和残疾人自主性，帮助其参与劳动力市场的一系列服务的集合②。在美国，社会服务被称为健康人类服务（health human service），主要指的是为儿童、独自生活的老年人、残疾人和其他有特殊需要的人提供照顾、咨询服务、教育或其他形式的援助。儿童保护服务、日常照顾、早期教育、家庭主妇服务、职业培训、精神健康照顾和职业恢复等都属于个人社会服务③。

在中国，社会福利体系包括以现金给付为主的社会救助、以共同支付购买保险为主的社会保险和以实物给付为主的社会服务。社会服务是现代社会福利体系的重要组成部分，是指以劳动（物质的和精神的活动）供给为主要手段，由政府、营利组织、非营利组织和非正式组织多元参与递送和筹资，通过专业社会工作，在社区平台，面对贫困者、残疾人、老年人、儿童等弱势群体提供的包括康复服务、照顾服务、就业服务、家庭服务、教育服务、心理健康服务等在内的，旨在提高生活质量、融入社会、提高自我认知水平和充分赋权的社会行动。在递送主体层面，社会服务与公共服务的"政府主体性"相异，具有多元主体供给的"社会性"特征；在供给内容层面，社会服务与现金社会救助和社会保险不同，具有劳动供给的"服务性"特征；在供给对象层面，

---

① BALDOCK J. Personal social service and community care [M] //ALCOCK P，ERSKINE A，MAY M. Student's companion to social policy. London：Blackwell Publishing Ltd，2003. 转引自：岳经纶. 个人社会服务与福利国家：对我国社会保障制度的启示 [J]. 学海，2010（4）：60-65.

② ANTTONEN A，SIPILÄ J. European social care services：Is it possible to identify models? [J]. Journal of European social policy，1996，6：87.

③ 迪尼托. 社会福利：政治与公共政策 [M]. 何敬，葛其伟，译. 北京：中国人民大学出版社，2007：56.

社会服务与普惠性的社会保险不同，具有弱势群体的"特惠性"特征；在目标实现层面，社会服务与"温饱型"社会救助不同，具有赋权意义的"发展性"特征。所以，社会服务的"社会性""服务性""特惠性"和"发展性"特征使其区别于社会福利体系中的其他子项目。

在精准扶贫领域，社会服务的供给包括生计服务（就业服务和创业服务）、家庭服务（家庭教育和照顾服务）、健康服务（身体健康服务和心理健康服务）、文化服务（教育扶贫和文化扶贫）、资源链接服务（信息服务、金融服务和物流服务）等。社会服务多元递送主体包括公共部门（各级政府、事业单位、准公共部门和公务人员）、市场主体（国有企业和私营企业）、社会组织（慈善性社会组织、社会企业和慈善个人）。

第四节 社会服务作用于精准扶贫的研究综述

（一）国外学术界开启积极福利反贫困的社会服务道路

面对新贫困和新风险，国外学术界开始走一条福利资源分配的"第三条道路"，逐渐形成以积极福利思想反贫困的新路径[①]。

1. 积极福利嵌入反贫困的理论可行性

新贫困产生于家庭规模缩小、社会资本和"可行能力"不足[②]，只能通过人力资本投资和社会投资，改变传统福利资源的分配逻辑，以贫困者赋权、能力再造和社会融合为目标，运用多元供给社会服务和专业社会工作，走一条权责平衡的积极福利之路[③]。

2. 社会服务介入反贫困的技术可行性

贫困是社会服务问题[④]。通过社会工作者提供社会服务可以树立贫困者对社会结构和宿命的积极性认识，从而改变贫困[⑤]。贫困是结构性问题。通过建

① TAYLOR-GOOBY P. Ideas and welfare state reform in Western Europe [M]. New York: Palgrave Macmillan, 2005.

② KNECH A. Understanding and fighting poverty-Amartya Sen's capability approach and related theories [J]. Social change review, 2012, 10 (2): 153-176.

③ COOPER R N, GIDDENS A. The third way: the renewal of social democracy by Anthony Giddens[J]. Foreign affairs (Council on Foreign Affairs), 1999, 78 (2): 141.

④ GREEN R. Applying a community needs profiling approach to tackling service user poverty [J]. The British journal of social work, 2000, 30 (3): 287-303.

⑤ IDIT W G, YAEL B, KARNI G, et al. Social workers' and service users' causal attributions for poverty [J]. Social work, 2009 (2): 2.

立伙伴关系并采取社区导向社会工作方法可以有效缓解贫困的结构性问题①。因此，应在社会服务供给全过程实现用户介入②，由多元主体共同参与服务全过程，参与政府政策议程③。

3. 积极性社会服务反贫困的经验性分析

各国通过社会服务提升贫困者能力，改善家庭生活。主要代表有：英国儿童家庭社会服务④；美国工作福利、托儿服务和资产建设服务⑤；韩国家庭亲和社会服务⑥；越南农村社会服务⑦；安哥拉社区资产建设社会服务⑧；葡萄牙积极老龄化社会服务⑨；冈比亚贫困者赋权性社会服务⑩。

（二）国内学术界开始以社会工作为社会服务工具介入精准扶贫

国内学术界主要以社会工作为社会服务的主要工具介入精准扶贫，开始从必要性、可行性和多视角探索性对社会服务在精准扶贫中的作用做深入研究。

1. 社会工作介入精准扶贫的必要性分析

我国精准扶贫对象识别困难和帮扶排斥⑪，造成贫困者主体地位被忽视，缺乏自我意识、能力建设和内生动力⑫，进而影响扶贫效果。因此，需要社会

---

① MANTLE G, BACKWITH D. Poverty and social work [J]. The British journal of social work, 2010, 40 (8): 23.

② CRAIG G. Poverty, social work and social justice [J]. British journal of social work, 2002, 32 (6): 669-682.

③ GUPTA A, BLEWETT J. Involving services users in social work training on the reality of family poverty: a case study of a collaborative project [J]. Social work education, 2008, 27 (5): 459-473.

④ DEACON A. Perspectives on welfare: ideas, ideologies and policy debates [M]. Maidenhead: Open University Press, 2002.

⑤ COLEMAN A, REBACH H M. Poverty, social welfare and public policy [M] //REBACH H M, BRUHN J G. Handbook of clinical sociology. New York: Springer US, 2001: 386.

⑥ 曹兴植. 韩国社会福利服务政策现状与课题 [J]. 社会福利（理论版），2012（7）：7-12.

⑦ GIEN L, TAYLOR S, BARTER K, et al. Poverty reduction by improving health and social services in Vietnam [J]. Nursing & health sciences, 2007, 9 (4): 304-309.

⑧ ENGELBRECHT A L. Sildenafil in the management of neonates with PPHN: a rural regional hospital experience [J]. South African journal of child health, 2008, 2 (4).

⑨ PAOLETTI I, DE CARVALHO M I. Ageing, poverty and social services in Portugal: the importance of quality services [J]. Indian journal of gerontology, 2012, 26 (3): 396-413.

⑩ TROMMLEROVA S K, KLASEN S, LESSMANN O. Determinants of empowerment in a capability-based poverty approach: evidence from the Gambia [J]. World development, 2015, 66: 1-15.

⑪ 邓维杰. 精准扶贫的难点、对策与路径选择 [J]. 农村经济，2014（6）：78-81.

⑫ 王卓，刘海燕. 社会工作与精准扶贫——老村个案工作的行动研究 [J]. 天府新论，2016（6）：17-23.

工作者作为增能者、利益代表者、需求评估者介入扶贫发挥优势作用①，实现对象识别和扶贫帮扶的精准化和个性化。

2. 社会工作介入精准扶贫的可行性分析

社会工作与精准扶贫理念相通、方法相宜、过程相似、目标趋同，具有同构性②。在精准扶贫实践中，社会工作以其敏感性和精细性参与问题厘清、方案制订、资源链接、活动动员、能力建设来推动扶贫开发，并通过行动研究、过程评估、反思性实践使反贫困活动更具发展性③。

3. 社会服务介入精准扶贫的多视角探索性分析

理论视角方面：包括优势视角④、发展型视角⑤、社会互构理论视角⑥和社会资本视角⑦。实践探索方面：包括社会工作介入的社区能力建设模式⑧、制度—能力整合的反贫困模式⑨、从需求出发的综合社会服务模式⑩、社会支持网修复的个案社会工作模式⑪。服务内容方面：包括贫困户母婴服务⑫、儿

① 李红波. 当前社会工作介入我国反贫困的必要性分析 [J]. 贵州社会科学, 2011 (12)：40-44.

② 李迎生, 徐向文. 社会工作助力精准扶贫：功能定位与实践探索 [J]. 学海, 2016 (4)：114-123.

③ 王思斌. 精准扶贫的社会工作参与——兼论实践型精准扶贫 [J]. 社会工作, 2016 (3)：3-9.

④ 张和清, 杨锡聪, 古学斌. 优势视角下的农村社会工作——以能力建设和资产建立为核心的农村社会工作实践模式 [J]. 社会学研究, 2008 (6)：174-193.

⑤ 程胜利. 社会工作在城市反贫困中的作用及政策建议 [J]. 社会, 2004 (9)：25-27.

⑥ 李丹. 社会工作介入农村老年人扶贫的路径分析——基于社会互构理论的视角 [J]. 经济研究导刊, 2015 (22)：60-61.

⑦ 胡杰成. 城市贫困者的自助与他助——从提升贫困者社会资本角度的透视 [J]. 青年研究, 2003 (12)：6-12.

⑧ 钱宁. 农村发展中的新贫困与社区能力建设：社会工作的视角 [J]. 思想战线, 2007 (1)：20-26.

⑨ 王思斌. 农村反贫困的制度—能力整合模式刍议——兼论社会工作的参与作用 [J]. 江苏社会科学, 2016 (3)：48-54.

⑩ 李迎生, 吴咏梅, 叶笛. 非营利组织社会服务的改革与创新：以民族地区反贫困为例 [J]. 教学与研究, 2012 (8)：13-20.

⑪ 王卓, 刘海燕. 社会工作与精准扶贫——老村个案工作的行动研究 [J]. 天府新论, 2016 (6)：17-23.

⑫ 朱玲. 改善村级社会服务能力，降低贫困户母婴健康风险 [J]. 中国人口科学, 2001 (6)：57-60.

童福利服务①、医疗卫生保健服务②等。

综合来看，学界对于社会服务在精准扶贫实践中的作用的认识越来越明确，其契合性和经验性研究也在逐步深入。但是，这项研究亦存在不足之处：一是社会服务嵌入精准扶贫的理论有待改进。西方福利国家社会服务嵌入扶贫研究已经基本形成由积极福利思想引导的共识。而我国理论界虽已出现赋权和优势视角潮流，却未形成积极福利扶贫理论体系，实践中还是以传统的消极福利为主。二是社会服务嵌入精准扶贫的广度和深度不足。与西方专业化、精细化和广域化的社会服务扶贫不同，我国扶贫还停留在现金扶贫和政策扶贫阶段，服务扶贫才刚起步，专业技术和专业人员稀缺，特别是农村社会服务精准扶贫严重空缺。三是社会服务嵌入精准扶贫缺乏操作化过程设计。社会服务在精准扶贫实践中的作用发挥除了需要积极福利理论的导入，还需要明确观念和行动之间以社会政策设计为中介的操作化过程，通过完善社会政策体系化建设实现社会服务在精准扶贫中的作用发挥。本研究试图基于积极福利视域，就社会服务如何在精准扶贫中发挥优势性作用提出参考方案。

第五节　社会服务作用于精准扶贫的研究重点

一、精准扶贫分配——社会服务政策价值性分析

精准扶贫分配的原则取决于社会资源分配的原则，具体表现为在选择社会政策和社会福利工具时所表现出的价值基础。精准扶贫资源的分配原则决定社会福利的目标定位，亦决定社会服务供给的对象、内容、方式和原则。依据社会福利资格的发展，精准扶贫分配传统上分为普惠式（universalism）和选择式（selectivity）两种。在社会福利模式上，对应的是制度式和残补式。随着积极福利思想的传播和应用，社会资源分配原则在传统意义上对公平的理解也从"消极公平"向"积极公平"升级，发展型社会政策成为分配的新模式。因此，从精准扶贫分配来看，精准扶贫可以分为选择式扶贫、普惠式扶贫和积极式扶贫。社会服务的供给在不同价值分析中表现各异。

---

① 黄晓燕，许文青：区域性贫困地区儿童福利服务的思路与实践——以中国儿童福利示范区项目为例 [J]. 社会工作，2012（11）：19-22.

② 林闽钢. 在精准扶贫中构建"因病致贫返贫"治理体系 [J]. 中国医疗保险，2016（2）：20-22.

（一）选择式扶贫

选择式扶贫基于自由主义思想价值，强调个人在自由市场竞争中的主体地位，认为政府对自由市场竞争的维护就是维护个人公平正义的体现。贫困是个人懒惰和社会淘汰的结果，政府只能对贫困者进行选择式的社会救助，如英国17—19世纪济贫院所进行的救助措施，但所有的救助均以"家计调查"为标准，污名化特征明显。此时，社会服务除了济贫院所提供的住所服务还有就业培训服务。然而，服务供给是以较低生活标准和限制人身自由为代价，具有消极性，在一定程度来看是走向了公平正义和自由的反面。因此，选择式扶贫并未根除贫困的社会不平等因素，反而加剧了贫富差距和贫困程度。

（二）普惠式扶贫

普惠式扶贫基于社会公民权思想，强调个人除了有民事权利和政治权利外，还应享有公平获得社会福利的权利。政府有义务为民众提供高标准和广覆盖的社会福利，而不是仅仅对贫困者提供救助。在此基础之上，绝对贫困被广覆盖的社会保险所取代，"去标签化"和"去污名化"成为目标。此时，社会服务蓬勃发展，照顾服务、就业服务、心理服务、家庭服务等开始在福利国家兴起。然而，高标准的社会福利供给，在造成福利依赖的消极影响时也带来政府巨大的财政压力。"福利国家危机"的爆发和"新公共管理运动"的兴起是对普惠式扶贫的挑战。因此，普惠式扶贫虽然在制度上根除了贫困的社会不平等因素，但其依然是消极平等，并不能激发贫困者的内驱力和责任感，亦不能带来社会公平。加之扶贫的非"精准性"和福利财政压力，普惠式扶贫终将破产。

（三）积极式扶贫

积极式扶贫基于"权责匹配"的积极福利思想，以积极平等和积极自由为主线，倡导在扶贫中激发贫困者的内生动力。将社会福利的再分配功能与生产性的社会投资功能整合，使社会福利具有"预防性""投资性"和"积极性"特征，在民众基本福利普惠的基础上，根据弱势群体的特征进行能力开发和权利赋予，有选择地对贫困群体进行赋权和能力再造，以实现过程公平向结果公平的诉求转换[①]。积极扶贫的主要形式是社会服务，在保障基本生活资源分配的基础之上，强化社会服务的"内生动力"作用，除了基本的家庭服务、健康照顾、居所服务外，更强调具有"发展性"的职业培训、创业帮扶、文化服务、教育扶贫、信息服务等，扶贫的"精准性"和"服务性"相结合。

[①] 王磊. 残疾模式与福利模式的匹配性研究 [J]. 云南行政学院学报, 2017 (1)：114-118.

积极式扶贫以人的发展和社会融合为目标，以积极的平等观进行资源分配和权责重构，在缓解政府财政压力的同时，提升贫困群体的综合能力，使扶贫更具延续性和发展性。

二、精准扶贫供给——社会服务内容多样性分析

社会服务作用于精准扶贫的内容体现在服务供给的内容方面。各国对社会服务的定义具有差异性，对社会服务的内容安排也并非具有一致性和统一性。就我国精准扶贫而言，社会服务供给的内容多样性分析体现了不同层面服务所发挥的功能差异。最基本的生存性服务是主要满足贫困者最基本的生存需求所供给的服务；中间层的保障性服务主要指保障贫困免于受到社会排斥所提供的服务；最高层的发展性服务主要指帮助贫困者提高可行能力和内驱力的服务供给。

（一）生存性服务

虽然社会服务是属于中高层次社会福利工具，但在扶贫领域也有少量供给，即除了现金和实物以外用于维持贫困者基本生计的社会服务供给项目。现代社会服务实现了由简单的生活救济性社会服务向全面的、以服务促发展的普惠性社会服务的转变与提升，虽然生存性服务以特殊困难群体为主要对象，但却扩展到全体居民①。其一，餐饮服务，包括针对特殊群体的集体用餐服务、送餐服务；其二，住房服务，包括提供住房服务、住房维护服务、住房信息服务、寄宿服务；其三，照料服务，主要针对弱势群体，包括孤残儿童照料服务、残疾人照料服务和老年人照料服务。

（二）保障性服务

保障性服务是在贫困者基本生存得到保障的基础上提供个人健康保障、家庭保障、社会融合保障等方面能让贫困者正常融入社会生活的保障服务。其一，健康服务。这是指在基本医疗保险全覆盖的前提下，提供包括心理服务、健康教育、健康评估在内的康复服务。其二，家庭服务。通过居家技能服务、家庭咨询服务、学习支持服务等有效处理贫困家庭情感危机、心理危机和人际危机，以实现贫困者脱贫的家庭保障。其三，社区服务。本研究的社区服务主要指以社区为单位进行社区整合的服务，即社区营造，包括社区公共空间打造、社区文化空间营造、社区公共活动组织等。以社区营造为主的社区服务对贫困者的社会融合起到了保障性作用。

---

① 林闽钢. 现代社会服务 [M]. 济南：山东人民出版社，2014：17.

（三）发展性服务

发展性服务是社会服务的核心服务内容，亦是积极福利理念得以体现的重要领域。在精准扶贫领域社会服务介入的核心作用是希望能有效提升贫困者的综合能力和内在驱动力，以降低贫困发生率和返贫率，从根本上改变致贫行为模式。发展性服务主要承担能力提升的作用。这主要包括：①就业服务。获得持续性就业可以保障贫困者及其家庭实现根本性脱贫，服务内容包括就业信息服务、就业技能培训、职业咨询、就业岗位供给等。②创业服务。贫困者自给自足的劳动模式和合作社经营管理模式均具有创业性质，因此创业服务具有极强的服务价值。从内容来看，其主要包括创业技能培训、创业项目培育、创业咨询、金融服务和物流服务等。③文化服务。贫困的发生在很大程度上受制于贫困文化的出现，从亚文化变成主流文化将难以从根本上改变贫困。可是，单纯通过物质扶贫在短期内难以实现贫困文化的改变，只能通过循序渐进的文化服务将贫困文化积极功能激发。文化服务主要包括建设社区图书馆、举办文化讲坛和文化沙龙等。④教育服务。教育服务主要是学校学历教育和非学历教育，通过教育服务能够从根本上提升贫困者学历，改进家庭教育结构，提升贫困者在人力资源市场的竞争力。其中教育扶贫、学龄前教育服务、继续教育服务均具有明显的发展性服务特征。另外，20世纪末在美国开展的"资产建设"服务亦在反贫困实践中取得了不错的成绩，但在中国的扶贫实践中还未被引入。综合性的家庭资产建设服务，能让贫困家庭从根本上摆脱资金困境和能力困境，具有明显的积极福利思想特征。

从精准扶贫的角度可以看出，社会服务中的保障性服务和发展性服务是精准扶贫进入攻坚阶段和"后精准扶贫"阶段的重要组成部分，亦是根本性脱贫和精准扶贫质量保障的重要举措。

三、精准扶贫递送——社会服务主体差异性分析

传统的科层制社会福利递送体系强调纵向资源分配和官僚式管理模式，在公共部门作为绝对递送主体的时代，层级清晰和监管完善的递送体系为社会福利递送搭建了似乎"完美"的框架。然而，不断扩大的福利需求、更加严格的福利审核和更加多样的福利供给，加剧了单一主体递送的矛盾，递送成本高企，递送质量下降，管理难度加大，管理成本增加，特别在福利供给中社会服务项目的增加使得公共部门递送力不从心。社会服务有别于社会救助和社会保险，其在诞生之初就具有多元主体递送的特征，其多样性服务类型使得公共部门无法进行单一递送。另外，在20世纪90年代为了应对全球化和信息化，

"治理"理念在全球兴起，并成为各国政府执政的关键理念。与此相伴的理论还包括"福利多元主义""公私合作伙伴关系""公共服务理论""福利混合经济"等。从其目的性来划分，社会主体可以分为公共部门、市场主体和社会组织。其在进行社会服务递送时依据各自特点进行差异化递送。针对不同层次社会服务其优选主体亦具有差异性。精准扶贫政策背景下社会服务递送的政策设计因"精准性"扶贫特征而需要差异化的主体体系建构。

（一）公共部门社会服务递送

公共部门，又称公共组织，是指以实现、增进和维护社会公共利益为目标，为社会提供公共产品和公共服务的正式部门或组织①。其特性主要是：以追求公共利益为价值取向，具有"公共性"；以政治因素为考虑标准，具有"政治性"；以法律法规为保障机制，具有"权威性"；以强制规范为执行机制，具有"强制性"；以资源垄断为保障机制，具有"垄断性"；以公众监督为评价机制，具有"公开性"。另外，公共部门受到传统科层组织特征的制约，因而在提供社会服务时具有一些弊端：决策权威集中化造成管理恶性循环，科层价值与民主价值冲突，制式化原则降低组织运作效能②。公共部门的这些特征，决定了公共部门在社会服务递送时其作用发挥应聚焦于规则制定、资源供给、主体整合、过程监督、结果评估等上游层面，而在具体的服务递送中只能承担服务体量大、评估周期长、任务较艰巨的服务，例如精准扶贫中的安居服务、深度贫困驻点帮扶等。从更加细分的角度来看，我国公共部门又可以分为政府部门、事业单位和群团组织，各类部门的功能和职权范围的差异性使得在精准扶贫中的社会服务递送差别较大。

（二）市场主体社会服务递送

市场主体，又称营利部门，是指在市场经济制度环境下，通过产权独立和理性市场行为，谋求利益最大化的各类组织，如企业组织、商业组织和金融机构等。在我国市场主体主要包括国有企业、私营企业和外资企业，其中国有企业在我国的市场经济体系中占有绝对的控制地位。市场主体特征主要是：谋求利益最大化的"营利性"、自主经营管理的"独立性"和成本运作管理的"经济性"。市场主体的特征决定了其在资源分配中的高效率和在管理中的低成本。另外，现代市场经济除了具有市场特征外，对社会责任的担当也日益明显。而且，我国社会主义市场经济制度决定了市场主体行为在一定程度上还具

---

① 黄健荣. 公共管理学［M］. 北京：社会科学文献出版社，2008：103.

② 张成福，党秀云. 公共管理学［M］. 北京：中国人民大学出版社，2001：134.

有"政治性"。在精准扶贫背景下，市场主体参与社会服务的特征明显。国有企业参与扶贫服务实行定点扶贫与对口帮扶并举，包括产业扶贫、基础设施扶贫、智力扶贫、金融扶贫等。私营企业参与扶贫服务实行资源链接与优势互补并举，包括电商扶贫、农超对接、就业帮扶、产业开发等。

（三）社会主体社会服务递送

本书所指社会主体是除公共部门和市场主体之外的以社会组织为代表的反贫困主体，主要包括社会组织、非正式组织和精英个体等。社会组织又称为非营利组织、免税组织、第三部门等，与政府组织、市场组织共同构成了国家社会关系中的三种组织形态。它是指那些在社会转型过程中由各个不同社会阶层的公民自发成立的，在一定程度上具有非营利性、非政府性和社会性特征的各种组织形式及其网络形态①。可见，社会组织的根本属性是非营利性和公益性，这是有别于政府组织和经济组织的突出表现。从社会组织的资金来源类型来看，社会组织可以分为以经营收入为主的社会企业、以慈善捐赠为主的慈善组织以及服务收入和慈善捐赠相结合的社会组织。从社会组织进行社会服务递送的优势来看，社会组织可以激活社会力量，增加精准扶贫资源；可以改善扶贫效能，优化治理结构；可以通过扶贫技术专业性，激发扶贫对象内驱力；可以更加突出扶贫精准性，提升扶贫效果的可持续性。社会组织对精准扶贫的社会服务递送往往以专业社会工作介入，提供最直接、最精准和最广泛的服务。

由此可见，三类不同的社会服务主体在精准扶贫社会服务递送中各自发挥着优势，与此同时不同主体的局限性也造成政府失灵、市场失灵和志愿失灵。因此，我国复杂的社会现状和贫困致因决定了单一主体的服务递送不可能完成精准扶贫的历史要求，需要我们对主体进行"整体性治理"下的社会服务递送主体整合。

四、精准扶贫评价——社会服务效果多维性分析

社会服务的效果能在多大程度上对精准扶贫产生作用，需要对精准扶贫进行评价，特别是以积极福利理念为支撑的社会服务作用于精准扶贫之后。这既是对精准扶贫的评价，亦是对社会服务效果的评价。根据欧文和罗杰斯的分类方法，可以将项目评估分为前摄性评估（proactive）、澄清性评估（clarificative）、互动性评估（interactive）、监测性评估（monitoring）及影响性

---

① 王名. 走向公民社会——我国社会组织发展的历史及趋势 [J]. 吉林大学社会科学学报，2009（3）：5-12.

评估（impact）五个阶段①。根据精准扶贫的实施情况，我们将评估重点放在前摄性评估、互动性评估和影响性评估上。精准扶贫的评估取决于对贫困的定义方式，在多维贫困定义背景下可以用多阶段评估方法对社会服务作用于精准扶贫的效果进行多维性分析。

（一）前摄性评估

前摄性评估始于服务项目的筹备阶段，其目的是起到精准提供服务的靶向性作用，包括需求评估和品牌评估。就精准扶贫而言，需求评估以贫困户的需求调查为基础，通过寻找需求与服务之间的差距，分析社会服务不能获得的原因及需要供给的服务项目，以做到精准提供服务。品牌评估是社会服务项目在推进之前，先对服务项目典范进行评估，从服务内容、服务规范、项目环境、操作流程、项目可行性等内容分析扶贫项目的开展和社会服务项目购买是否可行。

（二）互动性评估

互动性评估针对社会服务运作过程中的行动互动对服务对象的影响，主要包括行动评估和赋权评估。行动评估是指在社会服务作用于扶贫行动中，对贫困者行为改变、态度改变、思想改变的情况进行评估，并在此过程中反思评估主体的行为，同时也将其作为评估对象，强调社会服务的设计、供给和评估的全过程系统性行动研究。赋权评估主要强调通过行动评估的反思提升社会服务供给双方的能力，以实现贫困者内生动力激活。赋权评估从对象来看包括贫困者个人赋权评估、贫困团体赋权评估和贫困社区赋权评估，从内容来看包括唤醒评估、参与评估和自省评估。

（三）影响性评估

影响性评估针对社会服务的效果进行终结性评价，包括短期影响性评估和长期影响性评估。短期影响性评估指主要针对可量化的显性目标（例如精准扶贫的数字化脱贫指标和返贫困率）进行的评估，其亦可用成本收益方法进行分析。然而，对于社会服务作用于精准扶贫的效果来说短期评估很难对具有长期性的行为改变进行评估，其项目成效的长期性与地方政府任期制之间会形成目标矛盾。长期影响性评估主要针对不可量化且隐性指标明显的内容，例如贫困者的能力评估、内在驱动力评估和贫困行为评估等，需要在长期的质性研究中才能够发现其成效。因此，社会服务作用于精准扶贫的效果评估主要依靠以质性研究为主的长期影响性评估。

----

① OWEN J M, ROGERS P J. Program evaluation：forms and approaches［M］. London：Sage Publications，1999.

第四章 社会服务作用于精准扶贫的现状及机理分析

　　我国脱贫攻坚战取得了全面胜利，贫困特征的变化要求扶贫政策和措施进行动态调整。贫困户社会保障的全覆盖满足了贫困户社会福利兜底的基础性需求，"两不愁三保障"目标的初步实现解决了贫困户的生存和生计问题。一方面，巩固脱贫攻坚成果同乡村振兴有效衔接需要保持已脱贫地区的产业扶贫成果并推进乡村振兴。另一方面，对以社会服务为代表的"扶智与扶志"社会扶贫方式已经形成共识，并持续运用于相对贫困脱贫的实践。从经济扶贫到社会扶贫，从产业扶贫到服务扶贫，我国根据农村贫困的新特征将社会服务作用于精准扶贫的重要性凸显。分析社会服务作用于我国精准扶贫的现状特征和内在机理对于建立社会服务作用于精准扶贫的理论分析框架具有重要意义，这也为2020年以后我国进入"后扶贫时代"的扶贫重点提供分析框架。

第一节　精准扶贫政策设计理路与实现路径分析

　　2019年《中国的粮食安全》白皮书显示，按现行农村贫困标准计算，2018年年末，中国农村贫困人口数量为1 660万人，较2012年年末的9 899万人减少了8 239万人，贫困发生率由10.2%降至1.7%；较1978年年末的7.7亿人，累计减贫7.5亿人。按世界银行每人每天1.9美元的国际贫困标准，中国对全球减贫的贡献率超过70%，是世界上减贫人口最多的国家，也是世界上率先完成联合国千年发展目标中减贫目标的国家。中国的精准扶贫实践给世界贫困地区和人民提供了重要的理论贡献和实践经验，为世界扶贫工程做出了卓越的贡献。其原因，就在于中国政府根据中国国情，具体问题具体分析，适时提出了具有中国特色的反贫困理论——精准扶贫。

一、我国扶贫政策的演变

（一）福利目标确定——扶贫政策的奠基阶段

1949 年新中国成立，中国处于战后经济和社会的恢复阶段，战争和封建土地制度遗留问题造成大量无地无粮贫民和流民。1953 年，毛泽东同志提出"使农民能够逐步完全摆脱贫困的状况而取得共同富裕和普遍繁荣的生活"，即共同富裕的思想，为我国逐步解决贫困问题提出了指导思想和行动目标[①]。为了恢复生产和促进经济发展，中国共产党领导中国人民进行"三大改造"，在很大程度上解放生产力和发展生产力，有效缓解了极度贫困的发生。1956 年《高级农业生产合作社示范章程》（以下简称《章程》）通过，《章程》提出了对没有经济来源的老、弱、孤、寡和残疾五种农村人群予以生活保障的农村"五保户"政策。"五保"制度和农村生产合作社的确立是新中国第一次在全国范围内推广的脱贫政策，为极度贫困者提供了基本生存保障。到 20 世纪 70 年代初期，有 250 万~260 万人被纳入"五保"。另外，农村集体合作医疗制度的实施为缓解农村贫困人口的医疗压力起到了积极作用。同时，我国实施救济式扶贫，形成了储备粮制度、民政救济制度等对特困人群和受灾人口进行物质与资金救济、救助和赈灾等福利保障[②]。

这一阶段国家的"共同富裕"扶贫目标初步确立，形成了集"五保"制度、农村合作医疗制度和救济式扶贫制度于一体的反贫困制度，为 1978 年改革开放以后的扶贫政策打下了基础。

（二）以发展促脱贫——扶贫政策的制度化阶段

经济和社会的发展是扶贫的基础。改革开放后，由于经济发展滞后，经济建设成为我国政府的发展重心，单一的福利性救助不能缓解贫困，通过经济发展来减少贫困成为主要措施。其中，"以工代赈"政策的提出具有明显的以发展促脱贫特征。"以工代赈"在通过工程建设来拉动经济增长的同时，实现了贫困劳动者的收入增加，具体包括：粮棉布以工代赈、中低档工业品以工代赈、工业品以工代赈、粮食以工代赈、江河治理以工代赈和国营贫困农场以工代赈，以促进农村的基础设施建设。另外，国家开始实行制度化的专项扶贫计划，1984 年下发《中共中央国务院关于帮助贫困地区尽快改变面貌的通知》，在全国范围内划分了 18 个贫困片区进行重点扶持，主要涉及革命老区、少数

---

① 王灵桂，侯波. 精准扶贫：理论、路径与和田思考 [M]. 北京：中国社会科学出版社，2018：4.

② 向德平，黄承伟. 减贫与发展 [M]. 北京：社会科学文献出版社，2016：154.

民族地区和边境地区。1986年5月，国务院贫困地区经济开发领导小组正式成立。1993年，国务院贫困地区经济开发领导小组更名为"国务院扶贫开发领导小组"，主要工作任务就是负责监督、领导贫困地区的经济发展。以政府为主导，优化国家扶贫治理结构的制度化建设开始形成。该阶段，农村贫困人口从2.5亿减少到8 000万，贫困发生率从30.7%下降到8.7%，扶贫政策的制度化建设极大缓解了贫困状况。

（三）以开发促脱贫——扶贫对象的参与化阶段

1994年《国家八七脱贫攻坚计划》开始实施，明确提出了扶贫对象、目标、方案和期限，脱贫进入到大规模开发性扶贫的新阶段。扶贫对象从地区扶贫向贫困村扶贫转变。2001年《中国农村扶贫开发纲要（2001—2010年）》确定将全国范围内的14.9万个贫困村作为重点帮扶对象。扶贫方式倡导从被动式扶贫向参与式扶贫转变。国家开始注重产业规划、教育培训、科学技术和社会保障的扶贫因素对脱贫的作用。农村"新农合"和"新农保"的政策实施，起到了脱贫兜底保障的作用，人们开始对生活标准提出更高要求。

2011年，贫困线标准调整至2 300元/年，统筹城乡发展和区域发展的可持续减贫道路被确定。《中国农村扶贫开发纲要（2011—2020年）》颁布，提出加大在教育、卫生、文化、就业、社会保障等民生方面的支持力度，加强特色产业、基础设施、基本公共服务的建设，从根本上改变贫困地区的贫困面貌。进一步强化专项扶贫、行业扶贫和社会扶贫"三位一体"的工作格局。脱贫进入了攻坚阶段，也是全面建成小康社会的决胜阶段。确定以"两不愁三保障"为脱贫目标、以集中连片特殊贫困地区为主战场、以综合性扶贫开发为战略、以区域发展考核方式改变为导向的精准扶贫。通过靶向瞄准、精准帮扶，2013年我国进入"精准扶贫"时代，并于2020年全面脱贫。

二、精准扶贫政策的提出及其设计理路

（一）精准扶贫的思路背景

2010年我国农村贫困人口为2 688万人，占农村人口67 415万人的比重约为3.99%[1]。贫困人口的大幅减少为精准扶贫的个性化帮扶提供了可行性。首先，贫困特征变化，需要调整扶贫理念。随着市场经济的发展和城镇化进程加快，我国贫困地区的人口结构、经济结构和社会结构都在发生变化，扶贫开发

---

[1] 数据来源于第六次全国人口普查结果及《中华人民共和国2010年国民经济和社会发展统计公报》。

工作主体以及环境、条件、标准、对象、内容、范围、方式、路径等也在发生变化①。多维贫困标准的提出，丰富了脱贫的内涵。"大水漫灌"式的"粗放型"扶贫理念已经不能适应贫困程度深、扶贫难度大、个体差异大、返贫率较高的现状。其次，减贫效益递减，需要改变扶贫模式。脱贫工作进入攻坚阶段，由于脱贫人数减少，深度贫困人数增加，脱贫难度加大，以致减贫效益递减。单一的现金给付式救助性扶贫难以对减贫效益带来根本性变化，只能通过主动性的参与式扶贫来激活贫困者的内生动力从而实现减贫。在进行扶贫政策设计时，则需要建立综合现金救助、公共服务供给、基础设施建设、产业开发设计、贫困文化改造等系统化扶贫模式，形成规模效应，并辅之以科学、规范、严格的评估方法。最后，经济条件改善，需要调整扶贫方式。改革开放后，我国经济实力不断增强，积累了可观的经济财富，这为精准扶贫的提出提供了物质基础。贫困地区农村基础设施建设落后、公共服务供给稀缺、产业结构发展滞后、公共文化建设滞后导致了长期以来深度贫困地区脱贫难和返贫率高的现象。因此，通过精准扶贫的精准化模式，加大政府的扶贫开发资金投入，进行差异化和个性化扶贫项目开发在国家财政收入基础雄厚的条件下才能实现。

（二）精准扶贫的设计理路

2013 年，习近平总书记在湘西调研扶贫攻坚时首次提出"精准扶贫"，这标志着我国进入"精准扶贫"时代。2015 年，《中共中央 国务院关于打赢脱贫攻坚战的决定》颁布，提出"到 2020 年，稳定实现农村贫困人口不愁吃、不愁穿，义务教育、基本医疗和住房安全有保障。实现贫困地区农民人均可支配收入增长幅度高于全国平均水平，基本公共服务主要领域指标接近全国平均水平。确保我国现行标准下农村贫困人口实现脱贫，贫困县全部摘帽，解决区域性整体贫困"的总体目标，并就脱贫攻坚的基本原则、实施方略、政治保障、基础设施建设、政策保障体系、社会动员机制、社会氛围营造提出了具体要求②。此后，相关政策和文件陆续出台，精准扶贫实现了从"输血式"传统扶贫向"造血式"开放扶贫的转型。精准扶贫的核心精神是"精准"，这体现出治理现代化思想中"精准治理"的价值理念和路径操作。从具体操作层面来看实现了"六个精准"：①扶贫对象精准是前提。通过群众评议、入户调

---

① 王灵桂，侯波. 精准扶贫：理论、路径与和田思考 [M]. 北京：中国社会科学出版社，2018：8.

② 中共中央 国务院关于打赢脱贫攻坚战的决定 [EB/OL]. (2015-12-07) [2021-04-16]. http://www.gov.cn/xinwen/2015-12/07/content_5020963.htm.

查、公告公示、检查检验、信息录入等方式实现贫困户精准识别。②措施到户精准是核心。做到基础设施到村到户、扶贫生态移民到村到户、教育培训到村到户、农村危房改造到村到户和结对帮扶到村到户。③项目安排精准是基础。通过深入调研、科学分析、因地制宜、调动资源等方式实现专项扶贫和项目安排有机结合。④资金使用精准是关键。通过目标对照、精准分析、精准预算、过程控制、中期考核、精准评估等流程实现扶贫资金精准管理。⑤因村派人精准是保障。通过选派优秀干部驻村、创新干部培养机制和科学规划干部考核机制实现所派干部能留下、能吃苦、能创新、能脱贫。⑥脱贫成效精准是目标。通过层层落实、权责挂钩、广泛动员、多方考核保障精准扶贫成效的延续性和科学性。

通过精准扶贫的实践，我们发现精准扶贫的设计理路包括：其一，"靶向性"动态干预调整，构建精准扶贫开发体系。精准扶贫实现了瞄准机制的个体精准和区域精准的统一，构建了"精准识别、精准帮扶、精准管理、精准考核"四大机制整体开发的科学扶贫体系。其二，多元化主体参与治理，建立开发扶贫融合体系。我国正在形成政府引导，市场调节，政府、市场和社会多元主体整合参与的融合式扶贫开发体系。其三，开展多样化形式扶贫，突破单向扶贫治理瓶颈。在多元主体参与贫困治理的机制下，政府以项目发包的方式投资扶贫项目，公益慈善、项目帮扶、就业帮扶、产业扶贫、经济合作和村企共建等扶贫方式层出不穷，小额贷款、农超对接、电商扶贫、家庭农场等特色扶贫项目纷纷涌现。可以说，精准扶贫实现了从扶贫主体、客体、内容和形式全方位精准导向。

（三）精准扶贫的实施路径

精准扶贫是一个系统性工程，亦是我国全面建成小康社会的关键工程，实施路径主要包括专项扶贫、行业扶贫和社会扶贫三个层次。其一，专项扶贫。专项扶贫指的是国家通过财政支持，将扶贫任务交由各级地方政府和相关部门实施，并精准到户的方案，包括异地扶贫搬迁、整村推进扶贫、以工代赈扶贫、就业促进扶贫、扶贫试点和革命老区建设。其二，行业扶贫。各个行业采取一把手第一责任人负责的方式，发挥各自的行业优势，向贫困地区进行资金、项目和人员的投入，具体包括：整合行业产业资源开发扶贫产业，整治贫困地区土地提高环境治理综合效应，整合贫困地区信息资源提升贫困地区信息化水平，整合教育资源实现行业扶持教育发展，整合社会保障资源提升居民民生水平。其三，社会扶贫。精准扶贫的一个重要特征就是实现了扶贫工程的广泛社会动员，具体包括：加强定点扶贫、推进东西部扶贫协作、发挥企业单位扶贫作用、动员社会各界参与扶贫。

三、精准扶贫政策执行和效果评估分析

（一）积极福利思想显现：精准扶贫的政策设计分析

在党中央和国务院领导下的精准扶贫连贯性政策设计和持续性政策推进，使得精准扶贫取得了辉煌的成果。2017 年，党的十九大明确把精准脱贫作为决胜全面建成小康社会的"三大攻坚战"之一，将下一步工作重心放到"三区三州"① 等深度贫困地区，在对精准扶贫前期成果进行充分肯定的前提下，对所出现的形式主义和官僚主义等消极腐败现象提出了对策建议。2018 年 6月，《中共中央 国务院关于打赢脱贫攻坚战三年行动的指导意见》（以下简称《意见》）颁布，延续了精准扶贫的理念和行动方案，对我国脱贫工作中贫困人口持续减少、贫困发生率持续下降、贫困人群生活持续改善、贫困群众幸福感持续增强的成效给予了充分肯定。《意见》是对精准扶贫攻坚阶段的具体行动方案，除了"五个一批""六个精准"的具体内容外，脱贫的"高质量"要求被放在了首位，要求做到"扶贫同扶志扶智相结合""开发式扶贫和保障性扶贫相统筹""脱贫攻坚与锤炼作风、锻炼队伍相统一""调动全社会扶贫积极性"。可见，精准扶贫政策的实施除了精准靶向的政策特征外，还注入了积极福利思想的因素。在精准帮扶举措中，《意见》除了加大产业扶贫的力度外，还强调"全力推进就业扶贫""着力实施教育脱贫攻坚行动""深入实施健康扶贫工程""强化综合保障性扶贫""开展贫困残疾人脱贫行动"和"开展扶贫扶志行动"②。这些扶贫措施的具体内容包含了大量社会服务项目，对精准扶贫的长效性具有促进意义。2018 年 10 月，为了进一步激发贫困群众内生动力，国家 13 部委联合发布了《关于开展扶贫扶志行动的意见》，其措施要求"开展扶志教育""加强技能培训"和"强化典型示范"，改进帮扶方式包括"引导贫困群众发展产业和就业""加大以工代赈实施力度""减少简单发钱发物式帮扶"和"发挥贫困群众主体作用"③。精准扶贫的政策设计思想凸显出以内

---

① "三区三州"的"三区"是指西藏自治区和青海、四川、甘肃、云南四省藏区及南疆的和田地区、阿克苏地区、喀什地区、克孜勒苏柯尔克孜自治州四地区；"三州"是指四川凉山州、云南怒江州、甘肃临夏州。

② 国务院扶贫开发领导小组办公室. 中共中央 国务院关于打赢脱贫攻坚战三年行动的指导意见［EB/OL］.（2018-08-20）［2021-04-16］. http://www.cpad.gov.cn/art/2018/8/20/art_46_88282.html.

③ 国务院扶贫开发领导小组办公室. 关于开展扶贫扶志行动的意见［EB/OL］.（2018-11-19）［2021-04-16］. http://www.cpad.gov.cn/art/2018/11/19/art_46_91266.html.

生动力激发的积极福利思想转变，政策项目也开始注重社会服务的运作。

（二）精准脱贫：贫困退出的效果检验机制分析

精准脱贫是精准扶贫的目标，贫困退出机制是严格考核贫困对象、动态监测贫困现状的一种平衡方法。明确贫困退出标准和退出程序，是实现精准扶贫的前提，更是实现精准脱贫的保障措施。退出机制是实现精准脱贫的保障措施，有利于推动扶贫工作的有序化，保证精准脱贫的真实性，保障贫困人口发展力[①]。从精准扶贫的过程评价和结果评价来看，建立在科学的贫困退出机制基础上的精准脱贫更能激发贫困者的内生动力，具有明显的积极福利特征。而且，精准脱贫的结果导向性和政策延续性，提供了精准扶贫的后续动力，真正体现了能力建设和社会团结目标。

2016年4月，中共中央办公厅和国务院办公厅印发了《关于建立贫困退出机制的意见》，明确提出要以脱贫实效为依据，以群众认可为标准，建立严格、规范、透明的贫困退出机制，促进贫困人口、贫困村、贫困县在2020年以前有序退出，确保如期实现脱贫攻坚目标。在退出原则方面，坚持事实就是、分级负责、规范操作和正向激励的原则。在退出标准方面，坚持贫困人口退出以户为单位的"两不愁三保障"标准。贫困村退出以贫困发生率降至2%以下（西部地区降至3%以下）为标准。贫困县退出以贫困发生率降至2%以下（西部地区降至3%以下）为标准。在退出程序方面，贫困户退出执行"入户调查—民主表决—张榜公告—乡镇核实—县级审定—销号退出"的流程。贫困村退出执行"民主评议—核实名单—张榜公示—县级核查—县级复查—公告退出"的流程。贫困县退出执行"自主评定申报—市级初审—省级复查—批准退出—公示退出"的流程[②]。在考核机制方面，建立了一套由内部检查和第三方评估相结合的贫困退出监管机制。内部检查通过上级部门对下级扶贫工作分年度、分阶段定期检查和不定期检查相结合的督导和专项检查机制进行。第三方评估是指通过独立于政府部门的第三方机构进行咨询评估，主要形式是委托科研院所、专业公司、社会代表和民众参与的方式进行专项调查、抽样调查和实地核查。2016年国务院办公厅印发的《省级党委和政府扶贫开发工作成效考核办法》规定：精准扶贫第三方评估应考核减贫效果、精准识别、精准帮扶和扶贫资金四个方面。其中精准识别和精准帮扶由第三方评估实施，

---

① 王志章，韩佳丽. 贫困地区精准脱贫的路径优化与退出机制研究［M］. 北京：人民出版社，2018：60.

② 中共中央办公厅 国务院办公厅印发《关于建立贫困退出机制的意见》［EB/OL］.（2016-04-28）［2021-04-16］. http：//www. gov. cn/zhengce/2016-04/28/content_ 5068878. htm.

具体包括识别准确率、退出准确率和帮扶满意度三项内容①。从精准脱贫的退出机制可以发现，充分的社会参与和科学的监管体系在很大程度上保障了精准扶贫的效果，多方参与脱贫监督更体现出积极福利的多元性特征。

（三）精准扶贫的实施效果分析

精准扶贫行动在全民动员的背景下取得了举世瞩目的成绩，中国绝对贫困的问题得到历史性的解决。其一，扶贫力度持续增强，减贫成效显著。从2013 到 2018 年，我国农村已累计减贫 8 239 万人，年均减贫 1 373 万人，6 年累计减贫幅度达到 83.2%，农村贫困发生率也从 2012 年末的 10.2% 下降到 2018 年末的 1.7%，其中，10 个省份的农村贫困发生率已降至 1.0% 以下②。832 个贫困县中已脱贫摘帽 436 个。返贫的人数已经从 2016 年的 60 万人左右降到目前的 10 万人以内，新发生的贫困人口从 100 多万人减到 10 万人以内③。其二，贫困人口收入持续增长，消费水平提升。2018 年，贫困地区农村居民人均可支配收入达到 10 371 元，是 2012 年的 1.99 倍，年均增长 12.1%；扣除价格因素，年均实际增长 10.0%，比全国农村平均增速快 2.3%。贫困地区农村居民人均消费支出 8 956 元，与 2012 年相比，年均增长 11.4%，扣除价格因素，年均实际增长 9.3%。其三，生活环境明显改善，生活质量全面提高。在基本生活设施方面，2018 年贫困地区居住在钢筋混凝土房或砖混材料房的农户比重为 67.4%，饮水无困难的农户比重为 93.6%，贫困地区通电的自然村接近全覆盖，通电话、通有线电视信号、通宽带的自然村比重分别达到 99.2%、88.1%、81.9%，贫困地区村内主干道路面经过硬化处理的自然村比重为 82.6%。在基本生活服务方面，贫困地区 87.1% 的农户所在自然村上幼儿园便利，89.8% 的农户所在自然村上小学便利，有文化活动室的行政村比重为 90.7%，拥有合法行医证医生或卫生员的行政村比重为 92.4%，93.2% 的农户所在自然村有卫生站④。

---

① 庄天慧，蓝红星，杨浩，等.精准脱贫第三方评估：理论、方法与实践［M］.北京：科学出版社，2017：29-30.

② 国家统计局.扶贫开发持续强力推进 脱贫攻坚取得历史性重大成就——新中国成立 70 周年经济社会发展成就系列报告之十五［R/OL］.（2019-08-12）［2021-04-16］.http://www.stats. gov.cn/tjsj/zxfb/201908/t20190812_1690526.html.

③ 国务院扶贫开发领导小组办公室.新中国成立70 周年｜刘永富出席新闻发布会介绍扶贫成就与经验［EB/OL］.（2019-09-29）［2021-04-16］.https://www.thepaper.cn/newsDetail_ forward_4564041.

④ 国家统计局.扶贫开发持续强力推进 脱贫攻坚取得历史性重大成就——新中国成立 70 周年经济社会发展成就系列报告之十五［R/OL］.（2019-08-12）［2021-04-16］.http://www.stats. gov.cn/tjsj/zxfb/201908/t20190812_1690526.html.

在 6 年多的精准扶贫实践中，我国政府通过产业发展脱贫、转移就业脱贫、异地扶贫搬迁脱贫、教育扶贫、健康扶贫、生态保护扶贫、兜底保障脱贫和社会扶贫等精准脱贫的方式取得了世界性的反贫困成绩。"预计到今年底，全国 95% 左右现行标准的贫困人口将实现脱贫，90% 以上的贫困县将实现摘帽"①。

第二节　社会服务作用于精准扶贫的内在机理

从精准扶贫的政策设计理念来看，精准靶向性和个性差异化扶贫是核心。但从操作化理念来看精准扶贫实现了从重在扶贫向扶志与扶智并重的转型。在扶贫实务方面，社会服务作用于精准扶贫的实践已经成为扶志与扶智的重要工具，包括就业服务、技能培训、教育扶贫、医务服务、社区服务等非现金帮扶已经广泛开展。通过分析我们发现，社会服务与精准扶贫具有同源性、同构性和契合性的特征，其独特的内在机理为社会服务作用于精准扶贫提供了学理性支持和操作性支持。

一、社会服务与精准扶贫的同源性研究

（一）社会服务发展历史与精准扶贫历史具有同源性

社会服务萌芽于资本主义生产关系建立至 19 世纪中后期②。其间社会经济结构发生巨大变化，贫富差距扩大，社会问题凸显，社会矛盾激化，贫困者激增。基于人道主义原则和政府管理需要，英国率先于 1601 年颁布《伊丽莎白济贫法》为贫困者提供住所、食物、衣物、救助金和以就业服务为代表的反贫困服务。英国经济飞速发展，社会问题突出，为了帮助贫困者，英国政府于 1834 年颁布济贫法，为贫民习艺所的贫困者提供社会服务。1884 年，英国牧师巴纳特（Samuel A. Barnett）在伦敦东区创立汤因比馆（Toynbee Hall）为贫困者提供救济和帮助。1886 年，美国人科伊特（Stantion Coit）在纽约建立邻里协会（Neighborhood Guild）；1889 年，美国人亚当斯（Laura Jane Addamsh）和斯塔尔（Ellen Gates Starr）在芝加哥成立了赫尔馆（Hull House）

① 国务院扶贫办：预计今年底约 95% 贫困人口将脱贫［EB/OL］.（2019-10-11）［2021-04-16］. http：//www. gov. cn/xinwen/2019-10/11/content_ 5438429. htm.

② 柴瑞章，任曦昱. 社会服务理论与实践发展脉络探析［J］. 社会福利（理论版），2013（10）：59-63.

为当地居民提供社会服务。随后，社会服务实践运动迅速传到欧美和亚洲①。19 世纪中期以后，以集体主义为核心的社会民主主义思想打破以个人主义为核心的古典自由主义思想的垄断，其代表为英国 1942 年发布的《贝弗里奇报告》。该报告将社会保险和社会服务放到同等重要的位置，并相对系统地提出养老、医疗、教育和就业等方面的社会服务内容，社会服务成为社会政策框架中的组成部分。然后，在福利国家危机爆发后，英国受到新自由主义思想的影响，削减了社会服务投入。此时，反而是北欧五个典型社会民主主义福利国家接受了贝弗里奇思想，推行更广泛的、普遍利益社会福利服务，并超越英国成为典型的社会服务国家。可见，社会服务的源起是政府和社会共同作用的结果，其共同理念来源于集体主义，目的在于缓解贫困、提高人们生活质量和社会融合的技能水平，从一开始便呈现出发展功能。

（二）精准扶贫重要论述和行动体现与社会服务具有理论同源性

精准扶贫重要论述中"调动全社会扶贫积极性"参与扶贫的思想实质上就是集体主义的写照。精准扶贫行动主体（包括政府机关、群团组织、国有企业、事业单位、社会组织、市场主体、社会企业、志愿者等覆盖全国的各种性质和层级的组织）均参与到了精准扶贫战役中，所有扶贫参与者均表现出不脱贫决不收兵的决心。精准扶贫的行动体系中从资金筹集、人员动员和物资供应等方面采取广域调拨和重点使用的策略，充分体现了社会主义国家的集体主义精神。从脱贫目标来看，精准扶贫的总任务是实现全体贫困者的集体脱贫，从而实现整体进入小康社会，这也是集体主义思想的体现。因此，社会服务和精准扶贫从思想基础、行动主体、行动目标和行动体系均体现出集体主义的理论同源性。

（三）精准扶贫背景和运作过程与社会服务具有现实同源性

精准扶贫出现于中国特色社会主义国家向"新时代"跨越，进入小康社会的转型时期。此时，经济社会高速发展，社会结构和家庭结构发生变化，贫富差距拉大，依靠单纯的经济政策已经难以解决日益尖锐的社会问题和社会矛盾。绝对贫困人口的存在反而制约了经济社会发展，带来社会不稳定。基于社会主义本质和国家治理目标，消除绝对贫困成为国家政策的主要方向，贫困者也成为社会政策的重点客体。随着精准扶贫的深入，以经济扶贫为重点的策略向"扶贫同扶志扶智相结合"转变，社会服务成为运作过程的重要工具。可

---

① PINKER R A. Social service ［Z/OL］. ［2021－04－16］. http://www.britannica.com/EB-checked/topic/551426/social-service.

见，社会结构转型和贫富差距扩大的背景使精准扶贫产生和现代社会服务产生具有同源性，而且在运作过程中以贫困者为服务客体，以劳动服务为方式亦具有同源性。

因此，从历史维度来分析，二者从理论来源、生成环境、服务目标、服务主体、服务客体和服务方式等方面都具有同源同根特征，故而二者在生成机理方面存在历史的内在统一性。

二、社会服务与精准扶贫的同构性研究

所谓同构性是指两个事物在结构上的相同性或相似性①。从运行轨迹来分析，社会服务与精准扶贫在价值基础、作用对象、行动路径、政策目标等方面都具有结构相似性特征，故而二者在运行结构方面存在结构的内在统一性。这为社会服务作用于精准扶贫提供了现实性依据。

（一）价值基础同构性

精准扶贫是我国全面建成小康社会的重要组成部分和实现基础，其最终目标是缩小贫富差距、维护社会公平，以实现共同富裕，这也是中国特色社会主义的目标。精准扶贫的目标带有鲜明的集体主义色彩，强调通过制度设计和集体行动进行具有目的性和计划性的干预。社会服务的服务给付形式与社会整合和社会团结的价值追求，均具有集体主义精神，力求以社会服务供给提升个人能力从而改变贫困面貌，通过社会交往和社会整合提升社会团结水平。从本质上来说，其也是以服务的方式促进社会公平的方法。在以北欧福利国家为代表的社会服务国家，其价值基础就是集体主义。可见，精准扶贫与社会服务的价值基础都是集体主义平等观。

（二）作用对象同构性

精准扶贫具有精准识别的特征，其作用对象是建档立卡贫困户。这部分群体主要是空巢老人家庭、贫困家庭、留守儿童家庭、残疾人家庭，均是我国最弱势的群体。从地域来看，扶贫对象主要集中于"老少边穷"和"三区三州"等深度贫困地区。社会服务的对象经历从弱势群体的个体扩展到弱势群体的家庭，再到全体社会公民的过程②。其中主要作用对象还是老人、儿童、贫困者、妇女、残疾人等弱势个人和弱势家庭。可见，精准扶贫和社会服务具有作

---

① 王思斌. 精准扶贫的社会工作参与——兼论实践型精准扶贫 [J]. 社会工作，2016（3）：3-9.

② 王磊，梁誉. 以服务促发展：发展型社会政策与社会服务的内在逻辑析论 [J]. 理论导刊，2016（3）：26-29.

用对象的同构性特征。

（三）行动路径同构性

精准扶贫从概念提出到精准脱贫的行动路径并非一成不变，而是一个动态发展的过程。从最初的"四个精准"到后来"六个精准"，从单一"经济扶贫"到"十大工程"，从"政府主体"到"多元供给"，从"经济扶贫"到"扶贫与扶智"相结合再到"扶贫与扶智和扶志"结合，从"精准脱贫"时代到"后脱贫"时代，可以说精准扶贫实现了行动路径的动态平衡。社会服务不是建立在资源分配基础上的静态方法，而是建立在对社会变迁动态需求之上，致力于培养个人能力，提高所有人的生活水平。社会服务亦是随着经济水平发展满足个人不同类型需求的服务，通过社会政策和社会项目的实施成功消除贫困，满足社会需要，以期在动态中实现经济政策和社会政策的和谐一致，解决贫困和社会剥夺问题[1]。可见，精准扶贫与社会服务具有行动路径的相似性，均是在动态发展中应对问题。

（四）政策目标同构性

精准扶贫具有明确的目标性，即在 2020 年现有贫困标准之下的建档立卡户实现全面脱贫，这是短期目标和硬性目标。随着精准扶贫进入后脱贫时代，扶贫目标向贫困户的内生动力培养转变，其目标具有明显的发展性特征。社会服务从其起源之初就融入了发展的观点，力图通过发展的手段实现弱势群体走出弱势、走出贫困、融入社会，以发展的手段实现弱势群体平等价值[2]。从目标实现的过程来看，其也是一个从短期走出弱势目标，向长期发展目标迈进的一个进阶式过程。可见，在政策目标方面，社会服务与精准扶贫在短期目标和长期目标方面均具有同构性特征。

三、社会服务与精准扶贫的契合性研究

契合性是指两个事物在相互作用过程中具有接续性或补充性的特征。社会服务与精准扶贫具有一定的差异性，成熟的社会服务方法对精准扶贫具有一定的积极意义。从差异性来分析，二者在资源动员方式、服务互动模式、效果评价方式、文化敏感度和专业化水平等方面社会服务具有差异性优势，对精准扶贫起到补缺作用。基于二者的同源性和同构性特征，社会服务作用于精准扶贫具有契合性。

---

[1] 王磊，梁誉. 以服务促发展：发展型社会政策与社会服务的内在逻辑析论 [J]. 理论导刊，2016（3）：26-29.

[2] 同[1]。

（一）资源动员方式的契合性

精准扶贫具有明显的政府动员特征，其资源动员采用"自上而下"的方式。这种方式能在短期内以强制的方式实现优势资源的集中，具有较强的行动力和强制性。然而，"政府动员型"却难以培育社会力量主动地参与资源供给，难以撬动具有稳定性和持续性的社会资源。社会服务则刚好具有"自下而上"的资源动员优势，能有效撬动社会组织、市场组织、社会团体、家庭和个人参与社会服务供给。因此，将社会服务的"社会动员型"资源动员方式作用于"政府动员型"精准扶贫，通过社会资源"上下联动"能最大限度地调动资源，在体现社会服务"社会性"特征的同时体现精准扶贫的"精准性"特征，为精准扶贫进入后脱贫时代提供源源不断的发展资源和发展动能。

（二）专业服务水平的契合性

精准扶贫超过以往扶贫政策的精髓就在于"精准性"，其"六个精准"就是扶贫对象精准、措施到户精准、项目安排精准、资金使用精准、因村派人精准、脱贫成效精准。在人力资源配备、专业项目供给、资金供给和因人施策方面均具有精准性和一定的专业性，在以现金和实务供给为主的"前精准扶贫"时代产生了明显效果。随着进入到"后脱贫时代"，社会服务供给和内生动力激发的需求凸显，更要求精准扶贫借助专业人士提供专业服务。于是，社会服务中专业社会工作者、心理咨询师、健康管理师、康复治疗师等专业人员通过专业资源整合方法、个案咨询方法、小组培训方法、健康治疗方法等专业技术成为"后脱贫时代"的重要需求，这与精准扶贫的提质上档形成契合性和补充性。

（三）效果评价方式的契合性

精准扶贫的效果评估从主体看，包括"第三方评估""交叉评估"和"体系内评估"；从过程来看，包括"成效评估"和"摘帽评估"。从评价设计角度来看，精准扶贫效果评价方式具有较强的科学性和精准性。但是，该评估主体更多的是体制内单位和专家，评估过程主体介入不充分，评估结果缺乏持续性方案，这容易造成评估效果的不稳定。社会服务的效果评估方式除了具有数据性和非数据性相结合的特征，还具备服务长期性和服务深入性的特征，能够更加精准地了解服务对象。而且，服务项目的社会性使得评估主体独立参与评估，更显评估过程和评估结果的公正性和客观性。因此，社会服务在效果评价中作用于精准扶贫，更加凸显其客观性、精准性、科学性和长效性。

第三节　积极福利视域下社会服务作用于精准扶贫的现状与分析框架

通过精准扶贫的政策实践和效果分析，可以看出在贫困者内生动力的激发过程中，社会服务发挥着积极的作用，特别是在《关于开展扶贫扶志行动的意见》中具有积极福利意义的社会服务项目明确成为精准扶贫的任务内容。虽然精准扶贫取得了巨大的成绩，特别是在 2020 年全面小康社会建成，绝对贫困全部消灭。但是，已脱贫的地区和人口中，有的产业基础比较薄弱，有的产业项目同质化严重，有的就业不够稳定，有的政策性收入占比高。据各地初步摸底，已脱贫人口中有近 200 万人存在返贫风险，边缘人口中还有近 300 万人存在致贫风险①。这对精准扶贫政策效果的延续性和政策延伸性带来挑战，当进入"后脱贫时代"随着政策的调整需要控制返贫率和提升贫困者的内生动力。因此，分析社会服务在精准扶贫中发挥作用的现状，并强化社会服务的工具性优势和对于精准扶贫的积极性定位，将有助于精准扶贫成果的维护和"后脱贫时代"的政策设计。

一、社会服务作用于精准扶贫的现状分析

（一）精准扶贫中社会服务的政策设计

精准扶贫过程中，我国政府已经开始关注社会服务和专业社会工作介入对于增强贫困户内生动力的重要性，并进行社会工作介入，以"扶智+扶志"服务供给为核心、以弱势群体服务供给为补充的反贫困社会服务政策设计。

其一，以社会工作供给为介入方式。2017 年《民政部 财政部 国务院扶贫办关于支持社会工作专业力量参与脱贫攻坚的指导意见》颁布，明确以社会工作专业人才和机构参与精准扶贫，根据贫困人口的不同需求分类提供专业社会服务。服务对象包括救助群体、留守儿童、就业群体、社区困难老人等。服务供给内容则包括心理服务、生活照顾、关系调适、生计服务、社会融入、团体互助等。针对贫困地区社会工作专业人才薄弱问题给予政策照顾，提出以社会工作教育对口扶贫计划、社会工作服务机构"牵手计划"、社会工作专业人

---

① 习近平. 在决战决胜脱贫攻坚座谈会上的讲话［EB/OL］.（2020-03-07）［2021-04-16］. http://politics.people.com.cn/n1/2020/0307/c1024-31621169.html.

才服务"三区"计划、贫困地区社会工作服务示范项目为抓手,支持和引导社会工作专业力量参与脱贫攻坚①。

其二,以"扶智+扶志"服务供给为核心。在精准扶贫后期阶段,随着"扶贫与扶智相结合"的思想引导,扶贫社会服务核心开始集中于教育、就业和文化等领域具有激发内生动力性质的项目。2013 年《关于实施教育扶贫工程的意见》要求:"提高基础教育的普及程度和办学质量;提高职业教育促进脱贫致富的能力;提高高等教育服务区域经济社会发展能力;提高继续教育服务劳动者就业创业能力。"② 此后教育部和各地方政府均出台了操作性强的教育服务措施。2018 年《中共中央 国务院关于打赢脱贫攻坚战三年行动的指导意见》对以内生动力激发为目标的扶贫社会服务提出了全面要求,包括产业扶贫服务、就业扶贫服务、异地扶贫搬迁安置服务、健康扶贫服务、教育扶贫服务、文化扶贫服务等③。随后,《关于开展扶贫扶志行动的意见》颁布,要求通过开展扶志教育、加强技能培训、强化典型示范增强脱贫的决心信心;通过乡风文明建设、文化服务供给、村民自治参与倡导健康文明风尚④。

其三,以弱势群体服务供给为补充。在对弱势群体的精准扶贫中特殊困难老人和留守儿童的社会服务供给虽然已经在 2017 年《民政部 财政部 国务院扶贫办关于支持社会工作专业力量参与脱贫攻坚的指导意见》中提及,但在实践中还是集中于现金和实物救助。只针对残疾人群体的社会服务提出了明确规定,2016 年颁布《贫困残疾人脱贫攻坚行动计划(2016—2020 年)》是重要标志。2019 年《关于在脱贫攻坚中做好贫困重度残疾人照护服务工作的通知》要求:"精准确定贫困重度残疾人照护服务对象和服务内容;依托和整合现有公共服务设施开展集中照护服务;推动开展贫困重度残疾人社会化照护服务;加大贫困重度残疾人康复工作力度;鼓励社会力量参与贫困重度残疾人照护服务。"⑤

----

① 三部门印发意见支持社会工作专业力量与脱贫攻坚 [EB/OL]. (2017-08-20) [2021-04-16]. http://www.gov.cn/xinwen/2017-08/20/content_5219007.htm.

② 国务院办公厅转发教育部等部门关于实施教育扶贫工程意见的通知 [EB/OL]. (2013-09-11) [2021-04-16]. http://www.gov.cn/zhengce/content/2013-09/11/content_5295.htm.

③ 中共中央 国务院关于打赢脱贫攻坚战三年行动的指导意见 [EB/OL]. (2018-08-19) [2021-04-16]. http://www.gov.cn/zhengce/2018-08/19/content_5314959.htm.

④ 国务院扶贫开发领导小组办公室等十三部委. 关于开展扶贫扶志行动的意见 [EB/OL]. (2018-11-19) [2021-04-16]. http://www.cpad.gov.cn/art/2018/11/19/art_46_91266.html.

⑤ 民政部 财政部 国家卫生健康委员会 国务院扶贫办 中国残疾人联合会关于在脱贫攻坚中做好贫困重度残疾人照护服务工作的通知 [EB/OL]. (2019-04-25) [2021-04-16]. http://www.gov.cn/zhengce/zhengceku/2019-10/16/content_5440612.htm.

（二）社会服务作用于精准扶贫的局限性

虽然具有积极福利思想的精准扶贫社会服务已经在我国扶贫的实践中开始运作，但是以现金救助为主的扶贫方式并未彻底改变。这就容易影响精准扶贫政策效果，其局限性主要表现为：

其一，服务缺乏系统理论指导，难以形成社会服务体系。目前的反贫困社会服务是在扶贫与扶智和扶志相结合的思想下发展起来的，并未有系统的理论支撑。这容易造成扶贫中社会服务供给缺乏元政策设计，在支持性政策中缺乏体系化和配套性。在服务政策供给方面，容易形成政策制定不全面、政策执行不稳定、政策评估不科学。在服务项目供给方面，容易形成服务项目单一化、碎片化和低质化的特征。在服务人员供给方面，容易呈现非专业化、稀缺性和流动性。

其二，服务缺乏系统管理保障，难以进行规范化服务管理。现有精准扶贫是以各级扶贫办为主导，民政、人社、卫健和财政等部门协作执行的方式进行，其核心是以精准脱贫为导向的经济服务管理机制。从经济扶贫来看具有系统性特征和优势，但是从服务扶贫来看却缺乏系统管理。这导致各职能部门以文件和政策为指导，各自为政进行社会服务供给，容易带来资源浪费和评估不科学。另外，服务供给缺乏硬性规定，容易造成服务供给非常态化，难以保障服务的有效性和持续性作用发挥。

其三，服务缺乏资源多元化，难以形成多元主体优势互补。社会性是社会服务的本质属性，这要求社会服务供给过程的多元主体参与。然而，精准扶贫过程中公共部门的绝对供给现状决定了社会服务的优势难以体现。社会性表现在多主体供给带来社会动员、社会整合和社会赋权。单一主体服务供给容易造成服务资源匮乏、服务技术单一、服务介入浅显、服务评估低效。这些原因最终将会带来反贫困社会服务缺乏供给持续化、供给主体单一化、供给过程表面化等弊端，不能从根本上实现"社会性"服务的多元主体优势互补。

二、社会服务作用于精准扶贫的积极性定位

从社会服务与积极福利思想的内在逻辑分析可以看出，社会服务与积极福利具有价值趋同性——积极性。故此，积极性也成为社会服务作用于精准扶贫的重要定位，亦是"后脱贫时代"扶贫工作的重要价值导向。

（一）满足多元生活需求

精准扶贫早期的工作重心集中于公共服务设施建设和贫困地区环境改造。随着脱贫攻坚的深入，扶贫难度加大，以资金帮扶为主的社会救助呈现出边际

效用递减的状态。贫困户致贫的深层次原因不断被挖掘，扶贫工作开始向纵深方向和多元化方向发展。贫困概念具有多元性特征，致贫原因亦具有多样性。单一的物质供给和环境改变只能给予绝对贫困者暂时性和浅表性脱贫，减少返贫还需要满足贫困户多元化生活需求。社会服务作用于精准扶贫的重要性开始凸显，具有积极性特征的社会服务开始着力于贫困户多元生活需求的满足。这主要体现为：提供全纳性儿童照顾服务、预防性医学康复服务、发展性就业培训服务、积极性精神文化服务、包容性公共空间服务等。全纳性儿童照顾服务强调儿童各年龄段、教育方法和教育理念的全纳，包括年龄差异化儿童的合作教育、蒙台梭利教育方法、残疾儿童和普通儿童融合教育方法等，旨在提升儿童受教育水平，改变儿童贫困现状；预防性医学康复服务强调医学服务的前置性和教育性功能，包括健康知识服务、公共卫生体系建构、医疗政策宣传和早期康复介入服务等内容，旨在提高居民的健康意识和降低医疗成本；发展性就业培训服务强调以能力提升为本的反贫困路径，包括临时性技术更新培训、常态化就业技能培训和个性化学历教育培训，旨在从根本上建立贫困户脱贫能力，并培养其坚韧不拔的脱贫毅力；积极性精神文化服务强调重拾乡土文化和培育积极的贫困文化，包括积极的乡风文明建设、乡贤服务计划、乡风传统文化建构服务、文化创新服务，旨在深挖本土优秀传统和创造积极文化土壤；包容性公共空间服务强调重构乡土公共空间和公共精神打造，包括公共空间共建服务、公共空间共享服务、经营管理指导服务，旨在建立贫困居民公共资产、培育反贫困的积极空间和加强社会团结。

（二）提升个体发展能力

精准扶贫的重要特征就是个性化精准帮扶服务。社会服务作用于精准扶贫旨在提升贫困者个体的发展能力。从能力贫困视角来看，能力扶贫就是从动态性和发展性视角，通过整体性和能力塑造方法打通"显性需求"到"隐性需求"满足的阶梯，绕过"贫困黑洞"最终实现彻底脱贫。个人在生活中改变事物的能力比他们生活人口特征或经济情况的改变更重要[①]。贫困者的发展能力就是"隐性能力"，该能力的培养能有效增强反贫困效果的稳定性，社会服务则是其主要的实现工具。发展能力包括权利维护能力、创业创新能力、信息获取能力、社会参与能力等。通过法律咨询、政策咨询和政策宣讲的服务可以帮助贫困者提升对法律和政策的认知水平进而提升权利维护能力；通过创业知识讲座、创业政策宣讲、创业项目扶持和创业导师帮扶的服务供给可以从知识

---

① 王磊，张冲. 能力扶贫：精准扶贫的发展型视角 [J]. 理论月刊，2017 (4)：156-161.

和经验层面提升创业者的能力和综合素质；通过现代信息技术的引入、信息平台建设、信息知识讲座和信息处理技术等服务供给可以让贫困者打破地理区隔和知识壁垒，有效提升信息获取能力，进而获得知识再生能力；通过社区工作者和社会工作者的介入，在社区开展广泛的社会活动并动员贫困者参与，将有效激发贫困者的社会参与能力、沟通交流能力、组织能力，能有效增强贫困者的社会责任感和价值感。

（三）增强抵御风险韧性

从贫困的致因来看，灾害致贫和因病致贫占有较大份额。精准扶贫政策帮扶带来的巨额灾害补助和医疗救助为脱贫提供了强力支撑。进入"后脱贫时代"之前强大的经济扶贫支持和组织支持将逐渐减弱，依靠外界支持为主的贫困户将面临巨大的返贫风险。一方面，生存环境劣势将对贫困户的生存空间继续挤压。另一方面，灾害风险和疾病风险将继续侵蚀贫困户的反贫困动力。为此，培育贫困地区抵抗风险的韧性显得尤其重要，韧性主要包括经济韧性、社会韧性和心理韧性。韧性或抗逆力（resillence）是个人面对逆境时能够理性地做出建设性、正向的选择，处理不利问题，从而产生正面结果的能力。经济韧性是人们处于经济困境时通过有效经营、合理开支和科学投资以对抗风险的能力，在社会服务领域体现为资产建设服务、生活方式和消费模式教育服务。社会韧性是在经济呈现下行趋势、遭遇风险时，坚韧地抵抗这种趋势、扭转不利状态并力图获得新的发展机会的行为特质，表现为将自己并不占优势的经济能力与经济环境相比较，发现自己有某种优势和发展的可能性，进而理性地决定抵抗不利环境的压力①。社会韧性可以通过社会工作服务介入动员社会力量进行物质、精神和心理上的支持，以增强贫困者的"可行能力"和社会支持，社会服务是社会韧性建立的主要工具。心理韧性是指对抗负向贫困文化和惰性自卑心理所形成的积极心理状态，其目标是建立持久性反贫困心态和正确的自我认知能力，主要通过社会工作者以"优势视角"进行心理防御机制建立和心理障碍疏导服务，以及通过文化宣传和教育服务形成积极的反贫困文化氛围。

三、积极福利视域下社会服务作用于精准扶贫的分析框架

积极福利视域下社会服务作用于精准扶贫的过程包括目标建构、关系建构和路径建构在内的分析框架。该框架体现了积极福利视域下包括精准扶贫社会

---

① 王思斌. 后脱贫攻坚中贫困群体经济—社会韧性的建构 [J]. 重庆工商大学学报（社会科学版），2020（1）：1-11.

服务的价值判断、行动逻辑和供给在内的一体化系统，为不同行动主体精准扶贫的社会服务提供了"价值—行动—内容"的分析框架。

（一）社会服务作用于精准扶贫的目标建构

第一，价值导向。分析不同行动主体的价值诉求以及积极福利思想嵌入的现状。

第二，福利分配。分析不同行动主体针对差异化扶贫对象所进行的差异化福利资源分配方案。

第三，具体目标。分析不同行动主体贫困者数量减少、贫困程度减缓、返贫率降低、贫困行为改变、内生动力建构等具体脱贫目标的实现情况。

（二）社会服务作用于精准扶贫的行动逻辑

第一，行为方式。分析不同行动主体在反贫困实践中的行为动力、领导方式、运行方式、动员方式等，总结各主体的扶贫实践模式及其优劣势。

第二，筹资逻辑。分析不同行动主体在反贫困实践中的筹资主体、筹资渠道、筹资动力、筹资金额等，总结各主体的扶贫筹资供给机制及其优劣势。

第三，评价方式。分析不同行动主体在反贫困实践中的评价过程、评价依据、评价主体、评价结果等，总结各主体评价模式及其优劣势。

（三）社会服务作用于精准扶贫的服务供给

第一，就业服务体系——包括就业信息、就业岗位、职业培训、技能培训、创业培训等。

第二，照顾服务体系——包括幼儿服务、妇女服务、老年人服务、家庭服务等。

第三，健康服务体系——包括健康知识服务、心理健康服务、保健服务、康复服务等。

第四，文化服务体系——包括文化宣传服务、精神文化服务、文化空间服务、文化建构服务等。

第五，金融服务体系——包括金融知识宣传服务、金融理财技能服务、家庭资产建设服务、消费模式调整服务等。

第六，咨询服务体系——包括法律咨询服务、政策咨询服务和技术咨询服务。

第五章 公共部门在精准扶贫中的社会服务供给

精准扶贫是我国政府行动和政府政策的重要内容，是"三大攻坚战"的重要组成部分，亦是我国全面建成小康社会的关键一役。这说明以政府为代表的公共部门是精准扶贫的绝对力量，精准脱贫成效是公共部门考核的重要指标。因此，公共部门在精准扶贫的社会服务供给方面是绝对主体。在我国政治体制背景下，公共部门包括了从中央到地方的党委机关、行政机关、人大、政协、公检法等职能部门和参政议政部门，也包括共青团、妇联、工会、科协等群团组织。从广义来看，公共部门还包括以市场组织形式体现的国有企业。一方面，公共部门掌握了我国主要的社会资源。另一方面，反贫困是公共部门维护社会公平、稳定，体现公共性的重要任务。因此，精准脱贫的成果是公共部门成功与否的重要标志。可是，目前公共部门的精准扶贫实践还是以物质帮扶和经济援助为主，社会服务的供给并非主流。随着精准扶贫进入"后脱贫时代"，现金帮扶的有限性暴露，社会服务的有效性突出。社会服务终将成为公共部门在"后脱贫时代"扶贫的重要方式。

第一节 地方政府在精准扶贫中的社会服务供给
——基于四川省 D 区的分析

自从 2013 年提出精准扶贫理念至 2020 年全面建成小康社会，精准扶贫考核成为各地方政府考核最重要的指标之一。课题组于 2018 年 1 月参与了四川省 D 市 D 区的精准扶贫"第三方评估"工作，并在工作的同时进行了深入调研。此次调研抽样调查 D 区 8 个乡镇 14 个村，调查有效户数不少于 300 户，其中建档立卡户和非建档立卡户按 6∶4 进行抽样。实际抽样情况如下：抽取了 D 市 D 区 TZ 镇、PZ 镇、AR 乡、LC 乡、JL 镇、LH 乡、BG 乡和 MC 乡 8 个乡镇及其管辖的 14 个村共 301 户，其中未脱贫户 49 户、已脱贫户 184 户、非建档立卡户 68 户[①]。（见表 5-1）

表 5-1　D 区抽样情况汇总表

序列	乡镇	村			抽样情况	抽样分布			合计
		贫困村	非贫困村	已退出村		未脱贫户	已脱贫户	非贫困户	
1	TZ 镇			CA 村	抽样村	4	22	4	30
2	PZ 镇		SDP 村		抽样村	3	20	16	39
3				GJW 村	抽样村	4	26	12	42
4	AR 乡	BZG 村			抽样村	6	19	8	33
5			JLW 村		抽样村	9	13	14	36
6	LC 乡	XMM 村			抽样村	0	10	4	14
7		WJP 村			抽样村	1	16	2	19
8	JL 镇	JD 村			抽样村	0	3	0	3
9	LH 乡	XJB 村			抽样村	0	2	0	2
10		HGS 村			抽样村	0	1	0	1
11	BG 乡	LS 村			抽样村	6	21	3	30
12		LJB 村			抽样村	13	15	3	31
13		YBB 村			抽样村	3	13	2	18
14	MC 乡	WJY 村			抽样村	0	3	0	3
合计	8	10	2	2	14	49	184	68	301

注：JL 镇、LH 乡、MC 乡三个乡镇是在实际调查中因部分样本不在家、样本不够而追加。

一、四川省 D 区精准扶贫概况

（一）D 区贫困状况

D 区面积为 2 245 平方千米，辖 54 个乡镇（含经开区 2 个）、2 个街道，681 个行政村（含经开区 42 个）、90 个社区居委会，有总人口 122 万。2014 年，通过建档立卡精准确定贫困村 151 个（含经开区 9 个）、贫困人口 32 277 户 93 184 人（含经开区 870 户 2 657 人），贫困发生率 9.89%。

按贫困人口年龄分析：16 岁以下人数 14 817 人，占比为 15.9%；16～64 岁人数 56 517 人，占比为 60.65%；65 岁及以上人数 21 850 人，占比为 23.45%。

按致贫原因分析：因病 60 319 人，占比为 64.73%；因残 12 042 人，占比

---

① 应被调研方的要求，本节中所涉及地名和人名均用字母代替。

为 12.92%；缺技术 8 259 人，占比为 8.86%；缺资金 4 440 人，占比为 4.76%；因学 3 713 人，占比为 3.98%；缺劳力 1 930 人，占比为 2.07%；自身发展动力不足 1 253 人，占比为 1.34%；交通条件落后 463 人，占比为 0.50%；因灾 160 人，占比为 0.17%；缺水 141 人，占比为 0.15%；缺土地 20 人，占比为 0.02%；其他 444 人，占比为 0.48%。截至 2018 年 1 月，累计退出贫困村 114 个（含经开区 3 个）、减贫 7.8 万人（含经开区 2 354 人），贫困发生率降至 1.5%。其中，2017 年，成功退出贫困村 88 个（含经开区 2 个），脱贫 31 314 人（含经开区 390 人）[①]。

（二）精准扶贫目标建构

第一，价值导向。党的十九届四中全会提出："坚持和完善统筹城乡的民生保障制度，满足人民日益增长的美好生活需要。增进人民福祉、促进人的全面发展是我们党立党为公、执政为民的本质要求。"[②] 打赢脱贫攻坚战是我国全面建成小康社会的底线任务，是促进社会公平和社会稳定的重要保障，也是我国建立适度普惠型福利国家的基础。如此巨大的资金帮扶和人力资源帮扶的规模，在一定程度上显示对国家财富的再分配具有集体主义的普惠型社会福利制度性质。

第二，福利分配。在普惠型社会福利制度的要求下，精准扶贫惠及的对象是农村中经过精准识别以后确定的建档立卡户。在此意义上，精准扶贫又具有特惠性。各级政府的扶贫任务是到 2020 年，实现扶贫对象不愁吃、不愁穿，义务教育、基本医疗和住房安全有保障的"两不愁三保障"；确保现行标准下农村贫困人口实现脱贫，解决绝对贫困问题。确保贫困县全部脱贫摘帽，落实解决区域性整体贫困问题的"两个确保"。

第三，具体目标。作为区级政府部门，D 区政府提出按照"五年集中攻坚、二年巩固提升"的要求，计划到 2018 年年底实现省定贫困县摘帽，151 个（含经开区 9 个）贫困村达到退出标准，贫困人口发生率在 1% 以下。2018 年的具体目标为：①贫困户"一超六有"。其中"一超"指人均纯收入超过当年国家扶贫标准；"六有"指义务教育、基本医疗、住房安全、安全饮用水、生活用电、广播电视有保障。②贫困村退出"一低五有"。其中"一低"指贫困发生率低于 3%；"五有"指有集体经济收入、硬化路、文化室、卫生室和通信网络。③贫困县摘帽"一低三有"。其中"一低"指贫困县摘帽当年贫困

---

① 数据来源于内部资料：《2018 年 D 区脱贫攻坚工作开展情况汇报》。

② 中国共产党第十九届中央委员会第四次全体会议公报 [EB/OL].（2019-10-31）[2021-04-16]. www. gov. cn/xinwen/2019-10/31/content_ 5447245. htm.

发生率降至3%以下；"三有"指有标准中心校、达标卫生院和达标的便民服务中心①。

（三）精准扶贫的行动逻辑

第一，组织形式。D区实行"区级领导统领统筹、乡镇部门主导主抓、村支村委落地落实、帮扶力量帮扶帮带、贫困群众主体主动"的五级联动反贫困组织形式。一是强化基层党组织作用，实行动态和静态合作管理机制。D区成立乡镇脱贫摘帽前线指挥部和临时党支部，在专合社、龙头企业和移民安置点实现党组织全覆盖。二是实行党员干部"一岗双责"制，实现党员干部全员扶贫。建立党政"双组长"领导责任制、贫困村"5＋2"和非贫困村"3＋2"帮扶机制，实现区级领导挂乡、区级部门挂村，1 300余名干部驻村帮扶，全区1.7万名财政供养人员人人参与脱贫攻坚，与贫困户"一对N"结对帮扶，签订责任书、立下军令状，做到了"乡乡都有扶贫团、村村都有帮扶队、户户都有帮扶人"。三是充分动员社会力量参与扶贫，实现扶贫资源的力量整合。以"平台＋活动"的方式，动员辖区内外力量参与扶贫。运用中国社会扶贫网进行线上资源整合，借助商会和智力支乡联谊会进行线下资源整合。策划"扶贫日"系列主题活动，动员社会动态资源进行物质、资金和服务捐赠。四是开展文化教育活动，激发贫困户内生动力。通过"感恩奋进教育"活动、"五崇尚五反对"活动、脱贫攻坚"十佳"评选活动、"两封公开信"活动等，宣传精准扶贫政策、树立脱贫攻坚先进典型、传递自强不息精神，以树立先进文化的形式激发脱贫内驱力②。

第二，筹资渠道。D区实行"资金统筹—保障运行—社会补充"的扶贫资金筹集办法。一是实行扶贫资金统筹和项目整合，实现资金的精准投放和精准使用。截至2018年1月，以政府财政资金筹集为主统筹各级资金12.2亿元；有效整合各级财政专项资金，实现水利发展专项资金、专项扶贫资金、农业综合发展转移支付资金等1.5亿元。二是建立政策资金保障机制，确保扶贫资金科学使用。推行"财政因素分配法"，按三大类九方面要素权重，预算乡镇和村级运行发展资金，确保每个乡镇每年实得财力不低于100万元，村级组织保障经费8万~10万元。建立"五大扶贫基金"，即乡镇扶贫专项基金、贫困村集体经济发展周转基金、贫困村产业基金、卫生扶贫基金、教育扶贫救助

① 代海峰.《脱贫攻坚好政策》——区扶贫移民：贫困户脱贫、贫困村退出、贫困区"摘帽"标准［EB/OL］．（2018-08-29）［2021-04-16］. http：//www. dachuan. gov. cn/special/show. action? specialID＝18&id＝1304.

② 相关信息来源于内部资料：《2018年D区脱贫攻坚工作开展情况汇报》。

基金，以专门化的基金设立保障各专属领域的资金供给。三是凝结社会力量，撬动社会资金。以金融贴息的方式，撬动贫困户自有资金和资源，拉动投资。以风险基金的方式，撬动市场资金参与脱贫。建立"四大风险基金"，即产业扶贫信贷风险基金、风险补偿基金、贫困户住房建设贷款风险基金、农产品深加工风险共担基金。截至 2018 年 1 月，在扶贫领域引进企业达 32 家，社会资本达 9.8 亿元，惠及贫困群众 3.5 万余人，帮助贫困户户均增收 2 000 元以上①。

第三，监督评价。D 区实行"项目制全过程监管，扶贫过程多元督查"的机制。一是"全员议事、全程公开、全面审议"，保障扶贫项目顺利进行。通过"四议"，即村党支部会提议、村支两委会商议、贫困户代表会评议、村民代表会或村民大会决议，提升方案制订和项目运行的多元参与水平；通过"五公开"，即对项目决议、招标承包、实施过程、验收结果、资金使用实行全程公开；通过扶贫资金前期审查、过程监督和成效评议，严格处理违规行为。二是"内外联动、上下同行、四位一体"，对扶贫过程进行全面督查。通过成立脱贫攻坚督查中心，组建督导巡查工作组，聘请在校大学生，由担任过乡镇党委书记或区级部门主要负责人的老干部担任工作组长，常态化开展脱贫攻坚督导巡查工作；通过精准扶贫专用举报电话和专用举报箱，结合精准扶贫党风廉政行动，构建扶贫领域信、访、电、网"四位一体"监督举报平台，保障扶贫全域监督。通过提高扶贫考核权重，单项考核与捆绑考核并行。科学制定正反向激励措施，制定 D 区《脱贫攻坚八条奖惩措施》，合理实施扶贫绩效评价制度。

（四）精准扶贫项目实施：现金为主，服务为辅

从 D 区政府精准扶贫的目标定位和行动逻辑来看，我国地方政府在扶贫过程中还是以资金帮扶和硬件设施投入为主，社会服务只是辅助手段，具体体现为："产业帮扶为根本，安居工程为保障，基础建设为支持，政策保障为兜底"，打造整体性扶贫体系。

第一，以产业发展保证收入。以旅游资源为依托，发展全域产业。开展"脱贫攻坚+电商"，延伸产业链条。运用"脱贫攻坚+金融"扶贫模式，精准帮扶到户。采取"龙头企业+合作社+贫困户"模式，强化贫困利益联结。以安居保障促进发展。严格把控建房标准、合理规划配套设施、科学匹配产业项目。

---

① 相关信息来源于内部资料：《2018 年 D 区脱贫攻坚工作开展情况汇报》。

第二，以基础设施保障生活。2017 年 D 区已经实现乡镇、建制村和社通硬化路，农村居民安全饮水达标，农村电网、通信建设实现全覆盖。全面建设达标卫生室、文化站、中心校、便民服务中心。以"生态美、村容美、庭院美、生活美"为目标，全面改善村容村貌。

第三，以社会政策兜底扶贫。实施"一提一扩"推进低保扶贫。提高农村居民最低生活保障标准，加大贫困户低保兜底对象的占比，实现了贫困线和低保线"两线合一"。实施"一取消一提标"推进健康扶贫。为贫困户全额代缴城乡居民医疗保险费，取消乡、区两级住院补偿起付线，提高区内、区外住院补偿比例，尤其是贫困群众区内就医费用个人承担不超过 10%。同时，通过建设村卫生室、组建家庭医生签约服务团队和医疗服务团等形式，有效保障了贫困户"小病不出乡、大病不出区"。实施"三减免三补助"推进教育扶贫。

二、D 区精准扶贫社会服务供给的制度分析

2019 年 D 区退出省定贫困县（区），除了坚实的基础设施建设、强劲的扶贫资金支持，社会服务也发挥了重要作用，特别是在挖掘贫困户潜在能力和激发内生动力方面，起到了扶贫又扶志的作用。社会服务的供给体现为"就业服务为核心，科技服务为支撑，健康服务为保障"，这三类服务均具有积极福利性质，社会投资性、内驱动力性和功能预防性较强。

（一）"纵横联动"的就业服务供给

1. 就业服务供给机制

一是建立三级就业扶贫工作机制。D 区建立了"区委、区政府领导，区级相关部门协作，区人社部门指导，各乡镇（街道）主责主抓，村社具体落实"的区乡村三级就业扶贫工作机制。首先，通过基层调查，实现就业人数和就业需求精准掌握。按照"全员登记、一村一册、分级汇总、乡镇入库、全区集中"原则，建立"一库五名单"制度。以"六有"平台数据为依据，实时更新数据库。依托全省就业信息管理系统，实现建档立卡农村贫困家庭劳动者实名制登记入库。截至 2018 年 1 月，完成了全区建档立卡贫困劳动力 40 198 人的基础数据采集工作。其次，通过资源整合，实现"线上线下"联动供给服务。"线下"采取基层平台联动机制，将就业扶贫示范村建设与公共就业服务体系建设相结合。在各乡镇、村级（社区）配备办公设施设备，开通就业服务专网，建立服务工作站点，规范就业服务工作流程和贫困户劳动力基础台账。建立村级就业工作服务站，开展就业服务，打通农民工就业与企业用工需求"最后一公里"服务通道。利用三级就业扶贫工作机制和贫困村就业服务

工作站打造"线下"用工信息平台，向贫困村"送政策、送岗位、送信息、送服务、送温暖"。"线上"构建"互联网+就业"体系，依托公共招聘网、人力资源市场等新媒体平台，打造区级"线上"用工信息平台，进行招聘信息发布和就业意愿互动。并实现就业服务"线上"与"线下"有效联动。

二是建立服务供给政策保障机制。D区在以贯彻《四川省精准就业扶贫实施方案（2016—2020年）》为根本的基础上，以落实四川省《关于进一步做好就业扶贫工作的九条措施》为方向，先后出台了《关于进一步做好就业扶贫工作的实施意见》《2017年D区贫困家庭技能培训和就业促进专项扶贫实施方案》《D区2017年就业扶贫示范村建设实施方案》《D区2017年贫困家庭技能脱贫培训项目实施方案》《D区2017年度贫困村公益性岗位开发实施方案》《2017年D区人社系统推进脱贫攻坚工作实施方案》《D区2017年就业扶贫十大行动的实施方案》《关于建立完善建档立卡贫困家庭劳动者就业扶贫"一库五名单"的通知》《关于进一步加大就业扶贫政策支持力度助力脱贫攻坚的通知》等一系列具体文件。通过对创业担保贷款和贴息、一次性奖补、就业创业服务补助、求职创业补贴、交通补贴、以工代训职业培训补贴、生活费补贴、购买社会服务、开发公益性岗位托底、免费开展创业培训、免费职业技能培训等措施的政策规定，保障有组织劳务输出，促进就地就近就业、自主创业和弱势贫困劳动力就业。

三是建立就业服务供给推进机制。首先，以政策宣传为推力。通过《就业扶贫政策知识问答》《就业创业（就业扶贫）政策知识问答》等宣传资料进行"线下宣传"。通过D区政府网站、《DZ日报》、D区人社微信公众号等媒介进行"线上宣传"。其次，以业务指导为助力。注重源头规范、过程指导、结果达标，加强对乡镇（街道）就保中心、村社就业服务工作站的业务指导，指导"一库五名单"实时动态更新、公益性岗位开发管理、就业扶贫示范村打造等重点工作。最后，以日常督导为牵引力。区委、区政府将就业扶贫工作纳入全区精准扶贫重点督查项目之一，区人社局、就业局紧密配合相关部门，采取不定期暗访、分时段督促、按内容检查、以专题督查等方式加强督查，将就业扶贫与精准扶贫工作同步推进。

2. 就业服务供给措施

一是以技能培训为核心，强化扶智先导性。以"三严格三强化"模式，即严格组织实施、严格全程监管、严格资金拨付和强化脱贫培训、强化学用对接、强化后续服务，开展技能培训服务。将技能培训作为就业的重要条件，其中尤以职业技能为重点，以就业为贫困户脱贫的关键，突出扶贫先扶智的理念。《D区2017年贫困家庭技能脱贫培训项目实施方案》中将精准脱贫培训作为"一人就业，全家脱贫"的重要前提，把职业技能培训作为推进就业、促进创业的直接抓手，在教师选任上用"心"，在授课形式上出"新"，在百姓受益上获"薪"，极力提升贫困群众的创业理念和就业技能。截至2018年1月，已开展精准扶贫培训40期2 338人、品牌培训390人，选送19名贫困劳动力就读市"就业扶贫专班"，组织建档立卡贫困劳动力632人参训。支持贫困家庭新成长劳动力接受职业教育，对于建档立卡贫困家庭学生入读技工院校，给予每生每学期500元的生活补助。

二是以专项行动为补充，加大就业可能性。D区政府秉承"送政策、送岗位、送信息、送服务、送温暖"工作思路，全面实施"百企千岗"就业援助工程。按片区划分，实施送岗招聘服务。分片区组织开展"就业扶贫专场招聘会"，实现全区所有乡镇"送岗位下乡"全覆盖。按场所划分，开展专项招聘活动。在商贸物流园区、客运车站、人力资源市场等地整合行业需求、领域需求和人才需求开展流动、小型、巡回式招聘活动。以合作为方式，实施劳务转移服务。D区积极与周边地区进行劳务供需信息对接，开展劳务输出，先后与重庆九龙坡区、新疆克拉玛依乌尔禾区开展了劳务合作对接，促进转移就业，实现劳务增收。

三是以公益岗位为保障，增强就业兜底性。D区在四川省公岗管理办法的基础上，出台了《2017年度贫困村公益性岗位开发实施方案》，指导乡镇开发适合本村村情村况的公益性岗位，规范开发、严格管理。全区2017年拟脱贫的86个贫困村开发了社会治安协管、乡村道路维护、保洁保绿等公益性岗位453个，定向实施"公岗托底"援助，确保贫困家庭就业困难人员至少有1人就业。通过强化业务督查，以区脱贫攻坚办和区政府督查室名义，对全区就业扶贫公岗管理进行专项督查，以确保安置情况的真实性、准确性和实效性。

四是以示范基地为引领，实现就业创新性。D区按照"有产业支撑、有园区带动、有基地吸纳、有政策扶持、有服务保障"的"五有目标"，积极打造就业扶贫基地、返乡创业园和就业扶贫整村示范区。通过就业基地打造，培育专业合作社146个，家庭农场、种养大户386户。建立就业扶贫示范基地3个，引领带动更多企业吸纳贫困劳动力就业。分别帮助两家专业合作社成功创建市级创新创业园区、省级大学生创新创业园区，累计吸纳建档立卡贫困人口320人次。通过创业服务，支持农民工返乡创业，优先安排进入当地创业园区（孵化基地）、专业合作社创业，带动贫困家庭劳动者就地创业、就近就业，并给予现金奖励。其中，一家公司采取"公司+基地+农户+市场"产业运行模式，带动附近300余人次贫困劳动力就业增收。通过"整村示范",打造村域特色,实现"创建一村,整村脱贫"的总体目标,建成了30个重点就业扶贫示范村。

（二）"精准定位"的健康服务供给

1. 健康服务供给机制

一是"免补结合"的资金保障机制,为健康服务提供坚实基础。D区全面实施"十免四补助"措施,缓解贫困户基础医疗压力,包括免收贫困人口一般诊疗费、免收贫困人口院内会诊费、免费为贫困人口白内障患者手术费、免费健康体检费等。由财政全额代缴建档立卡贫困人口参加城乡居民医保、新农合的个人缴费部分,实现参合率100%,同时贫困人口全部参加大病保险。

二是"转编乡聘"的人力保障机制,为健康服务提供人才培植方案。一方面,通过人才引进、公开招考吸引卫生人才。实施免费医学订单定向本科生转编制度,"三支一扶"转编制度,乡镇卫生院招聘执业医师转编制度。同时针对专业技术人员进行继续医学教育和公需科目教育。另一方面,通过乡村医生乡聘制度进行基层人才建设。2018年1月,全区有乡村医生1 155人。有村医乡聘行政村585个,达97%;村医乡聘人数共1 005人,达87%。

三是"一站服务"的资源整合机制,实行"先诊疗后结算"和"一站式"报销制度。建档立卡贫困人口住院实行先诊疗后结算制度,不缴纳住院预付款。政府办定点医疗机构设立"一站式"综合服务窗口,实现城乡居民医保、新农合、大病保险及医疗救助"一站式"信息交换和即时结算,诊疗结束后由定点医疗机构与医保、民政等经办机构直接结算,贫困患者只需支付自付费用。

四是"医疗服务共同体"的服务创新机制。按照构建"一个区域医疗中心"和"一街道一中心、一社区一服务站,一乡一院、一村一室"的原则,进一步明确了医疗机构功能定位、建设规模、专科特色和发展方向,全面构建区、乡、村三级医疗服务体系;探索区级医院托管乡镇卫生院,试点推动区域医疗共同体建设,现已建成两个"医疗服务共同体"。

2. 健康服务供给措施

一是家庭医生签约服务全员覆盖。拓展乡村医生签约服务内涵,探索建立个性化、多样性的有偿服务补充新模式。创新服务方式、内容、考核、激励机制,探索推行家庭医生签约服务,优先覆盖老、孕、儿、残、计生特殊家庭和贫困人口等重点人群,切实加强高血压、糖尿病、结核病等慢性疾病和严重精神障碍患者管理服务。组建家庭医生签约服务团队593个,贫困人口签约服务覆盖率达100%。

二是基本公共卫生服务精准供给。开展集中诊疗免费体检,组织3家区级医疗机构、部分民营医院、辖区卫生院和村卫生室建立医疗服务团队，进村入户开展集中诊疗服务和贫困人口免费健康体检活动。对全区建档立卡贫困人口分批次开展集中免费诊疗服务，至 2018 年 1 月累计免费诊疗 79 894 人次。组织辖区卫生院和村卫生室建立医疗服务分队，对非贫困村开展免费诊疗，确保农村居民每年都能在"家门口"接受 1 次免费诊疗服务。借助乡村医生签约服务机制，精准实施 14 项基本公共卫生服务项目，精准建立居民健康档案。

三是健康知识宣传服务广泛推进。通过主题宣讲，培养健康生活方式，养成良好生活习惯。开展"我健康、我感恩"主题宣讲和"五进五讲"的健康宣传教育，与"四好村"创建相结合，与日常生活相结合，教育群众养成"五洗、三勤、三适量"的生活习惯，引导其自觉培养健康意识。通过政策宣讲，了解政府政策宗旨，知晓健康扶贫益处。组织医务人员深入贫困家庭，介绍健康扶贫政策，解读贫困患者费用明细和报销规则，让贫困户算清就医"经济账"，从思想深处认识健康保健的重要性。

（三）"驻村巡回"的科技服务供给

D 区采取"一对一驻村指导和专家团巡回服务"的模式进行科技服务供给，实现了农业生产技术指导全覆盖。一是驻村农技员与贫困村结对子。从农业、林业、畜牧系统选派了 142 名驻村农技员分别与全区 142 个贫困村结对子。二是农技人员入驻非贫困村。选派了 327 名农技人员进驻 454 个非贫困村。三是组建专家服务小组进行指导，共建 14 个小组，其中农业组 7 个、畜牧组 6 个、林业组 1 个。四是成立技术巡回服务小组。成立 50 个小组对有 20 户以上贫困户的 261 个非贫困村进行技术巡回指导。截至 2018 年 1 月，累计集中培训贫困户 78 956 人次，发放资料 95 057 份。进行"一对一"技术指导 26 387 人次，开展技术巡回服务 6 613 次。建立农业科技示范基地 142 个，示范面积达 32 476 亩（1 亩 ≈ 666.67 平方米。下同）；培育科技示范户 784 户，建立新品种示范点 162 个，示范新品种面积达 19 559 亩。

三、D 区精准扶贫社会服务的样本调查分析

本次调查样本共 301 户。其中未脱贫户 49 户，填写《贫困户调查表》49 份；已脱贫户 184 户，填写《脱贫户调查表》184 份；走访非建档立卡户 68 户，填写《非建档立卡户调查表》68 份。

（一）未脱贫户精准扶贫社会服务分析

1. 未脱贫户基本情况分析

在调查的 49 户样本中，户籍人口 155 人，其中在外务工 36 人，家庭常住

人口 127 人。2014 年建档立卡 46 户，人数 137 人，2017 年建档立卡 3 户，人数 12 人。从年龄结构来看，60 岁以上老人和 16 岁以下未成年人人数为 80 人（60 岁以上的老人 56 人，16 岁以下的未成年人 24 人），占户籍人口的 52%，占家庭常住人口的 63%。具有劳动能力的 80 人，占户籍人口的 52%；常年在家务农的 56 人，占户籍人口的 36%。弱势群体是贫困家庭常住人口的主要组成部分，且具有劳动能力的人占比偏低。从文化程度来看，初中及以下文化程度的成为最主要的群体，占比达到 95.9%，其中小学及以下的占 73.5%，初中占 22.4%。没有受过高等教育的贫困户受教育程度普遍较低（见表 5-2）。

表 5-2 D 区未脱贫户文化程度构成表

文化程度	小学及以下	初中	高中	职校、中专	本科及以上
户数/户	36	11	2	0	0
百分比/%	73.5	22.4	4.1	0	0

2. 未脱贫户致贫原因分析

在调查的未脱贫户中因病致贫的比例占到 93.9%，可见健康服务滞后、医疗费用高昂、健康知识缺乏和健康保健不足成为贫困户致病的主要原因。因残疾致贫的比例为 22.4%，这与健康服务体系不健全、人们的健康意识不强和生活方式不佳有直接关系，其中也与残疾贫困户的就业能力开发不足有关。因缺技术致贫的比例为 18.4%，说明技术服务不充分和技术支持不充足的情况依然存在。因缺劳力致贫的比例为 12.2%，这与当地劳动力外出打工和人口年龄结构有关，难以在短时间得到解决。另外，因学、因灾、缺土地、缺资金等方面未成为致贫的原因，这与地方政府的社会救助和政策倾斜有密切的关系，也是精准扶贫在前期的主要成果（见表 5-3）。

表 5-3 D 区未脱贫户致贫原因表

致贫原因	因病	因残	因学	因灾	缺土地	缺水	缺技术	缺劳力	缺资金	其他
户数/户	46	11	0	0	0	0	9	6	2	1
百分比/%	93.9	22.4	0	0	0	0	18.4	12.2	4	2

3. 未脱贫户社会服务供给分析

被调研的贫困户地区与贫困户主要以接受资金帮扶和公共硬件设施改善为主，接受社会服务有限。在贫困户的社会服务供给中接受最广的是健康服务，有 40 户，所占比例为 82%，其服务主要是医疗救助和大病保险等并以费用减免和医疗救治等形式体现，而健康知识宣传和康复照顾等单纯服务性质的社会服务项目较少。最具有积极福利性质的社会服务项目就业服务的接受者有 21户，所占比例为 43%，服务的主要内容主要是就业信息服务和就业技能培训。参加就业技能培训的贫困户中，有 19 人（占 90%）的培训时间为 1 周以上 1个月以下，培训时间较短。培训的效果调查中，有 19 人（占 90%）认为培训对其就业有效果。接受科技服务的有 13 户，所占比重为 27%，占比并不高，其他没有接受科技服务的贫困户以直接给予树苗和种畜为主。其他社会服务项目主要包括接受扶贫干部政策咨询、项目咨询、脱贫渠道咨询和心理支持的服务（见表 5-4）。

表 5-4　D 区未脱贫户社会服务供给表

服务项目	就业服务	科技服务	健康服务	其他服务
户数/户	21	13	40	22
百分比/%	43	27	82	45

4. 未脱贫户脱贫需求分析

从精准扶贫后贫困户家庭改善情况来看，收入增加、住房条件改善、医疗费用降低是三个主要内容，而对于内生动力提升和服务水平改善却少有提及。在下一步政府扶贫措施改善方面的建议，也很少提及社会服务相关内容。从未脱贫户村庄脱贫需求来看，对于基础设施和产业发展的需求依然旺盛，说明贫困户目前还是基础的物质条件和经济发展的需求至上，不过可以看出对转移就业和教育培训的需求已经浮现，但是并不旺盛（见表 5-5）。从未脱贫户家庭脱贫需求来看，资金帮扶和医疗救助占有绝对份额，说明贫困户资金和医疗的基础需求依然是重点。技能培训和子女教育的需求开始提升，说明贫困户已经认识到社会服务的重要性以及减少返贫的意义（见表 5-6）。总体来讲，贫困户脱贫需求还停留在物质扶贫和资金帮扶的初级阶段，对社会服务的作用认识不足。因此，对社会服务的需求并未充分体现，故而难以表现其重要性。政府在社会服务供给中难以形成动力。

表 5-5　D 区未脱贫户村庄脱贫需求表

脱贫需求	基础设施	资金帮扶	产业发展	销售供给	转移就业	教育培训	环境保护	其他
户数/户	38	9	17	4	10	5	2	7
百分比/%	78	18	35	8	20	10	4	14

表 5-6　D区未脱贫户家庭脱贫需求表

脱贫需求	医疗救助	资金帮扶	子女教育	危房改造	技能培训	其他
户数/户	25	28	9	5	14	7
百分比/%	51	57	18	10	29	14

（二）已脱贫户精准扶贫社会服务分析

1. 已脱贫户基本情况分析

在调查的 184 户样本中，有户籍人口 634 人，在外务工 106 人，家庭常住人口 475 人。2014 年脱贫 18 户，2015 年脱贫 18 户，2016 年脱贫 19 户，2017 年脱贫 129 户。从年龄结构来看，60 岁以上老人和 16 岁以下未成年人共 323 人（60 岁以上的老人 229 人，16 岁以下的未成年人 94 人），占户籍人口的 51%，占家庭常住人口的 68%。具有劳动能力的 313 人，占户籍人口的 49%，常年在家务农的 230 人，占户籍人口的 36%。弱势群体是脱贫家庭常住人口的主要组成部分，且具有劳动能力的人略高。从文化程度来看，初中及以下文化程度的成为最主要的群体，占比达到 98.4%，其中小学及以下的占 74.5%，初中占 23.9%。没有受过高等教育的脱贫户，表现出受教育程度普遍较低（见表 5-7）。

表 5-7　D区已脱贫户文化程度构成表

文化程度	小学及以下	初中	高中	职校、中专	本科及以上
户数/户	137	44	3	0	0
百分比/%	74.5	23.9	1.6	0	0

2. 已脱贫户致贫原因与脱贫原因分析

在调查的已脱贫户中因病和因残致贫的比例分别占到 78.8% 和 15.2%，可见健康服务滞后、医疗费用高昂、健康知识缺乏和健康保健不足成为贫困户致病的主要原因。因缺技术致贫的比例为 11.4%，说明技术服务不充分和技术支持不充足的情况依然存在。因缺劳力致贫的比例为 13.6%，这与当地劳动力外出打工和人口年龄结构有关，难以在短时间得到解决。另外，因学、因灾、缺土地、缺资金等方面未成为致贫的主要原因（见表 5-8）。在实施精准扶贫以后，贫困户脱贫的主要原因是针对健康保障提供的直接支持就医保障，因此原因脱贫的占到 71.7%。另外，通过居住改善、就学减负、养老保险减负、外出务工和产业增收实现脱贫的比例分别占到 31%、14.7%、32.1%、31.5% 和

37%。可见，通过财政补贴和产业增收成为此次脱贫的主要途径（见表5-9）。

表5-8　D区已脱贫户致贫原因表

致贫原因	因病	因残	因学	因灾	缺土地	缺水	缺技术	缺劳力	缺资金	其他
户数/户	145	28	15	5	0	0	21	25	8	2
百分比/%	78.8	15.2	8	3	0	0	11.4	13.6	4	1

表5-9　D区已脱贫户脱贫原因表

脱贫原因	就医保障	居住改善	就学减负	生态补偿	养老保险减负	外出务工	产业增收	其他
户数/户	132	57	27	14	59	58	68	14
百分比/%	71.7	31	14.7	8	32.1	31.5	37	8

3. 已脱贫户社会服务供给分析

被调研的贫困户地区与贫困户主要以接受资金帮扶和公共硬件设施改善为主，接受社会服务有限。在贫困户的社会服务供给中接受最广的是健康服务，有122户，所占比例为66%，其服务主要是医疗救助和大病保险等并以费用减免和医疗救治等形式体现，而健康知识宣传和康复照顾等单纯服务性质的社会服务项目较少。最具有积极福利性质的社会服务项目就业服务的接受者有101户，所占比例为55%，服务的内容主要是就业信息服务和就业技能培训。参加就业技能培训的贫困户中，有86人（占85%）的培训时间为1周以上1个月以下，有15人（占15%）的培训时间为1周以下，培训时间较短。培训的效果调查中，有94人（占93%）认为培训对其就业有效果。接受科技服务的有81户，所占比重为44%，说明科技服务在脱贫中的重要性显现，其他没有接受科技服务的贫困户以直接给予树苗和种畜为主。其他社会服务项目主要包括接受扶贫干部政策咨询、项目咨询、脱贫渠道咨询和心理支持的服务，该比例也占到50%，说明扶贫干部的个性化社会服务也发挥了重要作用（见表5-10）。

表5-10　D区脱贫户社会服务供给表

服务项目	就业服务	科技服务	健康服务	其他服务
户数/户	101	81	122	92
百分比/%	55	44	66	50

4. 已脱贫户社会服务需求分析

从对精准扶贫后贫困户家庭改善情况来看，收入增加、住房条件改善、医疗费用降低是三个主要内容，而对于内生动力提升和服务水平改善却少有提及。在下一步政府扶贫措施改善方面的建议，已经开始提及社会服务相关内容。从已脱贫户村庄脱贫需求来看，对于基础设施和产业发展的需求依然旺盛，说明贫困户目前还是基础的物质条件和经济发展的需求至上。但是对资金的需求开始下降，说明开始注重服务的需求满足，从对转移就业和教育培训的需求可以看出，社会服务需求开始提升（见表 5-11）。从已脱贫户家庭脱贫需求来看，资金帮扶和医疗救助占有绝对份额，说明贫困户资金和医疗的基础需求依然是重点。技能培训和子女教育的需求开始显著增强，说明贫困户已经认识到社会服务的重要性以及减少返贫的意义。在其他方面多以无需求居多，说明社会服务的需求还未被激活（见表 5-12）。总体来讲，贫困户脱贫需求在物质扶贫和资金帮扶方面还有一定依赖，脱贫户对社会服务的需求已经开始显现，但是激活并不充分。因此，社会服务的提升还有很大空间，需要强劲动力。

表 5-11　D 区脱贫户村庄脱贫需求表

脱贫需求	基础设施	资金帮扶	产业发展	销售供给	转移就业	教育培训	环境保护	其他
户数/户	123	30	66	24	40	23	13	60
百分比/%	67	16	36	13	22	12.5	7	33

表 5-12　D 区脱贫户家庭脱贫需求表

脱贫需求	医疗救助	资金帮扶	子女教育	危房改造	技能培训	其他
户数/户	68	55	29	11	47	85
百分比/%	37	30	16	6	26	46

（三）非建档立卡户精准扶贫社会服务分析

1. 非建档立卡户基本情况分析

调查样本中有非建档立卡户 68 户、户籍人口 226 人。其中 16 岁以下的未成年人共 27 人；具有劳动能力的 152 人，占户籍人口的 67%；常年在家务农的 24 人，常年在外务工的 98 人，家庭常住人口 183 人。非贫困户中有劳动能力者比重较高，可见劳动力依然是贫困产生的重要因素。从文化程度来看，初中及以下文化程度的成为最主要的群体，占比达到 98.5%，其中小学及以下的占 70.6%，初中占 27.9%（见表 5-13）。没有受过高等教育的脱贫户虽然受教育程度普遍较低，但是初中及以上文化程度占比略有优势，也是非贫困户的显著特征。

表5-13　D区非脱贫户文化程度构成表

文化程度	小学及以下	初中	高中	职校、中专	本科及以上
户数/户	48	19	1	0	0
百分比/%	70.6	27.9	1.5	0	0

2. 非建档立卡户社会服务需求分析

从非贫困户村庄改善需求来看，对于基础设施和产业发展的需求依然旺盛，说明非贫困户对于基础的物质条件和经济发展的需求依然强烈。但是对资金的需求并不高，反而是对转移就业和教育培训的需求明显，说明对就业和技术社会服务的需求已经得到充分认可（见表5-14）。从非贫困户家庭改善需求来看，其他（没有需求为主）的家庭占据主流，资金帮扶和医疗救助的份额大幅下降，说明非贫困户的需求正在发生改变。技能培训和子女教育的需求明显，说明非贫困户对社会服务的需求已经非常明显，但是由于供给不充分，并未激活其社会服务需求（见表5-15）。

表5-14　D区非贫困户村庄改善需求表

脱贫需求	基础设施	资金帮扶	产业发展	销售供给	转移就业	教育培训	环境保护	其他
户数/户	45	9	25	6	9	8	6	22
百分比/%	66	13	37	9	13	12	9	32

表5-15　D区非贫困户家庭改善需求表

脱贫需求	医疗救助	资金帮扶	子女教育	危房改造	技能培训	其他
户数/户	15	16	7	1	14	35
百分比/%	22	24	10	1	21	51

（四）扶贫干部精准扶贫社会服务分析

此次调研中共对8个村的扶贫干部进行了访谈。通过资料整理发现，致贫原因主要集中于自然条件恶劣、基础设施薄弱、缺乏产业支撑、群众观念和文化知识落后、村民缺少资金等方面。通过职业教育培训、小额信贷、电商扶贫、旅游扶贫、光伏扶贫、易地扶贫搬迁、致富带头人创业培训、龙头企业带动等措施减少了贫困户数量，其中脱贫效果较好的措施按照优先选项排序分别是小额信贷、职业教育培训、易地扶贫搬迁、龙头企业带动，其原因是增收致富、增强技能、改善环境和产业带动。从扶贫需求的角度来看，村庄需求排序分别是公共基础设施建设、农业产业化发展、促进劳动力转移就业、教育培训、生态环境保护、提供资金帮扶、提供市场销售渠道；个人需求排序分别是公共基础设施、教育、医疗卫生、生态环境、就业岗位、农村危房改造。由此可见，从扶贫干部的角度来看，包括教育和就业等方面的社会服务已经是仅次于公共基础设施建设和小额信贷等资金帮扶的重要扶贫手段。

四、D区精准扶贫社会服务供给的作用分析

D区精准扶贫的现状是当下我国贫困地区进行贫困治理的缩影，其制度设计、内容供给和评价方式具有普遍意义，是公共部门精准扶贫社会服务的典型代表。其作用具有以下特征：

（一）扶贫措施"重现金、轻服务"

一方面，在精准扶贫的前期和中期，扶贫更强调"立竿见影"式的效果。公共基础设施建设、住房改造、生活救助、医疗保障补贴、养老保障兜底、产业发展扶持等以现金帮扶为主的社会福利措施，为基础设施薄弱和社会保障滞后的贫困村和贫困户解了燃眉之急。从性质来看，短期内贫困户和贫困村实现了脱贫摘帽。从本质上看，实现了生活的根本性改变。贫困户对以现金的形式开展扶贫工作均表现出认可态度。贫困户对现有的帮扶措施认可的有48户，占98%；基本认可的有1户，占2%。已脱贫户认可的有181户，占98%；基本认可的有3户，占2%。非建档立卡户认可的有65户，占96%；基本认可的有3户，占4%。另外，在贫困户需求调查中发现贫困户对基础设施建设和产业发展的需求依然迫切，对现金救助的需求依然强烈。对就业培训和子女教育等具有服务性质的帮扶意愿并不强烈。地方政府针对贫困户需求继续加大对现金救助的帮扶。另一方面，受到基层政府部门运行机制、考核方式、评价内容等特殊治理模式的影响。现金救助更容易产生可见效果，考核周期短，考核内容简单，考核方式便捷，地方政府更愿意选择其作为精准扶贫的主要工具和内容。故而，扶贫措施呈现"重现金、轻服务"的现状。

但是，随着贫困状况的改变和扶贫与"扶智和扶志"相结合方针的提出，精准扶贫社会服务开始逐渐得到认可。从对贫困户、脱贫户和非贫困户的需求分析可以看出，对就业培训和子女教育的需求越来越强烈。地方政府对就业服务、科技服务和健康服务的投入也日趋增多。

（二）服务项目"范围窄，项目少"

目前精准扶贫社会服务主要集中于就业服务、健康服务和科技服务三类。

其中，就业服务包括转移就业服务、就业信息服务、就业技能培训、公益岗位开发和就业示范基地建设；健康服务包括家庭医生服务、公共卫生服务、健康宣传服务；科技服务包括科技政策咨询、科技知识指导和科技资源链接。从服务范围来看，主要针对具有劳动能力和脱贫意愿的贫困户，对于缺乏劳动能力的老年人和未成年人群体的社会服务较少。然而，这类人群刚好是贫困村户籍人口和常住人口中数量较多的部分。另外，作为主要劳动力的大量外出务工人员流动性较强，对此类群体的社会服务也相对缺乏。从服务项目来看，精准扶贫社会服务中照顾服务（包括幼儿服务、妇女服务、老年人服务、家庭服务）、文化服务（包括文化宣传服务、精神文化服务、文化空间服务、文化建构服务）、金融服务（包括金融知识宣传服务、金融理财技能服务、家庭资产建设服务、消费模式调整服务）等内容相对缺乏。已有的三项服务在内容和项目上也缺乏深度和广度。

除了贫困户在精准扶贫早期和中期的物质和资金需求的客观原因之外，对于社会服务认识不足也成为社会服务发展不足的重要原因。从贫困户需求调查中可以看到其已经对社会服务具有需求，但是其认知却只能以政府现有的社会服务供给为基础。在调查中还发现，扶贫干部也已经认识到社会服务在精准扶贫中的作用，特别是对就业服务和技术服务的需求分析也反映出了对社会服务的需求。可见，在精准扶贫进入"后脱贫时代"的时候，现金给付的救助项目将有向社会服务项目倾斜的可能，政府对扶贫中社会服务的供给将激发居民对社会服务的需求。

（三）扶贫结果"重实效，轻发展"

从对贫困户、脱贫户和非贫困户的精准扶贫帮扶项目中，我们发现：随着基础设施建设愈加完备和社会保障制度愈加健全，对实效性较强的现金救助和基础设施建设的需求开始下降，对发展性较强的社会服务需求则愈加旺盛。然而，在精准扶贫实践中，地方政府依然停留在实效性较强的基础项目建设和产业扶持开发工作，而对于发展性较强的社会服务项目却重视不足。在进入"后脱贫时代"，全民脱贫必将扶贫重点从"硬件建设"向"软件建设"转变，从"重实效"向"重发展"转变，从重"外源动力"向"内生动力"转变。此时，扶贫重点应关注社会服务中的幼儿发展服务、家庭建设服务、文化建构服务、就业开发服务、资产建设服务等具有"发展性"的社会福利项目。

第二节　群团组织在精准扶贫中的社会服务供给
——基于云南省 M 村的分析

与地方政府的"植入式"全方位精准扶贫策略不同，群团组织凭借其在特定领域的技术优势对贫困地区进行"介入式"定点帮扶。云南省科学技术协会（简称"云南省科协"）凭借其科学技术知识和人才优势，整合云南省科技资源，对 N 县 M 村进行对口帮扶支援。作为公共部门的重要组成部分，云南省科协充分发挥财政资金优势、技术优势、人力资源优势进行了为期 5 年的科技服务扶贫工作。课题组于 2018 年 7 月深入云南省 N 县 M 村与云南省科协共同进行"科技精准扶贫"工作，并在工作期间进行调研。

一、云南省 M 村精准扶贫概况

（一）M 村贫困状况

M 村位于云南省 N 县境内，N 县是国家级贫困县和边境山区少数民族集中连片特困地区县，山区面积占 99.3%，人均拥有耕地 0.98 亩。全县现有 4 个贫困乡镇 42 个贫困行政村 85 个贫困自然村，有建档立卡贫困户 8 515 户 30 782 人。2017 年实现 2 个乡镇 7 个行政村退出、1.7 万人脱贫；2018 年实现 1 个乡镇 25 个村退出、1.3 万人脱贫；2019 年实现 782 人脱贫；2020 年与全国全省全州同步全面建成小康社会。

M 村辖 16 个自然村 18 个村民小组，共有农户 686 户 2 694 人，主要居住着彝、汉、苗 3 个民族，少数民族人口占总人口的 58.69%。全村土地面积为 19 平方千米，海拔 2 050 米，年平均气温 15.1℃，年降水量 1 100 毫米，适宜种植核桃、烤烟、青梅、玉米等作物。共有耕地面积 3 605.01 亩，人均耕地面积为 1.32 亩；有林地 23 700 亩；有经济林果 14 678 亩，人均经济林果地 5.37 亩。农民收入以种植、养殖和劳务输出为主。M 村属于全省深度贫困村之一。建档立卡之初，共有建档立卡贫困户 218 户 785 人，贫困发生率为 30.25%。5 年来经过几轮动态调整现有建档立卡贫困户 247 户 963 人。其中，2014 年脱贫退出 35 户 140 人，2015 年脱贫退出 24 户 89 人，2016 年脱贫退出 11 户 50 人（2016 年返贫 8 户 26 人），2017 年脱贫退出 16 户 78 人，2018 年脱贫退出 155 户 585 人，2019 年脱贫退出 15 户 43 人，全村贫困发生率为 0[①]。

（二）科技扶贫目标建构

第一，价值导向。云南省科协以党的十九大精神和习近平新时代中国特色社会主义思想为指导，按照"产业兴旺、生态宜居、乡风文明、治理有效、生活富裕"的总体要求和"科技助力、智力帮扶、素质提升、产业先导"的基本原则，以提升村民生活品质为根本，以改善农村生产生活条件为重点，以提高农民科学文化素质为主线，以精准扶贫、精准脱贫为抓手，以增强农村发展动力为目标，以展现农村生态魅力为特点，着力建设秀美之村、富裕之村、魅力之村、活力之村、幸福之村，致力于把 M 村建设成"村庄秀美、环境优美、生活甜美、社会和美"的宜居、宜业、宜游美丽乡村。云南省科协精准扶贫的价值导向充分体现了精准扶贫中后期"扶贫先扶智"的价值理念，具有明显的积极福利价值。

第二，福利分配。科技扶贫服务具有明显的普惠性和特惠性相结合的特征。科技扶贫硬件设施建设和科技知识服务惠及贫困村的所有居民，具有整体性和普惠性。通过干部"包户结对"帮扶针对建档立卡贫困户实施精准化和个性化的科技服务，具有差异性和特惠性。虽然"两不愁三保障"并非科协进行精准帮扶的主要任务，但考虑到贫困地区基础设施建设落后的劣势，科协在以科技社会服务为主要帮扶内容的前提下，亦进行了基础设施建设的资金帮扶和建设工作。

第三，具体目标。云南省科协在《云南省科技助力精准扶贫工程实施细则》中提出科技扶贫工程目标为"科技支撑、智力帮扶加速科技成果转化和先进实用技术推广普及，大幅提高贫困地区公民科学素质和生产技能"，具体包括：建立农技专家服务站、配备科普大篷车、建设 1 农村中学科技馆、实现流动科技馆巡展全覆盖、建立乡镇农民专业合作组织联合体、培育特色产业、建立各级学会、建立农技协、科技扶贫服务站、科普中国乡村 e 站等。M 村的具体目标为"一园两区"。"一园"即以产业示范、科技示范、科普示范为重点，打造成全国科技助力精准扶贫示范园区。"两区"即以基础设施建设和民族文化保护为重点，打造全省美丽乡村建设示范区；以党建示范、党建扶贫为重点，打造全省党建扶贫双推进示范区。

（三）科技扶贫的行动逻辑

第一，组织形式。以科协为主要负责部门，同农业部门和扶贫部门联合成

---

① 资料来源：内部资料 2020 年《L 乡 M 村委会脱贫攻坚工作报告》。

立领导小组，形成国家、省、市、县四级科技助力精准扶贫工程管理体系，办公室设在各级科协。由全国科技助力精准扶贫工程领导小组负责处理统筹规划、组织协调等实施中的重大问题。省、市、县科技扶贫工程领导小组要紧紧围绕当地党委、政府的扶贫总体部署开展工作，负责本地区科技助力精准扶贫工程的组织实施、评估考核。在具体的实施过程中，以签订协议结对帮扶为主要方法。云南省各级科协通过对接信息资源，组织科技组织和专家与贫困村户结成"帮扶对子"，签订帮扶协议书，明确帮扶时间、目标、任务、机制等内容，实行项目化跟踪管理，并进行组织协调和服务工作。M村的科技扶贫采取"一帮一""一帮几"和"几帮一"的形式，进行结对帮扶，同时为每户贫困家庭建立了民情登记卡和扶贫台账，并针对各家各户情况，量身定制了个人精准帮扶计划，做到一户一策。2015年，省科协的挂钩贫困户为179户。2016年，部分贫困户完成脱贫，挂钩贫困户变为111户。2017年加上新增贫困户挂钩户调整为119户。而且，随着贫困户信息精准识别和动态管理的进行，挂钩贫困户也在做动态调整。2016年以来，省科协实行干部"挂包帮"制度，168名干部职工"挂包帮"先后选派7名处级和正科级干部任县委副书记、县工作队总队长和定点扶贫村党总支第一书记、驻村工作队队长。建立领导干部轮流驻村制度，选派9名处级和正科级干部轮流驻村1~2个。建立起了科技对口帮扶的组织保障机制。

第二，筹资渠道。省科协采取自有资金供给和多方筹资的方式进行扶贫资金筹集。从2015年以来共筹资800余万元，其中省科协安排资金400万元，争取中国科协支持项目200万元、省级财政支持项目200万元。本项目（一期）总投资550万元（省科协200万元、省财政厅200万元、县级整合150万元），其中美丽乡村建设项目（基础设施建设工程、民族文化传承工程）安排350万元；科技助力精准扶贫示范园建设项目（产业扶贫示范、科技扶贫示范、科普扶贫示范、党建扶贫示范）安排200万元。其中2015—2017年资金筹集渠道可从表5-16看出。

表5-16 M村省科协扶贫资金投入情况表

时间	规模/万元	资金来源
2015年	30	省科协系统2015年度专项扶贫

表5-16（续）

时间	规模/万元	资金来源
2016 年	49	省科协扶贫资金
	70	省科协产业扶持专项资金 50 万元，扶贫资金 20 万元
	5	省科协扶贫资金
	45	省科协联合省民族宗教委"少数民族双语科普项目"
	26	省科协扶贫资金
	15	省科协直属单位扶贫活动
2017 年 1—8 月	100	省财政转移支付
合计	340	——

另外，省科协为了建立自助长效发展机制，提高贫困农户自我发展、持续发展能力，推进乡村经济社会的良性协调发展和精准脱贫，帮助 M 村建立了"M 村扶贫资金互助社"。在省科协的扶持下，按照"资金民有、责任自担"的原则，以贫困农户为主体发展林果业、种植业、养殖业、农副产品加工等产业。通过资金互助社促进贫困农户通过资金的联合，缓解资金压力，逐步实现生产和购销联合与合作，形成以农民为主体的资金合作、生产合作和购销合作相结合的农村经营新机制。

第三，监督评价。云南省各级科协对已经备案的结对帮扶协议，按照每年一次的原则对"科技助力扶贫工程"的成效进行综合考核评估。按照分部门、分级考核、细化指标的方法进行评估验收。对农业部门进行农技推广站评估和专家资源评估，对扶贫办建档立卡情况和基础数据评估，对科协部门科技培训与活动、科技指导成效和资金使用情况进行评估和考核，将此作为各部门奖惩的重要依据。

二、M 村精准扶贫社会服务供给的制度分析

（一）以科普设施建设提升科学发展水平

一是建设科技助力精准扶贫示范村。以"四个一"（一个示范带动能力强的农技协、一个功能齐全的科技培训教室、一个资源充足的专家服务站、一个规范运行的农村电商平台）为主要内容，推进中国科协科技助力精准扶贫示范村建设。以扶贫项目资金补助的方式，建设农村电子商务平台，培育农村电子商务人才，打通销售瓶颈，降低销售成本，有效解决村内农特产品销售

"一公里"问题。二是建设科技扶贫示范工程。发展光伏产业，在村内发展60户以上光伏发电产业示范户，将M村建设成全县光伏扶贫示范村。通过与国家电网联网，每户均获得电费回馈的收入。三是建设科普e站。以"五有"（有网络、有场所、有终端、有活动、有人员）为标准，通过PC端、APP、微信、微博等新媒体在村内建设乡村科普e站。为村民搭建实用技术、远程互动培训、即时信息查询、专家在线服务等平台，打造农村科普O2O综合服务体。

（二）以科技产业服务提升科技脱贫能力

一是科学技术注入，发展优势产业。围绕核桃、青梅、森林水果、森林蔬菜等优势产业，以扶贫项目资金补助和现金技术注入的方式，为建档立卡贫困户配发种苗、树苗等，扶持建档立卡贫困户发展特色种植产业。以土地流转方式，引进农业龙头企业，建成生态农庄。专家就种植养殖管理技术、品种改良、病虫害防治等开展技术培训。二是科学技术指导，强化传统产业发展。围绕生猪、肉牛等传统产业，以扶贫项目资金补助和技术指导的方式，为建档立卡贫困户配发能繁母猪、能繁母牛等，扶持建档立卡贫困户发展生猪、肉牛养殖产业。按照标准化、规模化、规范化的要求，新建1个500平方米左右的养殖示范小区，以代养、寄养等方式，扶持部分无劳力、场地的建档立卡贫困户发展生猪、肉牛养殖产业。

（三）以科技教育服务提升科学文化素质

一是开展实用技术培训。围绕种植、养殖、加工等产业，定期组织相关专家开展实用技术培训，同时，继续开展"百名科技专家上山下乡"活动。2016年为贫困户开展6次培训指导，先后为842人次的贫困群众授课9节。二是建设科普示范村。围绕种植、养殖、加工等产业，建设3个省级科普示范基地，培育20名以上科普带头人、20户以上科普示范户。三是建设科普宣传基地。建成2个"奥秘创客教室"和1个"农村中学科技馆"。四是建设双语科普服务站。在M村建设双语科普服务站和双语科普服务室。

（四）以科技咨询服务提升脱贫制度质量

云南省科协发挥协会平台优势，依托各级协会、研究会和科研院所的专业优势开展科技咨询服务。一是建设专家工作站（室）。围绕种植、养殖、加工等优势特色产业，在村内建设3个省级专家工作室、3个省级专家服务站，为产业发展提供科技咨询、技术指导和智力支持。二是开展科普系列活动。举办"科普大篷车联合行动""流动科技馆巡展""百名科技专家进NJ""文化科技卫生三下乡"等活动。

（五）以科技文化服务改善居民生活条件

一是建设民族文化广场。将村民广场改造为跳菜广场，即民族文化广场，进行文化元素装饰，配套安装体育、娱乐、健身器材。二是对民居进行文化元素改造。对村内房屋屋顶、门窗、墙体进行总体规划和设计，形成统一的房屋风貌景观，对60户2万平方米墙体进行统一修复和墙体彩绘。对村内10户破旧房屋进行拆除，并进行复绿植绿。三是形成民族文化中心。对现有村委会建筑进行民族特色改造提升。新建90平方米的村民文化活动室，即彝族文化记忆中心，以传承彝族文化，形成村民文化认同。

三、M村精准扶贫社会服务的样本调查分析

（一）贫困户基本情况分析

2018年课题组调研时M村有建档立卡户142户，共计505人，其中省科协脱贫攻坚挂联贫困户111户，无在校生人数410人。从贫困户劳动力构成来看，有劳动能力者为360人，占71.3%。其中技能劳动力10人，占2%；普通劳动力350人，占69.3%；无劳动能力者132人，占26.1%。可见，M村有劳动能力者占比较高，可是大多数劳动力技能水平较低。M村外出务工人员共39人，占总人口的7.8%，占总劳动人口的10.8%，其中省内和县内务工占多数（见表5-17）。可见，外出务工人员较少，大多数劳动力集中在村里，劳动力输出较少。缺乏技能劳动力成为本村致贫的一个主要原因。从健康状况来看，M村身体健康者为429人，占85.0%，患有大病和慢性病者65人，占12.9%，残疾人11人，占2.2%（见表5-17）。可见，该村健康者占大多数，疾病和残疾非致贫的主要因素。从M村贫困户的基本情况来看，M村具有良好的人力资源基础，人员稳定性较强，为发展当地经济提供了良好的劳动力条件。但是，劳动力技术能力不足成为致贫的主因之一。

表5-17　M村贫困户人口结构表（总数505人）

务工状况	省内务工	省外务工	县内务工	乡内务工
人数/人	13	8	17	1
占总人口的百分比/%	2.6	1.6	3.4	0.2
健康状况	残疾	患有大病	健康	长期慢性病
人数/人	11	5	429	60
占总人口的百分比/%	2.2	1.0	85.0	11.9

表5-17(续)

劳动能力	技能劳动力	普通劳动力	无劳动力	—
人数/人	10	350	132	—
占总人口的百分比/%	2.0	69.3	26.1	—

　　从文化程度来看，非在校生总人数为410人，初中及以下文化程度的成为最主要的群体，共有397人，占比达到96.8%，其中小学及以下的占40.5%，初中占56.3%（见表5-18）。没有受过高等教育的脱贫户虽然受教育程度普遍较低，但是初中及以上文化程度占比略有优势，贫困户的文化程度已经基本可以接受基础性教育。

表5-18　M村贫困户文化程度结构表

文化程度	小学及以下	初中	高中	职校、中专	本科及以上
人数/人	166	231	10	3	0
百分比/%	40.5	56.3	2.4	0.7	0

　　注：非在校生人数共410名。文化程度百分比=每一分段文化程度人数/非在校生人数。

（二）贫困户致贫原因分析

　　通过云南省科协脱贫攻坚挂联贫困户111户的基本情况表，我们发现：M村因病致贫和因残致贫的比例较低，仅为18%。这一方面说明本村村民身体条件较好，年龄较年轻；另一方面说明本村医疗条件和医疗健康服务发挥了积极作用。致贫主因排名分别是缺劳力（占24.3%）、缺资金（占22.5%）、缺技术（占20.7%）。因资金缺乏而致贫的占22.5%，说明还需全方位、多渠道进行资金供给，也说明贫困户对资金的依赖性较强。因缺技术致贫的比例为20.7%，说明技术服务不充分和技术支持不充足的情况依然存在，贫困户开始认识到技术的重要性。因缺劳力致贫的比例为24.3%，这与当地劳动力充足形成矛盾，主要原因是对劳动者自身动力激发不足。劳动者技术能力开发不足，可以通过技术服务在短时间内得到解决。另外，因学、因灾、缺土地、缺资金等未成为致贫的主要原因，这与地方政府的社会救助和政策倾斜有密切的关系，也是精准扶贫在前期的主要成果表现（见表5-19）。

表 5-19　M 村贫困户致贫原因表（总数 111 户）

致贫原因	因病	因残	因学	因灾	缺土地	缺水	缺技术	缺劳力	缺资金	其他
户数/户	19	1	8	2	4	2	23	27	25	6
百分比/%	17.1	0.9	7.2	1.8	3.6	1.8	20.7	24.3	22.5	5.4

注：致贫原因"其他"项包括自身缺乏发展动力（5 人）、缺致富办法（1 人）。

（三）贫困户社会服务供给需求分析

鉴于 M 村住户居住分散，难以对每户进行入户调查。课题组成员从不同类型致贫原因的科协脱贫攻坚挂联贫困户中按照比例进行了个案深度访谈，对贫困户的社会服务供给和需求进行深入分析。

贫困户基本都享受到科协给予的技术供给和服务，为贫困户增加了收入。通过多次技能培训，提高了贫困户收入水平和综合素质。新农保全员免费参加减轻了贫困户的医疗压力。但是迫于赡养父母压力和生活习惯影响，也没有技能特长，贫困户不愿意外出打工，希望得到更多技术培训。

罗先生（样本编号 M001，彝族，37 岁）：有一个女儿在镇上念初中，供养老母亲，身体健康，但没有劳动力。现在生活来源主要依靠夫妇二人务农收入。2015 年被列为建档立卡户后，享受到了家庭成员新农合免费参保的待遇，有家庭医生签约服务。女儿得到"两免一补"的教育补贴，被列为低保户享受补贴。得到政府对种核桃、养猪、养鸡的帮助，技术人员上门指导，还参加了培训班，听了科普知识讲座。政府干部经常上门慰问，还送米油。通过政府支持种核桃和养鸡的成活率都比以前高很多。不想出去打工，因为现在家里老人需要照顾，孩子还小。而且出去怕生活不习惯，也没有什么一技之长，要是家里劳动力再多一些生活会更好。希望能多一些技能，种植业、养殖业的产量能上去。

字先生（样本编号 M002，彝族，46 岁）：一个女儿在下关念职业高中，一个儿子在村里念小学，妻子身体健康，自己有慢性病。现在生活来源主要依靠夫妇二人务农收入，以及自己在下关间断性打工收入。2013 年被列为建档立卡户后，享受到了家庭成员新农合免费参保的待遇，有家庭医生签约服务。女儿得到贫困学生补助和"两免一补"的教育补贴。得到政府对种核桃、养猪、养牛的种畜和技术帮助，收入有了增加。多次参加政府组织的技能培训班，提高了自身素质，收入增加。享受贴息贷款 5 万元和整乡精准脱贫产业发展项目资金 6 500 元。政府干部经常关心，非常感谢党的政策。每年由于身体原因间断性地打工，缺乏专业技术，只能做一些零工，收入较低。两个孩子在上学，虽然国家补贴很多，但还是有不少的生活和学习费用支出。大女儿马上面临就业，但是由于学历不高工作不好找，待遇不高。希望大女儿能找到收入好的工作，或者能享受国家待遇继续读书。希望自己身体能好些，多一些本事，政府多给些资金，这样就能改善生活。

通过科技帮扶、技术培训、资金帮扶、危房改造等项目贫困户经济状况有了改善。但是新农合的县域统筹模式带来居民就医困难。缺乏照顾服务、家庭服务和咨询服务增加了贫困户致贫和返贫的风险。希望能通过养老服务和康复服务缓解贫困压力，且加强技能培训以增强就业能力。

罗先生（样本编号 M003，彝族，43 岁）：自从分家以后，单独供养 80 岁老父亲，父亲有高血压、白内障和风湿病。虽然多分得哥哥和姐姐的土地，但自己不得不放弃打工的机会，一边照顾老人，一边发展生产，生活来源主要依靠自己务农收入。2015 年被列为建档立卡户后，享受到了家庭成员新农合免费参保的待遇，有家庭医生签约服务。得到政府对种核桃、养猪、养牛的种畜和技术帮助，收入有了增加。多次参加政府组织的技能培训班，提高了自身素质，收入增加。享受整乡精准脱贫产业发展项目资金 6 500 元。得到政府 C 级危房改造，住房条件得到很大改善。因为距离较近，老父亲看病有时到邻县的县医院，但是却不能报销，花费不少，希望在邻县的县医院也能报销。由于老父亲没人照顾，分家后哥哥和姐姐也不管，村里也没有地方可以去，自己只能放弃打工机会照顾父亲。自己经历过不幸的婚姻，积蓄花光不说还欠下债。现在不出去打工就更难找媳妇。家里劳动力也不足。

吴女士（样本编号 M004，彝族，19 岁）：供养父亲母亲，父亲肢体残疾没有劳动能力，母亲中风常年卧床，也没有劳动力。现在生活来源主要依靠姐妹二人到省外间断性务工和务农收入。2014 年被列为建档立卡户后，享受到了家庭成员新农合免费参保的待遇，有家庭医生签约服务，被列为低保户享受低保补贴和残疾人补贴。得到政府对种核桃、养猪、养鸡的资金帮扶和技术咨询，收入有所增加，参加过培训班，有一定帮助作用。因父母身体原因，不得不外出打工。但是，由于文化水平不高，没有特殊技能，只能打零工和做服务员，收入不高。在外打工时只能由身体残疾的父亲照顾母亲。希望能提供照顾服务，提高低保补贴解决家庭贫困问题。另外，希望通过技能培训获得一技之长，找到好的工作，为家里减轻经济压力。

通过对贫困户进行科技帮扶、技术培训、技术咨询提高其经济生活水平。通过对儿童科技教育培训提升农村儿童的科学文化素养，提高贫困户脱贫概率。城镇化进程加剧了农村的空心化和空巢化，缺失的家庭服务和文化服务对于丰富村民的精神生活、增强其内生动力均不利。

李先生（样本编号 M005，汉族，62 岁）：照顾妻子和孙子。妻子瘫痪在床，没有劳动能力；一儿一女在外地打工，已经在镇上买房并落户镇里，因工作原因将孩子交给他抚养。现在生活来源主要依靠子女二人每月所寄生活费和务农收入。2013 年被列为建档立卡户后，享受到了家庭成员新农合免费参保的待遇，有家庭医生签约服务。得到政府对种核桃和养猪的资金帮扶和技术咨询，收入有所增加，参加过几次培训班，技术提升较快，对提高收入有帮助。自己身体好还可以干活，但是照顾妻子的压力较大，费用较高。孙子在村小学读书并住在学校，学校活动很多（奥秘创客教室），能学到知识，很喜欢在学校。希望孙子以后能到县里读中学，以后会有出息。两个子女工作太忙，只有过年才会回家，平时孙子不在的时候感觉比较孤单，希望村里能举办些活动。现在开始在家里装太阳能装置（光伏扶贫），希望能为家里带来更多收入。

阿先生（样本编号 M006，彝族，42 岁）：家里有母亲、妻子和女儿，身体都很健康，自己以前在外地打工学过泥瓦工，现在村里除了劳作还可以帮其他家做点泥瓦工作挣点钱。母亲和妻子都可以干活，但是缺乏技术。女儿初中毕业后也没有继续读书，在家帮做农活。2015 年被列为建档立卡户后，享受到了家庭成员新农合免费参保的待遇，有家庭医生签约服务。得到政府对种核桃和养猪的资金帮扶和技术咨询，收入有所增加，参加过几次培训班，觉得没什么帮助。享受整乡精准脱贫产业发展项目资金 6 500 元，但是觉得帮助不大。自己不想到外地打工，觉得太苦，但是又苦于没有适合的项目。现在国家政策好，干部还会经常上门慰问，觉得现在这样挺好。

四、M 村精准扶贫社会服务供给的作用分析

（一）M 村社会服务扶贫条件分析

M 村的山地地形为村民脱贫增加了难度。自然条件的限制，导致其难以进行大面积的产业脱贫，土地的经济价值亦限制了其进行土地流转。另外，以彝族为主的少数民族聚居生活方式，难以通过转移劳动力进行脱贫。通过对 M 村村民的基本情况分析，我们发现该村贫困户病残率较低、青壮年劳动力较多、人口流动率较低。这成为省科协进行科技扶贫服务的重要条件。在当地政府基本社会保障兜底、专项扶贫资金到位、危房改造标准达标、组织管理充分保障的条件下，在当地科协和当地政府职能部门的协助下，省科协充分考察当地自然环境和地理条件，以科学技术为支持点、以科技资金为保障点、以科技服务为核心点，实现了特色发展和村民脱贫的内生动力激发。

（二）精准扶贫社会服务供给的优势分析

第一，强化优势产业，开发新兴产业。省科协结合自身优势，充分考察当地优势产业，通过技术指导、专家咨询、种苗发放等方式，强化泡核桃、小麦、红花等优势产业的发展，对养猪、养牛和养鸡等经济养殖进行个性化、常态化和专业化的技术指导，大幅度提高了贫困户的收入。另外，引进"光伏扶贫工程"和"电商惠农平台"，开发新兴科技产业，为贫困户拓展产业发展的新空间。"光伏扶贫工程"以科协投资，培训贫困户维护的方式，让贫困户建立起每年定期收益的"家庭资产"。"电商惠农平台"以电商入驻、科协培训的方式，让贫困户掌握网上销售的技术，获得自主性脱贫的技能，实现传统产业和新兴产业的优势结合。

第二，保障硬件投入，聚集智力资源。除了地方政府的硬件投入外，科协参与实施美丽乡村建设，对环村公路、村内硬化道路、排污管道、翠湖、跳菜广场、标准化卫生室、党建活动室、"奥秘创客教室"、"中学科技馆"、"科技小院"等硬件设施进行了资金投入、技术投入和文化设计。通过文化和科技的硬件投入有效保障了本村优美的村貌和优良的村风，为科技社会服务打下了坚实基础。通过"厕所革命"和"厨房革命"，打造美好乡村人居环境和良好生活习惯的物质基础。另外，省科协将其协会单位、省科协机关、科普资源信息中心、省科技馆、省青科服务中心、省科协进修学院、省科普工作队和广大科技工作者进行智力资源链接，实行科技干部对户帮扶和驻点帮扶相结合，为科技服务提供智力保障。

第三，助力培训服务，拉动教育服务。M村的全面脱贫摘帽在很大程度上得益于省科协的科技社会服务。在脱贫攻坚期间，通过培训就业增强自身发展力，解决贫困户技术难题，麻栗村共举办9期劳动技能培训，其中贫困户参训1 370多人次（种植技术770人次、养殖技术500人次、劳动力转移培训108人次）。科技人员到组到户讲解科技知识，进行科技服务，贫困村民实现技能提升、生活改善、赋权增能。省科协的科技服务逐渐形成"以劳动力科技培训为主体、以青少年科技教育促发展"的全民性、实用性和发展性服务体系，全面增加、提升和培养了贫困者的科技知识、科技素养和科学精神。

（三）精准扶贫社会服务供给的劣势分析

第一，科技服务成效慢，技术培训方式较单一。虽然M村贫困户的健康劳动力较为充分，但是平均受教育水平过低，以致在接受科技服务过程中因科技服务水平参差不齐，效果也大相径庭。培训中仅就急需技术进行技术指导和培训，缺乏具有系统性和发展性的培训设计。培训与技术认定不挂钩，难以最大限度激发贫困户自身动力。培训结果没有与就业信息和就业单位进行对接，培训成果缺乏输出效应。

第二，养老服务成空白，健康服务较缺乏。M村与许多山区贫困村一样，缺乏应有的养老服务。这势必造成大量老年人须依靠家人进行养老，在很大程度上分散了劳动者脱贫的劳动时间，给贫困户带来养老成本和时间成本压力。虽然家庭医生签约制度已经实施，但受到医疗资源紧缺的影响，大多数居民缺少健康服务，老年人和残疾人缺乏康复服务，这在未来M村老年人口增加后容易造成因病返贫的情况。随着城镇化步伐加快，农村空心化会加剧，养老服务和健康服务的缺乏会加剧贫困状况。

第三，文化服务欠开发，社区服务显落后。虽然省科协专门以当地民族文化为基础，进行了以彝族文化为主体的乡村文化建设，但是该项建设工程还停留于表面，并未内化为M村的文化内涵。这其实反映出M村缺乏统一和科学的社区服务，包括社区自组织建设、社区文化服务、社区咨询服务、家庭服务等以社区工作人员和自组织者为核心的社区服务。加之，村民居住较为分散，更加剧了乡村传统文化失落和社区服务缺失的劣势，使得村民缺乏内在凝聚力。

第三节　公共部门在精准扶贫中的社会服务作用分析

一、公共部门精准扶贫社会服务供给的机制分析

（一）"压力动员，多维考核"的扶贫社会服务行动机制

从国家精准扶贫的政策和立场来看，过度的贫富分化对国家的政治合法性和社会主义国家叙事构成了威胁，因而构成了国家对贫困的问题化界定①。从我国行政部门评价来看，在将精准扶贫列为国家问题之时，我国自上而下的政府动员机制就对脱贫目标和脱贫行为进行层层考核，以"压力型政府"的方式对各级政府和官员进行动员。从各职能部门官员到挂职干部，以"军令状""责任书"和"协议书"的形式对各级各类官员进行压力动员和晋升激励。各级官员以空前的动力和压力投入到精准扶贫工作中，据统计，截至2019年6

---

① 王雨磊. 精准扶贫中的家国关系 [J]. 人文杂志, 2018 (12): 106-113.

月底，在脱贫攻坚前线共有 770 多名扶贫干部牺牲①。从评估方式来看，该行动机制包括省级党委和政府扶贫成效考核、财政扶贫资金绩效考核、贫困县脱贫摘帽评估、第三方评估、东西部协作评估、定点扶贫工作考核和部门行业扶贫工作考核②；从评估过程来看，该行动机制包括成效评估和脱帽评估；从评估行为来看，该行动机制包括贫困识别、扶贫资金、扶贫材料等内容评估。可见，压力型和多元性的行动机制为精准扶贫提供了重要的制度保障。

（二）"纵向到底，横纵协作"的扶贫社会服务供给结构

精准扶贫的社会服务供给结构框架并非传统的"自上而下"的行动模式。这种模式既不采取项目制、行政包干制，也不是纯粹的科层常规治理，而是混合了行政性、政治性、常规性和运动性③。从供给结构来看，精准扶贫社会服务形成了"横纵交错"的框架结构。从纵向结构来看，精准扶贫从中央政府、省级政府、地市政府、县级政府、乡镇政府到村级政府均提供了统一行动的五级社会服务供给体系。精准扶贫的最重要特征是国家扶贫政策精准对接家户，那些在贫困线以下的民众成为精准扶贫的政策对象④。五级服务供给体系最终精准到户，实现了服务供给的个性化和资源调动的精准化。在 D 区的精准扶贫体系中，就是这种精准到户的五级服务体系保障了扶贫资源的精准供给。从横向结构来看，除了政府行政部门，包括党政部门、群团组织、国有企业、人大、政协等一切能调动的公共部门资源均调动并形成强大的横向资源网络，各自发挥其在不同领域的优势功能。在 M 村的精准扶贫体系中除了当地政府的纵向精准帮扶外，科协系统的科技扶贫服务为当地脱贫提供了强大的科技支持。可见，"横纵交错"的扶贫社会服务供给结构有效打破了传统层级纵向结构的动力单一和机制僵化的劣势，更利于各公共部门发挥资源优势。

（三）"就业赋能，科技增效"的扶贫社会服务治理工具

鉴于贫困地区基础设施建设薄弱和资金短缺的现实，精准扶贫在全面脱贫的阶段还是"重现金，轻服务"。但是，伴随"后脱贫时代"的到来，"扶志扶智"成为激发内生动力的重要目标，社会服务则成为贫困治理的主要工具。其中，见效明显的就业服务和科技服务成为主要的社会服务内容，也是各地重

---

① 扶贫办. 截至今年 6 月底 770 多名扶贫干部牺牲在脱贫攻坚战场 [EB/OL]. (2019-10-18) [2021-04-16]. https://new.qq.com/omn/TWF20191/TWF2019101800067700.html.

② 郑功成. 中国社会保障发展报告 2018 [M]. 北京: 中国劳动社会保障出版社, 2019: 143.

③ 王春光. 政策执行与农村精准扶贫的实践逻辑 [J]. 江苏行政学院学报, 2018 (1): 108-117.

④ 王雨磊. 数字下乡: 农村精准扶贫中的技术治理 [J]. 社会学研究, 2016 (6): 119-142.

点发展的服务工具。通过就业信息传递、就业岗位供给、就业技能培训、就业转移服务等就业社会服务为贫困者提升就业能力和内生动力创造有利条件，具有巨大的积极福利效应。通过科技信息宣传、科技知识讲解、科学技术指导、科技理念传播等科技社会服务为贫困者提升科技素养和增收致富带来直接效果，从根本上帮助贫困户建立起强大的技术后盾和后发动力，具有明显的社会投资价值。但是，社会服务是综合性工具，其具有见效慢、投资周期长、社会性强和经济性弱的特征，这让许多公共部门更愿意选择那些易于考核和见效快的社会服务项目。因此，社会服务的治理工具，在广大的贫困地区还有待发掘。

二、公共部门社会服务在精准扶贫中的优势分析

（一）目标精准定位，执行控制有力

精准扶贫是党和政府的工作目标和政治任务，其目标定位的精准性和政策执行的保障性是超越以往扶贫措施的主要优势。从中央到地方再到贫困户，脱贫目标定位精确到每户贫困户，细化到个体化农作物和牲畜的培育，目标明确到年度和季度，直到2020年全面脱贫摘帽，实现了纵向层级目标精准分解落实，横向部门目标精准定位到人。在目标精准定位可行的保障条件下，对社会服务供给的执行控制使得精准扶贫效果有了保障。在服务对象方面，对未脱贫户、已脱贫户和非建档立卡户按类别精准施策。在服务措施方面，采取社会保障兜底、技术服务创收、就业服务铺路、健康服务补充的多元服务供给措施。在服务流程方面，运用协议签订、流程公开、奖惩并举的科学管理方法。因此，在横纵目标精准定位的前提下，对服务对象、服务措施、服务流程进行精准控制，让精准扶贫成效在服务供给过程中得到有效维护。

（二）组织保障到位，服务精准到家

我国精准扶贫在公共部门的组织保障方面具有巨大的优势，这使得扶贫人力资源的保障得到空前强化。从中央到地方，从政府机关、事业单位到国有企业，基本上所有公共部门工作人员均参与到精准扶贫工作中。在党委领导下，扶贫办、民政部门、人社部门、卫生部门、房管部门、财政部门等职能部门形成强力的扶贫组织整体，统一调配，统一行动，最终形成了政府行政部门的组织行动保障模式。在组织形式方面，各公共部门形成了"定点帮扶""对口帮扶""干部驻村""干部驻点""挂联干部"等精准帮扶的组织形式，做到了精准扶贫"无死角"。从扶贫实践来看，组织保障到位体现为服务精准到家。在组织制度方面，M村的扶贫干部作为一线工作人员要求做到包户结对帮扶全

覆盖，签订"生死责任状"①，实施"五天四夜"工作制②，建立微信管理制度。在服务到家方面，扶贫干部入户服务提供政策咨询服务、就业信息服务、技术支持服务、心理支持服务、出谋划策服务等。由此可见，在强力的组织保障下，公共部门扶贫干部到家服务的方法真正体现了精准帮扶，让每一个工作人员都成为服务的供给者，可以说扶贫干部就是全方位和全天候的服务供给者。

（三）资源供给充足，治理联动有序

精准扶贫是党和国家的政治行动，也是全面建成小康社会的国家目标实现方略。对资源的供给采取了全国各行各业集体动员方式，实现了资源的充足供给。从资源供给内容来看，资金供给、项目供给、技术供给、服务供给、人力供给、制度供给做到应保尽保。从资源供给渠道来看，公共部门中科教文卫系统均发挥各自专业优势参与到资源供给中。在扶贫资源供给中，各级政府部门将扶贫保障资金作为重点进行供给，甚至在必要时采取牺牲经济发展资金的措施。各类公共部门采取政府财政拨款、自有盈利资金帮扶和员工捐款等多渠道方式保障扶贫款项到位。在党中央和各级党委的领导下，我国精准扶贫以党委领导、扶贫部门统筹、各职能部门资源整合的方式进行贫困治理，实现了各渠道资源的有序联动。

三、公共部门社会服务在精准扶贫中的劣势分析

（一）过度化动员产生形式主义，挤压扶贫有效空间

在行政压力体制下，地方政府为求扶贫政绩，在行政动员上往往表现为"从重、从严、从快"的过度动员行为，容易出现"间歇性、单一性、过快性"的缺陷③。第一，地方公共部门迫于上级部门"从重"的扶贫考核，在脱贫对象的评估过程中，出现"错评""漏评"和"错退"的现象，导致精准帮扶服务不到位，影响了扶贫效果和公共部门的公信力。第二，地方公共部门在完成上级脱贫时迫于"从严"的扶贫标准，脱离本地实际情况制定要求，在评估时难以完成，出现"数字脱贫""虚假脱贫"和"形式脱贫"的现象，导

---

① "生死"责任状：若不能按期完成脱贫攻坚目标，县处级干部主动辞职、不再使用；乡科级干部就地免职，不再使用；一般干部调到乡镇工作，不再调回县城工作。

② "五天四夜"工作制：扶贫干部全部下沉到村组，吃住在村组，每周在村组工作5天，在村组住宿4晚。

③ 刘磊，吴理财. 精准扶贫进程中地方政府的动员式治理及其改进——鄂西H县政府扶贫行为分析 [J]. 南京农业大学学报（社会科学版），2019（1）：40-48.

致脱贫服务走形式，扶贫实效难显现，扶贫资金和人力投入难以实现有效利用。第三，扶贫实践的公共部门迫于"从快"的扶贫速度要求，将扶贫项目集中于短期内产生明显效益的形象工程，出现"扶假贫""假扶贫"的现象从而导致这样的不良结果：倾向于短期内见效快的产业项目，而忽视长期积极扶贫的文化建设和生活方式的调整；扶贫项目集中于容易评估的硬件公共基础设施建设，而忽略软件社会服务项目投入；扶贫形式注重资金直接和间接给予，而忽略内在驱动力建设。因此，虽然动员式扶贫可以加速资源整合，提升扶贫效率，但过度动员将使得扶贫具有操作过程的间歇性、脱贫工具的单一性、脱贫节奏的过快性。

（二）单一性目标造成结果偏差，导致脱贫供需矛盾

精准扶贫设立的"两不愁三保障"目标偏重于对经济性和基础性的保障设定，而且扶贫目标群体偏重于建档立卡户，特惠性特征明显，单一性的脱贫目标和脱贫群体的服务供给与多样性以及多元化的贫困群体需求形成突出的矛盾。第一，经济性目标的短期性容易加剧返贫现象的出现。贫困是一个多元概念。在反贫困过程中"重现金、轻服务"的经济性供给方式忽视了贫困户在文化生活、家庭照顾、心理服务、康复服务等方面的多元需求，当经济救助政策减弱时，返贫现象将凸显。第二，基础性供给叠加容易浪费资源，造成福利依赖。基础性贫困需求易在短时期满足，受扶贫评估短期性特征的影响，多方扶贫主体更愿意针对基础性贫困需求进行集中供给，造成了福利供给叠加的反贫困资源浪费。当反贫困进入"后脱贫时代"，扶贫面对的是相对贫困群体。基础性扶贫的福利效应将出现弹性递减情况，对于基础性需求的依赖将加重福利依赖现象。第三，扶贫对象的单一性特征将加剧"贫困悬崖"效应。当前贫困人口与边缘贫困人口、贫困人口与非贫困人口、贫困村与非贫困村之间的政策悬殊较大、差异明显，过于重视根据贫困户身份出台扶贫措施，缺乏普惠型的、以实际需求为标准提供保障的扶贫举措[①]。一方面，这容易造成贫困群体对制度公平性的质疑，拉大贫富差距。另一方面，差异化的贫困群体政策容易加剧边缘贫困群体的贫困程度，从总体上削减反贫困效应。

（三）生产性服务形成被动补偿，内生动力发展不足

鉴于单一性扶贫目标的定位，目前反贫困社会服务的供给逻辑还是在对现有福利供给情况分析的前提下，进行补缺性和补偿性的供给，属于消极福利性

---

① 王瑜. 脱贫攻坚要防治悬崖效应 [J]. 清华大学中国农村研究院"三农"决策要参，2018（5）.

质。现有社会服务主要集中于就业服务、技术服务和健康服务。第一，现有社会服务供给积极性体现不足。就业服务供给依赖于对现有劳动力就业现状和意愿的分析，虽以能力扶贫为目标，但在服务计划时缺乏前瞻性的市场分析；技术服务供给依赖于当地优势产业和贫困户文化水平的分析，虽以科技扶贫为目标，但在服务供给时缺乏内生性动力激发和创意性探索；健康服务供给依赖于现有卫生资源和居民疾病特征的分析，虽以健康保健为目标，但在健康习惯养成和健康知识获取方面缺乏有效措施，难以形成健康生活意识。可见，虽然以"扶贫先扶智"的理念为先导，但是现有的社会服务依然是一种补偿性的供给模式。第二，缺乏长效性的社会服务供给项目。贫困户的内生动力激发是一个漫长过程，需要以贫困社区为扶助单位，进行全方位的发展性社会服务供给。从服务项目来看，具体缺乏如下社会服务供给项目：能力开发和学历教育相匹配的就业服务、技术提升和创业激发相结合的科技服务、康复保健和意识培养相结合的健康服务、文化传承和乡风文明相结合的文化服务、社会团结和社区文化相结合的社区服务、创新产业和资产建设相结合的资产服务。从整体性和预见性的角度来看，这些项目的结合将从根本上提升贫困者的内生动力。

第六章 市场主体在精准扶贫中的社会服务供给

多元主体参与精准扶贫是打赢精准脱贫攻坚战的重要举措。进入"后脱贫时代"，以政府为绝对主体的精准扶贫模式开始转向更具持续性的多元主体协作扶贫。市场主体以其灵活性、适应性和互利性的特征在精准扶贫的社会服务供给中的重要性日益凸显。一方面，以央企为代表的大批国有企业参与精准扶贫；另一方面，大批民营企业进入精准扶贫行列。2015 年国务院扶贫办、全国工商联、中国光彩事业促进会发起"万企帮万村"精准扶贫活动。2018 年 6 月底，进入"万企帮万村"精准扶贫行动台账管理的民营企业达 5.54 万家，精准帮扶 6.28 万个村（其中，建档立卡贫困村 3.99 万个），帮助 755.98 万建档立卡贫困人口；产业投入 597.52 亿元，公益投入 115.65 亿元，安置就业 54.92 万人，技能培训 58.31 万人①。市场主体参与精准扶贫的项目主要包括产业扶贫、就业扶贫、易地搬迁扶贫、教育扶贫、健康扶贫、生态保护扶贫、社会扶贫等，其中健康扶贫、就业扶贫、社会扶贫和教育扶贫属于社会服务内容，在"市场主体精准"中作用明显。从主体属性和管理来看，国有企业属于国家公共部门管理部分，具有公共性和市场性双重属性，而民营企业具有纯市场性，其市场主体特征更为明显。本章以民营企业"天齐锂业"（上市公司）为个案，重点研究其在精准扶贫中健康社会服务的供给过程。

第一节 市场主体在精准扶贫中的社会服务供给机制
——基于"天遂项目"的分析

营利性是市场主体的根本属性，在市场竞争中获利是其生存法则。精准扶

---

① 钟宏武，汪杰，黄晓娟，等. 中国企业扶贫研究报告（2018）［M］. 北京：经济管理出版社，2018：3-5.

贫行动具有明显的福利性和慈善性特征，这决定了公共部门和社会主体成为其行动主体的天赋使命。在我国社会主义市场经济体制下，按照控制权主体来划分可将市场主体细分为国有企业和民营企业。我国国有企业掌握国民经济命脉，在市场经济中占据主导地位，在精准扶贫中负有资源供给和资金保障的责任。因此，国有企业精准扶贫体现出公共性和福利性的特征，更具有公共部门特性。然而，民营企业的精准扶贫并非公共行为，而是基于企业社会责任的慈善行为和商业行为，其社会服务供给机制与国有企业截然不同。可见，民营企业的反贫困社会服务供给更能体现市场主体的供给特征。因此，课题组于2020年1月借"天齐锂业"精准扶贫的"天遂项目"评估之机，对项目在四川省遂宁市的执行情况进行调研，并进行个案分析。

一、"天遂项目"概况分析

（一）项目源起

"天遂项目"是四川省天齐锂业股份有限公司（简称"天齐锂业"）于2016年底在四川省遂宁市开展的为期3年的精准扶贫健康扶贫项目。"天齐锂业"是一家以锂为核心的新能源材料企业，于2010年成功登陆A股（SZ.002466），2014年控股全球领先的锂矿资源澳大利亚泰利森，2018年成功竞购世界锂业巨头智利化工矿业公司（SQM）25.86%的股权，成为亚洲最大、全球前三的锂生产商。从一个县域亏损企业转变为世界锂行业龙头公司，"天齐锂业"创始人蒋卫平先生本着从遂宁走出、感恩遂宁的报恩精神，以帮助老百姓脱贫致富的初心投入到企业脱贫攻坚的事业中。遂宁市共有贫困村323个、建档立卡贫困户85 075户、贫困人口212 425人。从贫困户致贫原因来看，当地贫困人口因病致贫比例高达63.02%，健康扶贫是遂宁市脱贫攻坚中最难啃的一块"硬骨头"。鉴于遂宁市健康扶贫的重要性和紧迫性，"天齐锂业"从健康社会服务入手开展精准扶贫项目。

（二）项目过程

2016年12月29日，天齐锂业同遂宁市人民政府正式签订捐赠协议，计划3年分3期共捐赠1 000万元人民币（此后根据实际情况需要追加200万元）用于实施遂宁市健康扶贫"三大工程"。"三大工程"包括：3年内修建30个"联村示范卫生室"；在300多个贫困村落开展"村医能力提升"服务；每月组织100名"医疗专家支医"。通过这三大工程逐步实现贫困群众"平时少生病、看病少花钱、大病有救助、生病不致贫"的目标。全市农村贫困人口基本医疗服务保障水平得到大幅度提升，已脱贫人口无一例因病返贫。在"后脱贫时代"，"天齐锂业"开启扶贫项目衔接工程。以"联村示范卫生室"为支撑，进行精准扶贫与乡村振兴的衔接，不断完善集中安置点的功能配套。2019年"天齐锂业"再捐资200万元用于天遂中坪联村卫生室所在地射洪县（今射洪市）中坪村实施乡村振兴项目，计划推进中坪村人居环境的改造，补齐其公共服务短板，从而推动中坪村经济发展和群众生活改善。

（三）相关项目

"天齐锂业"还通过慈善资金捐赠的形式向贫困地区进行基础设施建设、教育扶贫和灾害救助。参与基础设施建设，2017年5月，为射洪县香山镇桃花河村（贫困村）捐资200万元，修建跨河桥。跨河桥于2018年5月建成通车，惠及9个村1.2万余名群众。助力教育扶贫，2017年6月，在四川省阿坝州教育局的支持下，推进"加油计划"课程，为"6·24"茂县泥石流灾区10所小学捐资180万元，援建现代化多媒体教室。帮扶灾害困难群众，2017年8月，向九寨沟县保华乡等六个乡镇捐赠100万元，用于在九寨沟7级地震中受损严重的45户农户实施"农房改造"项目。2016年以来，"天齐锂业"为脱贫攻坚事业累计捐赠资金1 900余万元。

二、"天遂项目"精准扶贫目标建构

（一）价值导向

从社会服务主体看，民营企业参与精准扶贫更体现了企业社会责任和对企业的影响力投资。精准扶贫中社会服务扶贫与产业扶贫的价值存在差异：产业扶贫具有经济责任和慈善责任共存的特性；而社会服务扶贫难以产生直接的经济价值，更多体现为慈善责任。通过对873个上市公司样本2016年和2017年扶贫资金投入的情况分析发现：上市公司共投入扶贫资金80.47亿元。其中产业扶贫投入42.16亿元，约占扶贫资金总额的52.39%，位列第一；而健康扶贫投入1.63亿元。可见，大多数上市企业（包括国有企业）以现金形式表现的产业扶贫胜过社会服务。而且，消费者口碑敏感型行业的上市公司更愿意实施精准扶贫行为，更愿意从其具有专业特长的行业进行帮扶[1]。然而，"天遂项目"以健康服务为切入点改变了传统市场主体精准扶贫的介入方式。其创始人将"回馈社会"的价值理念内化为企业的社会责任，此时社会责任就是慈善责任。其目的在于通过健康服务供给改变贫困者行为模式和政府的扶贫模式。

---

[1] 杜世风，石恒贵，张依群. 中国上市公司精准扶贫行为的影响因素研究——基于社会责任的视角 [J]. 财政研究，2019（2）：104-115.

企业承担社会责任的方法有多种。从形式上看，企业可以通过捐赠和参加慈善活动回馈社会，承担社会责任；企业也可以通过向公众提供优质、廉价的公共服务承担社会责任；企业还可以通过重整业务流程，降低企业对环境、社会的负面影响，承担社会责任①。"天遂项目"通过提供社会服务和对政府公共服务流程进行整合实现了慈善价值导向。

从社会服务对象看，市场主体参与精准扶贫体现出投资性的价值导向。"天遂项目"聚焦于健康服务项目就是希望通过对基层医疗资源的整合，给贫困户提供常态化和预防性的健康知识宣传、健康状况监测、健康保健服务，将健康风险进行积极化解。通过投资贫困乡村医务人员智力资本，对村医进行人力资源培训，实现乡村医生增能；通过引进优质医疗人力资源，实现医疗技术和水平提升。可见，无论是贫困者生活方式和健康理念的改变，还是医疗资源和医疗水平的提升，市场主体的健康服务均具有明显的投资性特征，属于积极福利价值范畴。

（二）福利分配

与公共部门的选择性直接个体福利分配不同，"天齐锂业"市场主体选择普惠型间接整体福利分配。民营企业的精准扶贫不受公共部门的行政绩效考核，亦不受公共责任的束缚，在扶贫目标定位和福利分配过程中取决于企业的社会责任定位和供给方式。"天遂项目"的福利分配具有明显的普惠性、间接性和整体性。"天遂项目"的资金投入不以建档立卡贫困户为分配依据，而是将福利惠及所有贫困地区居民，这既包括贫困户也包括非贫困户。与公共部门直接精准到户的精准帮扶不同，"天齐锂业"受限于专业特征，在福利资源分配时通过与卫健部门、卫生所和医务人员对接，以间接的方式进行帮扶。"天遂项目"是"天齐锂业"与遂宁市卫健委的合作项目，在项目规划和资源分配时，需要进行整体规划和协调分配。通过整体性资源规划，分析当地医疗资源供需状况，将优势资源集中，进行科学化福利资源分配。

（三）具体目标

虽然"天齐锂业"的社会责任更倾向于慈善责任，但在实践过程中亦达到了企业影响力提升的目的。故而，可以从健康服务供给主体和客体两方面目标来确定。从供给主体来看，"天齐锂业"社会责任部在"天遂项目"的投入期中每年均设定了具体目标，从 2017 年开始分 3 期进行"三大工程"建设，

---

① 郭沛源，于永达. 公私合作实践企业社会责任——以中国光彩事业扶贫项目为案例 [J]. 管理世界，2006（4）：41-47.

设定具体项目目标。另外，通过"天遂项目"号召企业员工积极参与志愿活动，有效培养员工的志愿精神，增强对企业的归属感。而且，通过广泛的活动介入有效实现了对企业的影响力投资，提升了社会声誉。从供给客体来看，"三大工程"的近期目标是通过健康服务提升贫困户的身体素质和健康状况，给予更加科学和有效的医疗帮扶，保障脱贫户不因健康问题而返贫。具体目标包括医护人员的数量、服务项目及次数、卫生室病床及医疗器械配备、服务人群数量和范围、服务质量和反映等。从远期来看，健康服务的扶贫方式可以从人们的生活方式、健康理念和健康知识等方面进行考量。具体目标包括入院比例、医养结合水平、就医速度、保健设施配给等。

三、"天遂项目"精准扶贫的行动逻辑

（一）组织形式

第一，"商业赋能"逻辑，发挥市场效率优势。在精准扶贫服务供给领域，市场主体因经济主体的效率导向惯性，更趋向于在服务供给过程中降低成本，扩大效益，实施科学管理。这恰好是优于公共部门以公平性为导向的行动逻辑的优势所在。"天遂项目"在设计之初就引入科学管理的标准化和规范化思路对"三大工程"进行总体规划，以商业的逻辑对扶贫项目赋能。从项目发展的标准化、可复制化和可持续化方面进行构思，在硬件设施建设和人才梯度培养方面实现标准化管理。这种以商业管理的模式进行扶贫服务的在地化创新实践，体现在 30 个联村示范卫生室的不断"克隆"与发展中，最终以规范化操作模式实现效率提升。

第二，"公私合作"逻辑，实现资源合理配置。公私合作是建立在商业运作框架上的企业社会责任行为。在这一框架中，企业、政府以及其他利益相关方的责、权、利都能得到合理配置①。在精准扶贫社会服务领域，公私合作的逻辑更是一个高效的运作体制。"天遂项目"实现企业与政府联手共建"联村示范卫生室"，由遂宁市卫健委提供技术指导，乡镇卫生院统一管理，一级带一级、一级抓一级、层层抓落实。另外，"天齐锂业"专门组建社会责任部，以独立部门的形式进行"天遂项目"的政府对接和项目管理。从项目设计、项目实施、项目评估全程与地方卫健部门和医疗单位共同进行项目建设。通过合作形式市场主体实现了对公共部门的资源优势互补和治理意愿的唤醒。

---

① 郭沛源，于永达. 公私合作实践企业社会责任——以中国光彩事业扶贫项目为案例 [J]. 管理世界，2006（4）：41-47.

第三，"以小搏大"逻辑，实现资源有力撬动。市场资源相对于公共资源和社会资源显得力量单薄，唯有通过撬动更广域资源才能整合有效力量。一是撬动卫生系统资源，实现市场主体与公共卫生系统的整合。通过整合各村和乡镇医务人员资源和医疗设备资源，以联村示范卫生室的形式进行医疗资源整合。二是撬动民政系统资源，实现市场主体与多元公共系统的整合。以"医养结合"的形式将民政系统资源和卫健系统资源与市场主体资源进行整合。天遂金井联村卫生室和"养老中心"联建，探索"医养结合"创新模式，为新农村提供医、养、护一体化服务就是典型代表。三是撬动社会资源，实现健康资源线上线下资源系统整合。以联村卫生室为服务终端点，各地优势医疗资源为服务供给点，将各地优势医疗资源进行网络资源线上整合和医生驻点线下整合。例如遂宁市第一人民医院已在天遂拱市联村卫生室开通"空中医院"，打破空间和时间的限制，形成"互联网+远程医疗"的医疗服务模式，为患者节约看病时间和医疗费用。

（二）筹资渠道

民营企业缺乏公共财政支持和慈善资金筹集资格，其扶贫资金的供给在很大程度上只能依靠企业经营收入。企业效益好时能得到扶贫资金的保障，但是当企业亏损时削减扶贫资金成为不情愿的必然选择。"天齐锂业"正是看到市场主体筹资的先天性不足，在"天遂项目"实施时采取"专项资金+资金撬动"的模式进行"赋权式"资金筹集，以期能激发公共部门的筹资意愿从而实现扶贫资金的持续增加。一方面，"天齐锂业"社会责任部设立健康服务专项扶贫资金。"天遂项目"3年分3期共捐赠1 000万元人民币用于实施遂宁市健康扶贫三大工程，其中每个联村示范卫生院对口帮扶20万元。之后根据联村卫生院的实际需要又追加了200万元。另一方面，民政部门和卫健部门实现资金撬动。民政部门通过医养结合的形式对医养中心每年投入200万元进行经营和维护。卫健部门对联村卫生院进行常态化医保补贴和"十免四补助"①。通过市场主体的专项资金投入和公共部门的常态化资金投入，保障了扶贫社会服务的资金供给。

（三）监督评价

"天遂项目"引入第三方评估，采取中期"过程性评估"和后期"结果性

---

① "十免四补助"指对贫困人口就诊免收一般诊疗费、院内会诊费，免费开展白内障复明手术项目，免费艾滋病抗病毒药物和抗结核一线药物治疗，免费提供基本公共卫生服务、妇幼健康服务、巡回医疗服务，免费药物治疗包虫病患者，免费提供基本医保个人缴费，免费实施贫困孕产妇住院分娩服务；对手术治疗包虫病患者、符合治疗救助条件的晚期血吸虫病人、重症大骨节病贫困患者以及进行手术、康复训练和辅具适配的0~6岁贫困残疾儿童给予对症治疗补助。

评估"相结合的方式保障项目的有序进行和考核服务成效。"天遂项目"采取科学和有效的第三方评估模式,在通过中期评估后追加 200 万元进行后期建设,并适时调整健康服务方案。对于正在进行的后期评估,这将决定"天齐锂业"对该项目的发展方向或新项目的建设目标及具体方案。

项目中期评估(第二期"三大工程"结束时),"天齐锂业"聘请 ABC 美好社会咨询社第三方咨询机构对项目成效进行了客观的评估。对项目的适当性、成效性、过程性进行了整体评估,为联村卫生室的后续运营及以此作为支点发展农村新业态的规划打好基础。

项目后期评估("三大工程"全部结束时),"天齐锂业"聘请电子科大慈善与社会企业研究中心运用 GRI-G4 可持续发展评价方法于 2020 年 1 月进行第三方结果性评估①。该评估从项目的可持续性发展入手从卫生室组织结构的合理性、利益相关者的参与性、卫生室管理的科学性、工作人员行为的规范性、项目效果的作用性、组织发展的可持续性等方面进行全方位评估。评估过程由"天齐锂业"社会责任部牵头,遂宁市卫健系统组织协调,电子科大慈善与社会企业研究中心负责评估,项目点负责人和项目点所在村(乡镇)行政负责人配合共同完成。先由联村示范卫生室负责人参照 GRI-G4 可持续发展报告模板并结合自身情况撰写报告完成自评(GRI-G4 可持续发展报告模板详见本章附录 4);之后由各方人员实现"四方联动"对项目点根据报告内容进行逐项实地评估;最终由第三方形成项目报告书并呈交"天齐锂业",再决定是否进行项目终止或项目追加。

四、"天遂项目"精准扶贫健康服务供给的制度分析

"天齐锂业"采取"共同出资,卫健主管,公私合作,多元共治"的模式进行健康服务供给,以"联村示范卫生室+村医能力提升+医疗专家支医"的"三大工程"为支点开展扶贫项目。3 年内修建 30 个"联村示范卫生室",在300 多个贫困村落开展"村医能力提升"服务,每月组织 100 名"医疗专家支医"。通过"三大工程"逐步实现贫困群众"平时少生病、看病少花钱、大病有救助、生病不致贫"的目标。

---

① 2013 年 5 月全球报告倡议组织(GRI-Global Reporting Initiative)发布 GRI G4 可持续发展报告指南,以促进所有公司和组织报告重要的可持续信息,并提高可持续报告的相关性和质量。GRI G4 由两个相互关联的部分组成:第一部分,报告原则和标准披露——报告哪些内容;第二部分,实施手册——如何编写报告,包括与第一部分的链接、其他指南的参考和术语。

（一）创新健康服务模式，建设"联村示范卫生室"

在我国乡村传统健康服务模式是：以村卫生室为基础，配置全科医生治疗常见小病；以乡卫生院为依托，收治微重病人住院，并提供转诊方案；以县医院为重点，进行分科治疗，并提供全面的收治工作。然而，我国医疗资源分布不均的现状和分级诊疗制度的不健全，决定了村卫生室和乡村卫生院医疗资源极其稀缺，尤其是缺乏优质的医疗资源。这导致村民"小病抗，大病等"，等出现严重病症时往往需要到县级及以上的医院进行救治。特别是在贫困地区，医疗资源稀缺的情况更加严重。虽然，精准扶贫的考核目标明确提出"村村建设卫生室"的要求，但是医疗资源并未增加，这只会分散本就稀缺的医疗资源、加剧健康服务的危机。

"联村示范卫生室"的成立是以"整合"而非"分散"的方式创新健康服务模式。突破传统行政村设村卫生室的模式，以区域、地域为中心，以方便群众就医为核心，跨村、跨乡甚至跨县设置联村卫生室。功能布局严格按照医疗服务标准流程设置，确保功能齐全、流程合理。卫生院选择农村常住人口多、交通便利、辐射范围广的地方，按照"小乡镇卫生院"的功能修建 30 个联村示范卫生室，夯实基层医疗卫生服务"网底"，配合政府建设医疗卫生公共事业基础设施，缓解基层群众"看病难"问题。截至 2019 年 9 月，全市已有 20个"联村示范卫生室"投入使用，覆盖 100 余个村落，惠及人口约 19 万人，累计门诊就诊 4 万余人次，住院治疗 0.18 万余人次。"联村示范卫生室"开诊，不仅大大缩减了居民日常就医的时间和费用，更推动了分级诊疗制度在农村社区的落实，确保广大村民能就近得到基本医疗和公共卫生服务，让贫困群众"看得起病，看得好"，真正做到"小病不出村，大病不出县"，在实现医疗资源优势分布的同时，节约了医疗成本和村民的看病成本。

（二）激活在地医疗资源，实施"村医能力提升"

医疗资源的稀缺不仅体现在医疗设施设备不足上，也体现在正规执业医师缺少上。贫困乡村医疗设施缺乏、收入待遇差、职业发展受限、生活不方便，成为医师少的主要原因。一方面外来资源难以引进，另一方面本地培养的优秀医师难以留下。一直以来，在我国乡村凭借祖传医术和非正规化学习的乡村医生（或称"赤脚医生"）承担着重要的医疗任务，部分乡村医生成为当地重要的医疗资源。但是由于缺乏系统的医学知识学习，乡村医生提供医疗服务存在医疗事故的风险。

因此，"天齐锂业"通过对遂宁乡村医疗机构的全面调研，以问题导向，全面掌握当地疾病谱、村医数量和村医专长，实施"村医能力提升"工程。

本工程采取专业理论培训（3天）、实践技能培训（4天）和临床进修学习（7天）的方式对贫困村乡村医生分批开展为期14天的全脱产集中培训，以提高贫困村乡村医生的专业服务能力和管理能力。截至2019年6月，组织了约300个贫困村316名乡村医生开展为期半个月的全脱产集中培训。针对专业理论培训、实践技能培训、临床进修学习三大学习板块，分别开展了"理论考试""技能比武""舞台亮剑"三类比赛。通过实施"村医能力提升"工程，贫困村乡村医生进一步掌握了医疗活动中的新技能。

（三）整合优势医疗资源，实施"医疗专家支医"

除了基础医疗资源的稀缺外，优质医疗资源稀缺在贫困乡村显得更为严重。由于缺乏丰富的临床经验和系统知识，乡村医生和本地医师面对重疾病症和疑难杂症时容易出现误诊和错过最佳治疗时期的风险。

"天齐锂业"在完善基础医疗卫生基础设施、提升当地村医诊疗能力的同时，还从城市大医院邀请、聘请、组织医德高尚的医疗专家，每月开展"一对一"（一名专家对一个贫困村）、"人对人"（一名专家对贫困村一名乡村医生）帮扶，让贫困村居民足不出村就能享受到城市大医院、大专家的医疗服务。同时，配合遂宁市政府，参与组织"两高人才"（高职称——副主任医师、主任医师；高学历——硕士研究生、博士研究生）328人下乡支医，除了免费发放药品、物品，专家团也向贫困乡村医生精准施教，为当地群众提供优质的医疗服务。截至2019年10月，专家团累计下乡3 000余次，义诊贫困群众4万余人次，减免费用约50万元。"医疗专家支医"工程不仅满足了农村贫困患者"能治病、治好病"的基本需求，也为基层医疗服务水平提档升质夯实了基础。

第二节　市场主体在精准扶贫中的社会服务供给现状
——基于"联村示范卫生室"的分析

"天遂项目"30个"联村示范卫生室"精准扶贫社会服务供给模式可以分为"医疗服务"模式和"医养结合"模式两大类。课题组根据两种模式的占比和代表性，选择了3所"健康服务"模式卫生室和2所"医养结合"模式卫生室进行研究，从服务管理、服务供给、服务效果等方面进行分析。5所卫生室分布在遂宁市的安居区和船山区。安居区贫困人口最多，达到57 570人；船山区贫困人口最少，为21 462人。从贫困人口的数量来看，样本选择也具有一定的代表性。截至 2019 年底，安居区全区 82 个贫困村全部达标退出，57 119 名贫困人口稳定脱贫。经过动态调整后，全区还有贫困人口 7 户 22 人，预计在 2020 年 6 月底全部脱贫①。船山区全区已实现 33 个贫困村退出、21 315 名贫困人口稳定脱贫（其中，2019 年实现 5 个贫困村退出、623 户 1 596名贫困人口脱贫），贫困发生率下降至 0.07%②。健康社会服务的扶贫模式在其中功不可没。

一、"健康服务"模式的社会服务供给

（一）加强资源链接整合，发挥地理位置优势

为了提升基层医疗卫生机构健康服务能力，为村民提供更加安全、有效、方便、价廉的健康社会服务，区委、区政府、市卫计委、区卫健局和"天齐锂业"对当地健康服务资源进行有效链接。2017 年年初根据《关于加快农村卫生事业健康发展的实施意见》，启动"全市首批十个联村示范卫生室"建设。联村示范卫生室按照"小乡镇卫生院"功能定位，整合附近村的村医资源及新增设备、人员，以完善对当地公共卫生服务工作及基础医疗服务工作布局，建成了一所集预防保健、全科医疗服务于一体的综合卫生室。开展每月一次的公共卫生知识宣传活动，建立家庭医生签约制度，提供村医上门服务。实现了周边村民能够就近享受较高水平的安全、方便、价廉、有效的基本医疗服务，实现"健康护小康，小康看健康"目标；解决了村民"看病难"问题，实现"小病不出村、治疗在当地"目标。

第一，天遂水井联村示范卫生室。位于安居区保石镇水井村，面积为 31.8 平方千米，户籍人口数为 2 万余人，与保石镇水井村、海棠村、二黄沟村、石湾村相接（4 个村均为贫困村），南与资阳市乐至县太来乡相接，西与乐至县龙门乡相邻，两地均无卫生院。天遂水井联村示范卫生室（水井院区）整合了二黄沟村、水井村、海棠村的村医资源，并调动保石镇卫生院工作人员，建成综合卫生院。从 2017 年 10 月 10 日开诊运行至今，门诊量达 31 994 余人次，住院量达 1 549 余人次，业务总收入 450 余万元。

第二，天遂柴家沟联村示范卫生室。位于安居区东禅镇柴家沟村，面积为 31.8 平方千米，交通便利。整合了柴家沟村、豹子沟村、报国寺村 3 个村的

① 实施产业脱贫"六种模式"安居 82 个贫困村全部达标退出 [EB/OL]. （2020-01-21）[2021-04-16]. http://sfpym.suining.gov.cn/qxzc/-/articles/11000696.shtml.

② 探索精准扶贫精准脱贫"船山路径"——船山区脱贫攻坚工作综述 [EB/OL]. （2020-01-21）[2021-04-16]. http://sfpym.suining.gov.cn/qxzc/-/articles/11000702.shtml.

村医资源及新增设备、人员。从 2017 年 12 月开诊至今，诊疗人次达 18 058 人，医疗总收入 228.4 万元，门诊总量达到 8 487 人次，住院总量为 398 人次，能基本维持卫生室正常运转。

第三，天遂新桥河联村示范卫生室。位于东禅镇新桥河村，距东禅场镇约 6 公里，与石洞镇、白马场镇相邻，交通便利。整合新增东禅镇中心卫生院龙塘门诊部医疗服务资源。从 2018 年 11 月 29 日开诊至 2019 年 12 月 31 日，诊疗人次达 13 285 人次，其中普通门诊 11 729 人次，中医类 1 429 人次，区域外就诊 127 人次，医疗总收入 49.2 万元。

（二）双一体化管理模式，发挥科学管理优势

在管理上，实行"双一体化管理"模式，卫生室人员、财务、设备统一由中心卫生院管理，对整合的村医也实行一体化管理。中心卫生院按照相关制度统一核算，将村卫生室纳入卫生院系统一体化管理。所有在编及合同人员均由中心卫生院一体化管理，统一参保，同工同酬。功能定位主要是为辖区村民身体健康提供基本医疗、护理、保健与健康教育及基本公共卫生服务。卫生室秉承"一切以病人为中心"的服务理念，把患者的需求放在第一位，把群众的健康放在第一位，把医疗质量放在第一位，把病人满意作为追求目标，加强和落实国家医改政策，全心全意为广大群众的健康保驾护航。

（三）突出个性化服务特色，发挥服务供给优势

在联村示范卫生院的建设中，项目方通过调查研究，充分结合当地医疗资源特征，做到"一室一特色"。在每个卫生室均开发出特色康复服务项目。其中天遂水井联村示范卫生室结合当地风湿疾病和腰肌劳损的常见病症以中医理疗和中药治疗为其特色；天遂柴家沟联村示范卫生室以祖传中医村医为核心，充分发掘中医康复保健特色，提供保健知识和技术；天遂新桥河联村示范卫生室结合当地肛肠疾病较为常见的情况，以肛肠手术医生见长，开展肛肠外科特色服务。当地还充分利用各地联村卫生室的个性化服务特色，进行医疗专长资源交叉分享，实现健康服务的优势共享。

二、"医养结合"模式的社会服务供给

2019 年民政部印发《关于进一步扩大养老服务供给促进养老服务消费的实施意见》并指出：对当前供给不足、消费政策不健全、环境有待改善等问题，为了更好地满足老年人多层次、多样化的养老服务需求，要求通过推动部门协作配合，以社区为载体，提高服务人员专业性，提升养老服务质量，实现"医养结合"的养老服务模式转型。习近平总书记指出："要坚持医养结合，

逐步建立长期护理制度，为老年人提供治疗期住院、康复期护理、稳定期生活照料、安宁疗护一体化的健康养老服务，使老年人更健康快乐。"① 可见，"医养结合"成为我国老年人社会服务的主要方向，也是基层养老服务的重点发展方向。

（一）"健康服务+养老服务"，实现乡村社会服务升级扩展

在贫困乡村，和健康服务的稀缺性相比，养老服务的稀缺性显得更为突出。许多地区的养老服务甚至出现空白的情况。其原因，一是贫困乡村消费能力不足，市场化养老服务难以进入，公益性养老服务成本较高，造成养老服务有效需求供给不足；二是贫困地区人群居住分散，服务资源难离集中，医疗资源供给不畅，老年人故土难离的居家意识浓厚，导致以健康服务为基础的养老服务缺乏可持续性。另外，城镇化进程加快和乡村空心化造成空巢老人现象加剧，养老服务问题在贫困乡村显得尤为迫切。针对贫困乡村健康服务资源和养老服务资源的双重稀缺性特征，开展医养结合既可以满足老年人的双重需求，又可以实现资源的有效整合，是对贫困乡村社会服务的升级扩展。"天遂项目"中"天遂天台联村示范卫生室"和"金井村联村示范卫生室"开了贫困乡村医养结合联村卫生室的先河，通过卫生院提供健康服务和养老院提供养老服务相结合的"两室联建"模式，有效打破资源壁垒。

天遂天台联村示范卫生室位于安居区西眉镇，2018 年 8 月投入运营，在现有卫生室的基础上合并了西眉镇养老院，辐射人口达 1.8 万余人，覆盖周边贫困人口 275 人，辖区内建档立卡 3 700 余人（贫困人口未全部脱贫），低保户 370 余人，为本村和邻村居民提供医养服务。卫生室以"医养统一"的模式进行社会服务供给：卫生室以自有使用面积 172 平方米的医疗中心与西眉养老服务中心进行服务，实现医养服务空间统一；卫生室拥有 100 个病床，配有血球仪、尿机、心电图、B 超等设施设备，实现医养服务设备统一；卫生室引进周边具备执业资格的村医 2 名、具有执业资格的医务人员 5 名，实现医养服务人员统一；通过天齐锂业对卫生院和养老院硬件设施和人员培训服务，实现医养培训统一；统一购买社保、养老保险和医护服务，实现服务流程统一。

金井村联村示范卫生室（又称桂花医养中心）位于船山区桂花镇金井村，桂花镇全镇面积为 53.5 平方千米，辖 18 个行政村，总人口 34 596 人，有金井村等 5 个贫困村，建档立卡户 868 户共 2 424 人。桂花医养结合示范中心是以

---

① 习近平：把健康"守门人"制度建立起来 [EB/OL]. (2018-02-07) [2019-12-08]. http://cpc.people.com.cn/xuexi/n1/2018/0207/c385476-29809777.html.

"医养结合"功能为主的新办卫生室，于 2018 年 10 月投入运营，是船山区委区政府 2018 年民生工程项目和"健康扶贫"三大工程之一，列入了四川省卫计委健康服务业发展重点项目。桂花医养中心以"医康养一体"的模式进行社会服务供给：中心集医疗、养老、康复、生活照料及临终关怀等系列化服务于一体，实现服务功能一体化；重点收治失能、半失能、独居、流浪等特困老人，同时也面向全社会提供"医养结合、以养为主"为核心的健康养老专业服务，实现服务人群一体化；卫生室拥有医务人员 6 名（其中本科 2 名、大专 4 名），护理人员 10 名，保安、保洁、厨师各 2 名，市中医院派驻 2 名医生（每月坐诊 1~2 次，完成查房、会诊和提升医技能力工作），发挥了专业技术人才的优势，实现服务人才一体化；中心拥有心电监护仪、除颤仪、无创呼吸机、心电图机、排痰仪、中心供氧系统、中心呼叫系统、腰椎牵引床、颈椎牵引床、红光治疗仪、偏振光治疗仪、电针、中频治疗仪、蜡疗仪等医疗设备以及偏瘫康复器、颈牵扭腰按摩器、上下肢训练器、铁棍插板、手指肌力训练桌、肩关节训练器、腕关节训练器及训练用阶梯等康复设备，实现服务设备一体化。

（二）"病患人群+健康人群"，实现差异人群社会支持建构

传统卫生室的健康服务模式重在以治疗为主、服务为辅，服务对象集中于病患人群，服务过程缺乏社会支持。而"医养结合"则摒弃传统补救型服务，不断延伸健康服务的内容空间，将医疗服务、康复保健和养老服务全纳入服务体系，服务过程中将病患人群、康复人群和健康人群纳入服务体系。这让"医养结合"更具有预防性和包容性，让服务客体能获得更多社会支持。从服务客体来看，在两个"医养结合"示范点中，医疗、康复和养老的人群具有身体弱势的趋同性，其常见疾病主要有高血压、糖尿病、慢阻肺、支气管炎、慢性胃炎、脑卒中后遗症等。从服务区域来看，天遂天台联村示范卫生室在整合养老服务中心的情况下，还整合了社区服务中心，形成"社区综合体"。病患人群与康养老人、社区居民等健康人群共同居住，在开放式的服务空间，以医生、护理人员和社区工作者协同供给服务的方式，实现了弱势人群的社会服务支持体系建构。桂花医养结合示范中心在地理位置的布局中，与社区服务中心和活动中心形成一体，在空间整合的基础上实现了人群整合，医养中心被服务者与社区居民形成社会支持关系。另外，中心开放式的收纳服务客体模式使得更多健康人群和康养人群融合入驻，服务客体的多样化更强化和扩大了群体间的社会支持网络。

（三）"多元供给+复合经营"，实现优势服务资源科学配置

现行的医疗机构与养老机构在服务供给过程中往往出现资金筹集困难、管

理主体难以融合和多头管理的难题。"天遂项目"在天台村和金井村的医养结合项目在运营过程中采取了"多元资金供给、多元主体参与规划和多模式复合经营"的模式，从制度设计角度有效实现了优势服务资源科学配置。从资金供给来看，天遂天台联村卫生室由"天齐锂业"先后投资37万元进行设备购买、人员培训和专家支医，由民政部门负责养老院的日常经费开支和投入，由卫健部门负责卫生室工作人员的费用支出，形成资金的多元供给。桂花医养中心由"天齐锂业"第一期投入资金25万元，后期追加10万元（共计35万元），撬动民政资金500万元，并与卫健部门、当地政府先后投资1 000余万元。从管理机制来看，天遂天台联村卫生室已加入卫健委卫生体系，由卫健局主管，负责业务指导、监督，民政局和"天齐锂业"联合监督。桂花医养中心由遂宁市船山区民政局、医保局、桂花镇政府、桂花镇中心卫生院和"天齐锂业"协作管理，购买成都康馨服务公司的护工护理项目，以复合经营的方式有效提升服务水平和经营管理能力。

三、"联村示范卫生室"精准扶贫社会服务调查分析

与公共部门精准到户的扶贫方式不同，联村示范卫生室的健康社会服务扶贫方式更倾向于对卫生室建设、村医培训和优势医疗资源引进等具有间接性的服务供给，与贫困户的接触并非常态化。因此，在对贫困者进行扶贫社会服务供需调查时，贫困户的感受性并不强烈，反而是联村示范卫生室的工作人员和政府工作人员具有更为直观的感知。故而，在进行实地调查的过程中课题组分别以贫困户、乡村医生、卫生室管理人员、卫健部门干部、村干部和"天齐锂业"工作人员为调查对象。

（一）精准扶贫健康服务供给客体供需分析

第一，基本需求得到满足，缺乏心理服务供给。联村卫生室健康服务供给模式以科学的位置设计和服务资源整合的优势实现了乡村贫困地区健康服务的升级。在服务供给方面，除了常规性疾病治疗，联村卫生室还提供包括健康教育、康复保健、健康体检、健康档案和医生签约在内的一体化健康服务。但是，由于人才短缺和专业人员不足，以致高层次心理健康服务难以供给。特别是以五保户老人为服务客体的医养结合中心，心理健康服务成为迫切需求，却难以满足。

白先生（样本编号：T001。天遂柴家沟联村示范卫生室，男，85岁，贫困户，高血压，关节炎）：我是老伴陪我来这里住院的，每天早上来晚上回去，路上大概要走1个小时。这里医疗条件还是不错的，医院的医生服务态度

很好，还会告诉我平时要注意些什么，护士的护理我也很满意。我有关节炎，时不时会来做理疗。报销也方便，出钱出得少。不过家里其他人都在外地，很少会来看我，平时就只有老伴和我。

张先生（样本编号：T002。桂花医养中心，男，62 岁，五保户，脑梗中风）：我对在这里生活很满意，这里仪器设备都很好，医院的医生服务态度很好，护工的护理我也很满意。不过家里其他人都在外地，平常没有朋友可以交谈，家人也不常来探望，因此情绪时常很低落。护工和医生都很忙，我经常一个人，因为说话不方便，也很少说话，经常感到孤独。

第二，整体化服务体系建立，缺乏精细化服务供给。以医养结合为特色的健康社会服务体系的建立为贫困地区居民提供了"预防—治疗—康复"的系统化健康保障，实现了贫困乡村医养服务的有机链接。可是，贫困居民居住方式的空巢化、服务对象的老龄化、疾病类型的慢性化和服务需求的差异化加大了健康服务的成本和难度。特别是桂花医养中心，其残疾人占比达到 86.8%，70 岁以上高龄老人占到 44.1%，精细化服务供给的难度和需求并存。（参见附录 3）

杨女士（样本编号：T003。桂花医养中心，女，72 岁，非贫困户，冠心病、帕金森病）：这里的医生和护工都很好，我们还定期参加活动。生活费和护理费均可以报销，还是很方便的。但是感觉吃的太单调，吃得不太好，照顾不够细致，居住条件一般，6 个人住一间房感觉很不方便。

吴先生（样本编号：T004。桂花医养中心，男，50 岁，五保户，中风，左手无知觉）：我中风以后就没有劳动能力了，只能在这里生活。这里的很多康复设备对我康复很有帮助，虽然我没有收入但住在这里也不用花钱，还是很不错的。这里的医生都很客气。但是住在这里的残疾人比较多，还有些是精神不正常的，容易出现矛盾和不愉快。

（二）精准扶贫健康服务供给主体供需分析

第一，健康服务基本覆盖，医养结合需求旺盛。"天遂项目"引入后，其试点地区基本实现健康服务全覆盖，同时也暴露出养老服务需求旺盛的特点，医养结合的健康服务需求凸显。因此，除了两个已经在试点的医养结合服务中心外，其余联村卫生室均有医养结合建设需求。所以，"天齐锂业"后续项目资金支持与否和当地政府政策支持的延续性如何成为供给主体的困惑焦点。

曾院长（样本编号：T005。天遂水井联村示范卫生室，男，44 岁，副主任医师）：我们这里以前贫困人口众多，旁边均无卫生院，医疗资源匮乏。存在留守老人和儿童的疾病得不到及时诊治、慢性疾病缺乏规范治疗、儿童预防接种率低和不完整的情况，因此附近村民看病极为不便，老百姓经常抱怨。现在，我们完成了对当地公共卫生服务工作及基础医疗服务工作布局，建成了一所集预防保健、全科医疗服务于一体的综合卫生室。我们希望将养老机构和医院的功能相结合，把生活照料和康复关怀融为一体，利用"医养一体化"的发展模式，把老年人健康医疗服务放在首要位置，把医疗、康复、养生、养老融为一体，开展医养结合工作。

郑女士（样本编号：T006。"天齐锂业"社会责任部，女，27岁）：经过公司三年的连续投入，我们已经看到了项目的成效，公司对项目比较满意。但是现在项目期已经快结束，后续会不会再继续进行资金投入，这得等我们将此次项目评估结果汇报公司，最终由公司管理层来决定。换句话说，这主要取决于公司的经营业绩和董事会的最终决策。

郑科长（样本编号：T007。遂宁卫健委，男，35岁）："天齐锂业"给我们遂宁精准扶贫提供了巨大帮助，为健康扶贫工程提供了新的模式，这种企业和政府合作的模式还撬动了民政部门和卫健部门的资源。他们提供资金和服务帮助，村医培训服务、大医院医生资源援助和设备提供缓解了我们的工作压力，给贫困乡村带来最实在的帮助，效果很好。希望我们的合作能继续开展，并不断追加资金投入。

第二，医养服务基本到位，综合资源依然稀缺。"天遂项目"中最具有创新价值和现实意义的项目就是医养结合项目，这为贫困地区健康服务和养老服务带来了新模式，基本能保障医养服务功能的正常发挥。但是"医养结合"模式需要强大的资金和人力资源支持，这对健康服务供给提出了巨大挑战，在当前两个示范性医养结合项目中综合资源的稀缺是导致服务供给不完善的主要原因。

罗主任（样本编号：T008。桂花医养中心，男，35岁，内科主治医师）：医养中心能满足大部分被服务人员的需求，在医疗、康复和养老服务方面可以说已经实现了一体化。但是目前人手不是很充足，工作和管理内容较为复杂，管理比较麻烦。现有病人入住流动率不高，存在病患心理健康问题但缺乏专业人员辅导与治疗。"天齐锂业"每年的志愿者活动十分有意义，给入住病人心理上带来了较为明显的安慰，这样的活动再多一些就好了。目前医养中心还存在一些安全隐患，需要进一步消除。医养中心要实现持续发展就必须引入更多的资金和设施设备。同时应充分链接资源，获得社会的理解与认可。

张院长（样本编号：T009。天遂天台联村示范卫生室，男，43岁，主管检验师）：现在我们实现了养老和医疗一体化对接，老人住在养老院，也就在我们这里看病，非常方便。但是，我们的专业技术人员还是很缺，加上没有实现远程医疗，在提高服务水平方面做得还不够。另外，卫健、民政部门分头管理导致资源供给不足、不畅，运营成本不断上涨，以致资金供给不足，希望各方能多提供资金供给，以保障卫生室的发展。

第三，专业技术人员不足，工作人员压力较大。"天遂项目"的实施为贫困居民看病就医和享受健康服务带来就医条件便利和健康服务水平的提升。居民更愿意在联村卫生室享受健康服务，也更愿意进入医养中心养老，但这同时带来了对专业技术的高要求和服务需求的提升，使得原本就缺乏医疗资源和专业人员的卫生室空缺更加明显，工作人员的工作压力加大。

张院长（样本编号：T010。天遂太平联村示范卫生室，男，40岁，临床执业医师）：目前中医门诊和理疗是我们卫生室的特色，而且我们开通了远程医疗问诊，来我们这里看病和做理疗的人越来越多。这样我们的工作人员就经常不够，特别是缺少专业人员，缺少医学检验人员，需要转诊到上一级卫生院进行检查。

万护工（样本编号：T011。桂花医养中心，女，52岁，护工）：我们要每天24小时进行护理工作，日常工作辛苦，至少是1：6的看护比，白天主要照顾饮食起居，会组织做游戏和开展活动，晚上每人负责一间房进行照看。由于工作量大，护工人数又较少，休假时间很少。我们都是经过培训后持证上岗的，由四川省成都市康馨服务公司统一管理。公司每周三会对护工进行定期培训。工资待遇一般。

第三节　市场主体在精准扶贫中社会服务的作用分析

市场主体的经济性特征决定了其在扶贫社会服务供给中的投资性思维与成本管理思维，这成为市场主体在服务供给成本控制和效率提升方面优于公共部门的重要优势。就服务供给结果而言，市场主体对公共部门的资源链接和服务项目的功能整合具有"包容性"特征，对服务流程和服务绩效的成本控制和过程控制具有明显的"投资性"，对健康服务供给的预防性目标具有"积极性"特征。可以说，市场主体参与扶贫社会服务的积极福利特征明显。然而，市场主体的趋利性和经营主体性特征容易带来价值易变性和供给间接性的弊端，对扶贫服务的效果带来不利影响。在本案例研究中的健康社会服务还表现出服务客体劣势性和服务主体专业性不足的缺陷。

一、市场主体精准扶贫社会服务供给的机制分析

(一)"责任导向,市场运作"的扶贫社会服务行动机制

市场主体包含经济性和社会性双重属性。企业参与扶贫工作是当下履行社会责任最好的方式之一,在帮助贫困群体的同时,会极大提升企业形象和社会公信力,为企业带来更多无形的效益①。企业精准扶贫社会服务供给过程亦是自我价值的体现过程。该过程外显于企业社会责任的导向,企业社会责任包含道德因素②。因此,内化的企业社会责任成为扶贫社会服务行动的逻辑起点。从企业发展目标制定到企业社会责任目标确立再到员工志愿精神培养,企业逐渐形成"经济目标—社会目标—员工价值"的企业文化,这也成为扶贫社会服务行动的动力机制。基于市场竞争原则所建构的企业管理机制和经营机制,在扶贫社会服务供给过程中被复制,形成"以企业社会责任为导向,按市场化原则运作"的独特行动机制。企业管理决策、领导、组织、激励、控制和沟通等一系列行动逻辑和行动过程被移植到公益事业中,实现了对社会服务的流程再造和价值共享。

(二)"独立执行,跨界合作"的扶贫社会服务供给结构

区别于公共部门行政层级式的管理结构,市场主体的独立性运作和事业部制的管理方法,使得市场主体在扶贫社会服务供给中形成了独立的执行主体和简洁化的服务供给结构。独立的"社会责任部"作为企业的事业部门在以企业社会责任为价值主导的推动下,只需对企业管理层负责,并独立核算、独立经营。在服务供给的操作层面市场主体要融入扶贫客体必须实现与公共部门的跨界合作,以通过公私合作伙伴关系(PPP)打通管理中执行层(中层)和操作层(基层)之间的公私部门壁垒。市场主体以资本注入和资源链接的方式打通基层政府、卫健部门、民政部门的横向公共部门壁垒,以实现各方职能激活。市场主体进行资金和资源链接,卫健部门进行专业医疗资源供给,民政部门进行资金和政策供给,形成了以基层卫健机构(联村卫生室)为基础、三个部门为支撑的健康社会服务供给结构。

(三)"积极健康,康养一体"的扶贫社会服务治理工具

基于产业优势和市场优势,大多数企业参与精准扶贫的主要方式是产业扶贫,通过产业发展和就业安置来实现精准脱贫,具有激发贫困者内生动力的积

---

① 郭俊华,边少颖. 西部地区易地移民搬迁精准扶贫的企业扶贫模式探析——基于恒大集团大方县扶贫的经验 [J]. 西北大学学报(哲学社会科学版),2018 (6):43-52.

② 刘俊海. 公司的社会责任 [M]. 北京:法律出版社,1999:6.

极福利意义。但是对于投入大、见效慢和溢出效应差的健康服务而言，市场主体投入较少，而健康服务在许多地区则是最稀缺和最紧迫的社会服务项目①。另外，贫困乡村的养老服务因其供给的公益性和复杂性往往由公共部门来承接。在"后脱贫时代"，以产业脱贫为基础的精准扶贫措施将会实现全面脱贫。然而，健康服务和养老服务的稀缺将成为返贫的主要致因。因此，市场主体参与健康服务和养老服务供给是有效制止返贫的重要工具。健康服务通过健康知识宣传、疾病治疗、转诊服务、康复保健、健康生活方式倡导等服务项目供给，实现了"预防—治疗—保健"的一体化健康服务。从根本上改变贫困者因病致贫的思维方式、价值理念、行为模式和知识结构，具有较强的投资性，实现了从源头进行健康服务的目标。医养结合服务通过整合贫困乡村有限的医护资源和养老资源，提供老年人医疗服务、康复服务、照顾服务、社会支持等服务项目，实现了"治疗—康复—照顾"的一体化为老服务。从根本上降低贫困乡村医疗成本、照顾成本和返贫风险，在提升老年人健康水平的基础上，实现社会参与和社会融合。

二、市场主体社会服务在精准扶贫中的优势分析

（一）企业运作模式，促进资源合理配置

公共部门运作具有目标公共性、程序合法性、管理科层性和财务程序性特征。在精准扶贫中，公共部门为了维护公共利益、实现政府政治目标，在资金和人力投入中以脱贫率而非成本产出之比为考核标准，这容易忽视资源的利用效率。扶贫资金和建设项目的投入需要严格的合法化程序，这在个体差异性和环境变化性较大的贫困地区容易造成资源配给滞后甚至不合理的情况。加之科层制管理模式和"锦标赛"模式考核容易加剧基层公共部门形式主义，增加行政成本和时间成本。另外，我国财政拨款的年度拨款模式容易造成资金使用不当和缺乏灵活性。

市场主体在参与精准扶贫行动中承袭企业化运作模式，具有目标公益性、程序合理性、管理直线性、财务灵活性、资源整合性和经营创新性特征。在精准扶贫中，企业按照自身企业社会责任目标投入公益项目，不受公共部门的公共性价值和政治目标制约，能更直接地投入扶贫资金和资源，节省了运行成本和时间成本。企业运作过程只要不违反《中华人民共和国公司法》就可以合

---

① 此处"溢出效应"指市场主体参与精准扶贫所带来的企业自身收益，包括企业影响力和企业经济收益。

理地对项目过程进行程序调整，对项目资源进行合理配置，以实现效益的最大化。企业管理具有明显的指挥统一性和领导统一性特征，其直线式的管理模式能尽量减少协商和斡旋环节，最大限度地节省时间成本。企业的财务管理较公共部门更具灵活性，在精准扶贫过程中可以根据项目进展情况及时调整财务支出和投入，以保障项目资源的利用率和项目运作的高效性。另外，企业经营资源的有限性决定其必须通过营销手段来实现资源最大限度的链接。在精准扶贫过程中其营销能力和资源链接的优势能通过沟通、游说、协调将公共部门、社会组织和个人资源进行高效整合。最后，基于企业市场竞争的特性使其创新性突出，在扶贫服务供给中能激活各服务供给主体的潜在能力和潜在需求，以发挥扶贫动力的助推作用。通过"天遂项目"可以发现，市场主体在扶贫服务中充分发挥其管理优势、竞争优势、创新优势和运作优势，在健康服务供给中将各级各职能公共部门、社会组织、个人的扶贫资源进行科学、高效的整合，并有效激活各主体的潜在资源，实现精准扶贫主体的增能。

（二）利益耦合机制，撬动脱贫服务资源

在我国精准扶贫行动中，以政府为核心的公共部门成为扶贫服务供给的绝对主体，并实现了最大限度的社会动员。市场主体在精准扶贫社会动员中实现企业社会责任的唤醒和赋能，进而通过市场化运作模式激发公共部门扶贫服务供给需求，实现扶贫服务资源的撬动。其根本原因是市场主体的介入成为公共部门与贫困户之间的利益中介，将个人诉求和资源供给有效整合形成利益耦合机制。企业发展和目标实现需要政府支持，因此企业会积极参与到扶贫行动中来。企业发展和扶贫资金投入，政府扶贫压力减少，税收收入增加，社会更加稳定①。一方面，企业通过市场行为和精细化调研，充分发掘贫困户潜在需求，撬动公共部门资源一同参与服务供给。另一方面，企业的中介作用在社会服务项目的撬动下将各职能公共部门进行利益耦合，形成"资源共享、人员协作、功能互补、价值共存"的利益耦合机制，从而最大限度撬动脱贫社会服务资源。例如桂花医养中心就是"天齐锂业"以 30 万元资金撬动民政部门 500 万元资金，实现医养中心项目撬动 1 000 万元资金和三方技术人员的目标。

（三）项目过程互嵌，保障服务供给质量

公私合作是建立在商业运作框架上的企业社会责任行为。在这一框架中，

---

① 吴理财，瞿奴春. 反贫困中的政府、企业与贫困户的利益耦合机制 [J]. 西北农林科技大学学报（社会科学版），2018（3）：115-122.

企业、政府以及其他利益相关方的责、权、利都能得到合理配置①。公私合作伙伴关系在平等和互惠的基础上建立，在精准扶贫项目运作过程中，只有从项目规划、项目执行到项目评估都充分调动各方主体参与项目过程，才能保障服务供给的高质量。然而，任何一方主体的强势介入均将打破合作平衡，带来服务质量下降。市场主体介入扶贫服务以商业运作为框架，打破政府公共行为主导模式，在项目运作全过程中以"互嵌"的方式实现各主体有机参与。该过程以精准脱贫为共同目标，以利益相关整合为方式，实现"价值互嵌"；以公私合作协议为行动指南，规范服务主体责、权、利，实现"行动互嵌"；以过程评估和结果评估相结合的方式，综合差异化评估方案，实现"评估互嵌"。扶贫服务供给的全过程"互嵌"有效实现了项目供给标准的科学性、供给过程的规范性、供给结果的客观性。

三、市场主体社会服务在精准扶贫中的劣势分析

（一）市场主体价值的易变性，导致服务项目持续性缺乏

市场主体价值受到企业家精神和企业利益集团价值影响，因企业家变更、企业利益集团博弈和企业经营状况等因素的影响，企业社会责任具有易变性的特征。特别是处于发展转型期和管理制度不稳定的企业，市场主体价值的易变性特征更加突出，这势必影响社会服务项目供给的持续性。一方面，民营企业社会责任"人格化"。民营企业的社会责任并不是完全依靠外部政策的要求或者强制性的市场属性，而是一部分内发于个人的情感能量向企业社会责任的传递。具体而言，就是民营企业家精神在价值判断上可以直接影响企业的发展方向和企业文化。在扶贫服务方面主要是基于民营企业家对于贫困问题和社会变迁的特殊情感②。因此，社会责任的"人格化"特征使得企业管理者变动带来价值变化的风险和扶贫服务项目持续性的变化。另一方面，民营企业经营过程具有"双重性"。民营企业在追求经济利益的同时也在不断追求社会利益，这种社会利益与经济利益既具有矛盾性又具有同一性。同一性表现在企业不论追求经济利益还是社会利益，都是为了自身的发展，具有利己性质；矛盾性表现在获取社会利益需要投入钱、财、物等资源，在某种程度上是以牺牲经济利益

---

① 郭沛源，于永达. 公私合作实践企业社会责任——以中国光彩事业扶贫项目为案例 [J]. 管理世界，2006（4）：41-47.

② 黄承伟，周晶. 共赢——协同发展理念下的民营企业参与贫困治理研究 [J]. 内蒙古社会科学（汉文版），2015（2）：144-149.

为代价来实现的①。因此，当经济效益的紧迫性大于社会效益，当"二重性"出现效益递减时，减少社会责任项目的资金投入就显得顺理成章，反贫困社会服务项目的削减亦成自然。

（二）供给主体资源的有限性，造成服务过程专业性不强

虽然市场主体以其市场化运作逻辑介入扶贫社会服务，实现资金资源和管理资源的优势供给，但是市场主体在服务供给中受制于资源的有限性，在对贫困乡村的服务供给中力量依然单薄，尤其是缺乏专业人员的介入。一是缺乏专业社会工作人才介入。贫困乡村的空巢化和资源分散化特征决定了对社会工作专业人才的需求。社会工作人才具有社会资源链接、社会工作技巧和社会整合能力等专业技能。在精准扶贫政策的号召下，社会工作通过专业的个案、小组和社区工作方法介入贫困乡村，以社会团结、社会整合和内生动力激发为目标，以社会服务供给为主要方式，介入精准扶贫。然而，社会工作介入农村反贫困在我国还处于起步阶段，很多贫困地区还是空白，专业社工的稀缺性明显。二是缺乏专业康复人才介入。随着我国疾病谱的变化，高血压、糖尿病和风湿等慢性病逐渐成为贫困乡村的主要病症，加之居民平均寿命延长和康复理念加强，使得精准康复成为贫困乡村健康服务的主要倾向。然而，现阶段康复从业人员严重不足。2013 年数据显示，我国公立医院康复医学科的执业医师约为 2 万 5 000 名，仅占整体执业医师的 0.9%。我国康复医师占基本人群的比例为 0.4∶10 万，该比例远低于发达国家水平（5∶10 万）②。在广大的乡村康复人员稀缺的矛盾更为突出，这导致大量康复设备和资源闲置浪费，大量康复需求难以满足。三是缺乏专业心理医生介入。随着绝对贫困的消除，贫困者的心理贫困问题开始逐渐显现。贫困乡村的空巢老人和留守儿童问题日益突出，加剧了乡村心理健康问题。然而我国心理健康服务在城市才刚刚起步，在贫困乡村几近空白。一方面是人们缺乏心理健康知识和诉求。另一方面则是专业心理医生的缺乏，且缺乏程度超过康复医师。

（三）市场主体供给的间接性，使得服务结果控制性减弱

受制于专业性不足和资源的有限性，市场主体在服务供给中往往只能借助于公共部门的专业机构进行专业性服务项目购买，这势必造成服务供给的间接性。而且，不同于产业扶贫的经营管理模式，市场主体进行社会服务供给时往

---

① 黄承伟，周晶. 共赢——协同发展理念下的民营企业参与贫困治理研究 [J]. 内蒙古社会科学（汉文版），2015（2）：144-149.

② 中国康复行业及人才发展现状分析 [EB/OL]. （2019-03-11）[2021-04-16]. https://www.sohu.com/a/300516663_100169004.

往难以保证管理过程和服务介入的专业性，在服务介入过程的间接性导致了服务结果控制性的减弱。在第三方服务购买时，市场主体往往要借助专业管理和服务部门（例如卫生室或医养中心）进行购买，过于繁杂的程序和非专业化的介入难以对服务项目和流程进行有效控制，服务结果自然难以控制。

第七章　社会主体在精准扶贫中的社会服务供给

在传统乡村文化没落和城镇化兴起的时代，我国贫困乡村表现出宗族力量孱弱、社会力量薄弱和社会整合薄弱的特征。在传统家庭解体和核心家庭为主导的现代农村家庭结构中，宗族的社会力量正逐渐消失。大量的壮劳动力涌入城市导致农村空心化，消减了农村社会的生命力。在社会力量土壤贫瘠的贫困乡村，社会组织的发展先天不足，后天发育不良。诸多原因导致精准扶贫缺乏乡村自发的社会力量帮扶，往往只能依赖外界力量介入，这从根本上抑制了反贫困的内生动力激发。社会服务的社会性决定了精准扶贫中服务供给的多元社会主体性质。在社会服务作用于精准扶贫的积极福利效用机制中，社会主体力量的激活是内生动力激发的内在引擎。通过建立社会组织机构，设计社会协作机制，表达社会利益诉求，营造社会团结氛围，形成社会价值共识，凝聚社会主体力量，以最终实现贫困者自我意识强化和积极贫困文化的打造。本章以社会组织和乡村精英为研究对象，通过分析两种类型的社会主体在精准扶贫中的社会服务供给来体现社会服务的积极福利作用①。

第一节　社会组织在精准扶贫中的社会服务供给
——基于鲁甸 SX 的分析

精准扶贫理念提出后，在政府部门大力介入扶贫工作的同时，一些地方政府能力和人力资源不足的弊端显现。政府购买反贫困社会服务的项目开始出现，当地居民成立的社会组织和外来社会工作机构介入成为承接服务的主体，并成为贫困地区提供社会服务最重要的社会主体力量。课题组于 2018 年 7 月

---

① 本章的社会主体特指公共部门和市场主体以外的社会组织和非正式主体。

对云南省昭通市鲁甸县 H 镇 H 村进行了为期 1 周的深入调研，主要以深度访谈的形式，对当地社会工作组织——SX 社会工作服务中心（简称"SX 社工"）及其服务的贫困村和贫困户进行了深度访谈。

一、SX 社工扶贫社会服务概况

（一）SX 社工及其项目点概况分析

SX 社会工作服务中心是一个在鲁甸灾后农村成长并于 2015 年 6 月在鲁甸县民政局注册成立的非营利性社会服务机构。该机构目前有专职工作人员 3 人、兼职工作人员 2 人。该机构主要以基金会的项目支持、政府购买项目、福利彩票项目、李嘉诚项目为运作资金，旨在服务农村社区留守儿童、空巢老人、留守妇女以及其他群体，致力于社区关系的建立与生计的发展，共建一个自然环境优美、社区文化多元、人际关系和谐、居住风貌良好的魅力乡村。截至 2018 年 7 月，共服务社区 6 个，户数 493 户，人口 1 854 人，其中 60 岁以上老人 128 人，16 岁以下儿童 554 人（见表 7-1）。

表 7-1　鲁甸 SX 社工集中服务数据统计表

社区名称	户数/户	人口/人	民族	60 岁以上老人	16 岁以下儿童	备注
赵家院子	94	401	汉、彝	27	128	—
湾子社	92	333	汉	22	103	—
小凉山社	95	371	汉	24	117	—
上大湾社	56	212	汉	14	62	大湾安置点
下大湾社	60	228	汉	15	71	
平坝子	96	309	汉	26	73	
合计	493	1 854	汉、彝	128	554	—

SX 社工以 H 社区为项目服务中心区，服务范围辐射周边 3 个行政村。H 社区隶属于云南省昭通市国家级贫困县鲁甸县 H 镇，于 2018 年实现全镇脱贫摘帽。2019 年 11 月 28 日，鲁甸县人民政府发布《鲁甸县贫困县摘帽县级公示》，宣布贫困县摘帽退出各项指标已达到验收标准[①]。H 镇辖 5 个村 1 个社区、107 个村民小组、6 216 户 23 632 人，交叉居住着汉、回、彝、苗、布依 5

---

① 喜讯！鲁甸县人民政府发布贫困县摘帽公示 [EB/OL].（2019-11-30）. http：//www.yn. xinhuanet. com/hot/2019-11-30/c_ 138595320. htm.

个民族，面积 90.96 平方千米①。全镇地形以山地居多，山高坡陡，耕地面积为 2 070.33 公顷，可耕地面积较小。H 社区，面积 21.34 平方千米，属于山区地形，海拔 2 303.00 米，有耕地 7 181.00 亩，其中人均耕地 2.23 亩。全村辖16 个村民小组，有农户 943 户，有乡村人口 3 347 人，其中农业人口 3 347 人，劳动力 2 049 人，其中从事第一产业人数 1 647 人。农民收入主要以种植业、养殖业为主。2014 年鲁甸发生了"8·03"地震，H 镇是重灾区之一，全镇 6个村（社区）不同程度受灾，全镇因灾死亡 51 人，失踪 13 人，受伤 196 人。地震本身和堰塞湖形成造成大量贫困村民流离失所。H 社区和 L 村作为此次地震安置的重要安置点，安置了大量的灾民，由政府提供宅基地和每户 6 万元的住宅补贴进行新居建设。

"8·03"地震的发生促使云南省民政部门与社会组织共同介入到灾害救助中。云南连心社区照顾服务中心成立 H 社工站，为灾民提供社区需求调研、救助政策宣传、个案陪伴、生活帮扶、心理辅导、资源链接、生计重建、社会参与等方面的服务。在"云南连心"的灾后服务供给中，H 社区的第一个大学生张女士（SX 社工创办人）成为主要的工作人员。此后张女士继续在 H 社区扎根，以灾后社会工作为突破口，为居民提供丰富多彩的社会服务。2019年 SX 社工被评为"全国三八红旗集体"。

（二）社工组织反贫困社会服务的目标建构

第一，价值导向。社会工作的基本价值理念是"助人自助"，这完全摒弃了"大水漫灌"的粗放式扶贫和补救式扶贫方法，与政府提倡"扶贫先扶志"的造血式扶贫和参与式扶贫相匹配，具有明确的积极福利价值。一是通过"同理心"建立与案主的专业性帮扶关系，以信任关系强化其自我认知。二是通过"案主自决"激发贫困者的脱贫主动性，充分发掘其内生动力。三是通过"能力扶贫"实现贫困者赋权增能，充分提升其职业发展能力。社会工作在介入精准扶贫实践中具有对贫困户的"积极性""包容性"和"投资性"特征，使其积极福利价值得到充分体现。我国政府意识到社会工作的重要性，于2017 年发布《民政部 财政部 国务院扶贫办关于支持社会工作专业力量参与脱贫攻坚的指导意见》，提出：支持社会工作专业力量参与脱贫攻坚工作，坚持以人为本、精准服务；坚持东西协作、广泛参与；坚持群众主体、助人自助的总体要求。进一步提出个性化帮扶方案、精准性脱贫能力建设、社会性扶贫资

---

① 火德红镇 [EB/OL]. （2020-07-27）[2021-04-16]. http://www.ludian.gov.cn/ludian/contents/1695/148548.html.

源整合的要求①。

第二，福利分配。社会工作组织参与精准扶贫提供社会服务的客体对象选择并非按照政府精准扶贫建档立卡的标准做"选择性"服务供给，而是以项目覆盖区域的整村（或社区）和整乡（或镇）的居民个体进行福利分配。在服务供给时，必须充分考虑扶贫对象个体的特殊性和整体的共同性，因此具有"特惠性"和"普惠性"相结合的特征。"特惠性"不但体现在建档立卡户的收入条件选择方面，也体现在家庭问题、心理问题、文化水平等特殊性方面，其福利分配的标准更加多元化。"普惠性"不但体现在整村脱贫摘帽的经济性因素考量，还体现在社会融合、社会团结、社会支持等综合性方面，其福利分配的惠及面更具有广泛性。SX 中心社会服务福利分配对象包括建档立卡户、非建档立卡户、脱贫户、残疾人、妇女、儿童、老人等具有特殊性的群体，也包括家庭、小组、社区的整体性群体。总体来看，社会工作组织的社会福利分配打破了行政性的单一化分配方法，而采取项目性的整体化分配方案，这使得福利分配更具有科学性和延续性。

第三，具体目标。与精准扶贫中公共部门的层级考核目标明确化不同，SX 社工是以政府部门社会组织购买和公益慈善基金项目购买目标为具体目标。项目目标主要是通过服务项目书商议拟定和服务项目招投标的方式确定，从内容来看，主要是以社会服务提供的内容、次数和效果为目标。具体目标包括：妇女服务中妇女技能培训和妇女议事服务的人数和次数，对妇女脱贫能力和社会参与水平的提升；儿童服务中儿童教育的内容和儿童管理制度的建设，对儿童知识水平和自我管理能力的提升；老年服务中留守老人的健康服务和陪伴照顾，对老年人孤独感减弱和健康水平的提升；居民服务中公共空间建设和志愿者活动组织，对居民社会融合水平的提升。

（三）社工组织反贫困社会服务的行动逻辑

第一，组织形式。相对于公共部门和市场主体直接针对贫困者个体和贫困家庭的个体化服务供给，以社会工作机构为代表的社会组织更倾向于个体服务与整体服务相结合的整合式反贫困治理。其行动逻辑表现为"社会整合为导向，能力服务为核心，社区服务为重点，个案服务为突破，介入服务为方法"。社会工作通过社会服务参与精准扶贫的最主要特征就是以社会工作专业方法完全介入贫困社区，通过个案服务的形式促进社区服务，最终以实现社会

---

① 民政部 财政部 国务院扶贫办关于支持社会工作专业力量参与脱贫攻坚的指导意见［EB/OL］.（2017-08-19）［2021-04-16］. http://www.gov.cn/xinwen/2017-08/19/content_5218659.htm.

整合的目标。社会工作者通过介入和动员的形式鼓励贫困者进行反贫困行动①。这种直接介入的方法被证明有可能是反贫困最有效的长效机制②。从组织形式来看，社会工作者将个体融入农村社区，以参与者的身份供给服务。SX 社工以当地村民的身份参与妇女活动、村民大会和公共空间打造，通过组织活动，表达自我意愿并进行专业技巧引入以达到社会服务的预期效果。从社会工作方法来看，以小组工作和社区工作为主要方法，个案工作为次要方法（见表7-2）。首先以个案工作的方法介入妇女服务、儿童服务和老年服务，在提高反贫困能力的同时提升社区认同感和使命感；然后以小组工作和社区工作的方法强化社区认同和社会整合；最后形成积极贫困文化和社区凝聚力进而实现整村脱贫。

表7-2　SX 社工 2018 年度活动组织表

服务对象	主要内容	主要目标	服务形式
留守儿童	二十四节气系列活动	乡村意识与知识获得	小组工作
	图书室管理制度建设	自我管理能力	
	"美丽乡村"绘画比赛	乡村意识	社区工作
	四点半课堂	陪伴与社会支持	
留守妇女	社区互助小组	脱贫能力建设与支持	小组工作
	相关系列讲座	价值与能力建设	社区工作
留守老人	"周五"健康日	健康与照顾	社区工作
	口诉"生命故事"	陪伴与支持	
全体村民	组织定期村民大会	社会支持与加强沟通	社区工作
	公共空间建设	赋权与能力建设	
	社区安全建设	乡村意识与能力建设	
	组织志愿者活动	社会参与	

第二，筹资渠道。作为非营利机构，SX 社工既没有政府拨款也没有营业收入，其运营资金主要依靠慈善基金的项目支持和政府购买服务的资金安排。

---

① GREGORY L, DRAKEFORD M. Social work, asset-based welfare and the Child Trust Fund [J]. British journal of social work, 2006, 36 (1)：149-157.

② MANTLE G, BACKWITH D. Poverty and social work [J]. British journal of social work, 2010, 40 (8)：2380-2397.

从 SX 社工成立至 2018 年 7 月，运营资金包括：其一，慈善基金会项目——香港乐施会 15 万元项目基金和壹基金 12 万元防灾减灾项目基金；其二，政府购买项目——"山区计划"项目 18 万元；其三，社会慈善捐赠项目——中国福利彩票 5 万元、李嘉诚项目基金、企业慈善基金、爱心人士捐赠和腾讯公益平台。另外，在经过 3 年的社会服务供给后，社区村民已经和 SX 社工的工作人员建立了信任关系，并且主动筹款进行公共空间打造和服务费用支出。可是，从社会工作服务的运作来看，现有的筹资渠道仅能维持工作人员的工资支出，项目点依然缺乏强大的资金支持。这也成为以 SX 社工为代表的贫困乡村社会组织生存的重要障碍。

第三，监督评价。SX 社工在管理服务中实行"民政监管、协会监督、社工督导和项目评估"的机制。一是作为在民政部门备案的社会组织，SX 社工要接受云南省民政社会组织管理部门的监督管理。依据《社会团体登记管理条例》《民办非企业单位登记管理暂行条例》《云南省社会组织年度检查暂行办法》和《云南省社会组织评估管理办法》，受监督管理和评估的内容包括：遵守法律法规情况、活动开展情况、党建情况、财务状况、资金来源和使用情况等。二是社工行业协会通过协会资源进行同业监督和业务指导。指派高级社工或行业专门督导进行社工专业督导，以规范专业行为、专业伦理和专业方法。三是委托项目的评估。通过项目方会同第三方对项目运行和结果进行活动、人员、经费和效果的评估。四是通过理事会和监事会的方式进行内部监督和第三方监督管理，第三方监管人员包括高校专家、社工专家和村民代表。

二、SX 社工扶贫社会服务供给分析

H 社区是典型的易地扶贫搬迁社区和"空心留守"社区。对新建居住区的社会认同和共同文化服务成为 H 社区的迫切需求。另外，H 社区 45% 以上的劳动力均外出打工，留在社区生活的大多是儿童、妇女和老年人，这些留守群体的社会服务成为主要的服务内容。这些服务内容往往是公共部门精准扶贫难以实现却具有较大积极福利性质的社会服务。以"8·03"地震时"云南连心"驻点社工服务的需求调查和社会服务供给为基础，SX 社工已经建立起适应当地社会文化环境、家庭人口结构和社会服务需求的扶贫社会服务供给机制，其对象涵盖了社区内的所有居民，且积极福利意义较强。

（一）以"文化传承"为导向的儿童服务供给

H 社区和周边三个行政村大量劳动力外出打工，村里没有公立幼儿园，最近的私立幼儿园也要到 5 千米外的 H 镇上，而且收费较高，已经超出当地居

民的经济承受范围。村里也没有小学，亦需要到 H 镇上就读。加之当地超生情况普遍，留守儿童问题成为 H 社区的突出问题。

第一，以"乡村接班人"为目标，提供乡村文化服务。与其父辈不同，城镇化进程中的留守儿童已经放弃农耕生活，农耕文化逐渐淡化，农村的归属感和吸引力日趋降低。在精准扶贫和乡村振兴的政策背景下，通过一系列乡村文化服务活动有效建立留守儿童对乡村文化的深厚情感，培养他们成为"乡村接班人"。依托村委会提供的土地，村民出力兴建了小凉山协力工作营。SX 社工以此为办公地点，为孩子们提供乡村文化教育服务。通过举办"美丽乡村"绘画比赛，增强儿童的乡村意识和对乡土的感情；通过"二十四节气系列活动"让孩子们对自然现象和其对农作物的影响进行教育，完成乡土教育活动，培养孩子们感知自然的能力，增强孩子们对家乡的认同感；通过"农活认知活动"将一年中不同时间段按月份的气候特征、农活内容、忙闲程度对孩子们进行讲解，培养儿童对农业劳动的理解和对家人的理解。

第二，以"日常照顾+冬夏令营"为方式，提供儿童照顾服务。受工作人员有限的影响，SX 社工只能提供留守儿童小组服务。一方面，以"四点半课堂"为日常照顾的主要阵地，在学业期间提供了留守儿童的照顾、学业辅导和课外活动的服务。另一方面，以"逐梦冬令营"和"夏令营"为假期照顾的主要阵地。以"本地社工+志愿者"的形式，先后由云南大学和香港中文大学的"云大青协"和"彩云支南"分两个活动点对孩子们开展为期 15 天的丰富多彩的教学和课外活动，参与儿童最多达到 90 人一期，且有 60 余名儿童邀请父母参加。

第三，以"自我管理"为主旨，提供儿童自我管理服务。SX 社工通过接受捐赠和购买大量图书建成了社区图书馆，专门为孩子们提供图书借阅、课业辅导、"心语读书会"和特色活动等服务来陪伴他们成长。孩子们自己来管理图书借阅，协助制定管理规定和管理办法并监督执行，通过积分制的形式给予奖品奖励。培养孩子们自我管理以及应对各方面问题的基本能力。到工作营看书和玩耍的孩子平均每天有 40 人，长期活跃在工作营的孩子有 80 余人，服务覆盖周边 200 余个孩子。工作营成立 3 年来，累计服务儿童 20 000 余人次。

（二）以"健康相伴"为目标的老年服务供给

H 社区的空巢老人现象严重，最为突出的问题是健康问题和精神慰藉问题。SX 社工针对这两项需求，进行了老年社会服务供给。第一，"定期+追踪"式的健康服务。每周五 SX 社工的工作人员会开展定点"周五"健康日活动，主要服务有健康检查、建立血压动态监测表、健康知识宣传和健康生活方式倡导等。在此过程中通过沟通为空巢老人建立基本的健康支持体系。另外，对于身体状况较差的老年人通过追踪寻访的方式建立健康档案，并定期上门访问，提供健康咨询。第二，口述"生命故事"的陪伴服务。社工基于在社区生活的优势，与老年人建立起信任关系。他们通过口述"生命故事"的方法，陪伴老年人，起到心理慰藉和社会支持的作用。SX 社工长期跟进服务的老年人达 40 余名，2017 年累计服务达 600 余人次，同时通过定期走访陪伴、做口述史等方法，重建村民对村庄的认同感。

（三）以"能力建设"为基础的妇女服务

SX 社工常驻的三个社工均为女性，这为提供妇女服务打下了良好的基础。在大量劳动力进城务工的情况下，妇女成为村里主要的劳动力，也是进行能力建设的主要对象。

第一，通过产业服务，提升经营能力。SX 社工与村委会争取到小凉山协力工作营的经营店面，支持贫困家庭妇女经营社区互助店。其中为"SX 公益互助店"免费提供店面用于销售村民日常用品，同时让妇女将捐赠的衣物和生活用品进行义务发放。这使得妇女在增加收入的同时能培养和锻炼经营能力和管理能力，也培养了志愿精神。

第二，通过互助小组，提升合作能力。以组建社区文艺队的方式将大家聚在一起，进行必要的能力建设，让妇女们形成互助小组相互支持。通过妇女大会的形式动员互助小组妇女参加社区事务商议，鼓励妇女参与社区发展建设，增强和培养其社会参与能力和合作精神，提升妇女权益意识和社会融合水平。

第三，通过系列讲座，提升知识水平。一方面，帮助社区积极组织各类农业和经营技能培训，提升妇女的科技知识。另一方面，对妇女进行文化知识和社会知识普及，帮助其形成正确的价值观念。

（四）以"共建共享"为机制的社区服务

SX 社工反贫困社会服务供给中最有特色和最具有积极意义的当属社区服务。社区服务通过倡导、激活、参与和赋权让村民充分参与到社区事务共同讨论和社区项目共同建设中，通过"共建共享"的服务机制，有效实现村民赋权和社会整合的作用。

第一，定期组织村民大会，打造社会参与平台。SX 社工以定期组织村民大会的形式，与村民一起讨论村庄议题，解决大家共同关心的问题，挖掘村庄各类骨干进行能力建设和培养，通过村民大会发动和协助村民一起来规划村庄的发展路径。以村民大会为平台，村民有了沟通渠道、利益表达渠道，培养起社会参与意识和民主意识，形成对公共事务商议的决策机制，极大地激发起贫困居民的自我意识和内生动力。

第二，建设社区公共空间，结成居民同心纽带。SX 社工通过"顺心而栖广场"和"鲁甸公益人之家"两个项目成功打造出 H 社区的公共空间。"鲁甸公益人之家"是在社工的倡导下，自发建设的两层公共用房和场地。该项目建设过程中土地由村民捐献，资金由村民、政府和"腾讯公益"共同筹措，劳力由村民提供，真正做到了有钱出钱、有力出力、有地出地的全社区集体动员。由 SX 社工组织建设、材料购买和项目验收，整个过程做到公开透明。项目配备了书屋、活动用房和客房，这些成为村民的集体资产，在每年的志愿活动和旅游项目开发中能提供居住用房，获得的收入归村民集体。"顺心而栖广场"也是按照全社区集体动员的方式建立的公共广场，为社区居民提供了更广阔的公共空间。公共空间的建设增强了居民的参与意识和组织能力，培养了居民公共精神，在有效实现社会整合的同时，助力精准脱贫。改变单一性"救济式扶贫"和"产业化扶贫"，通过链接社区优势资源、挖掘社区传统文化、激活社区内生动力、激发社区互助意识，培养公共参与、文化认同、社会互助、环境友好的社区共同体精神。

三、SX 社工精准扶贫社会服务调查分析

H 社区所属的镇已于 2018 年实现脱贫摘帽，全县于 2019 年整体脱贫。在调研中课题组针对当地精准扶贫开展情况，对当时还未脱贫的贫困户和非贫困户的社会服务需求和供给情况进行深度访谈调研，调研的样本包括贫困户 6户、非贫困户 4 户，调研对象还包括 SX 社工工作人员。

（一）SX 社工精准扶贫社会服务供给目标分析

第一，"重服务，轻现金"，强化贫困户的自主意识。H 社区部分贫困户缺乏脱贫动力，自主意识淡薄，政府此前以物质帮扶为主的脱贫措施收效甚微。与政府现金给付为主的精准扶贫策略不同，SX 社工强调以劳动形式供给为主的社会服务。通过服务供给改变贫困户被动接受现金的懒惰意识，能有效激发其参与扶贫项目的主动性，具备较强脱贫致富的自主意识。

张女士（样本编号：H001。24 岁，本科学历，数学专业，SX 社工负责人）：灾后重建之后，我们开始进来，发现村民在社区的主体性真的是太重要了，一定要有这个部分。虽然没有直接给钱，但是地震之后，物资挺丰富（外界捐赠）。我们看到的是我们能力（脱贫引导能力）没有具备之前，我们对村庄的认可度没有提高之前，大量的钱（捐赠资金）进来之后，反而是对村庄的一种破坏。这里很多村民较为懒惰，他们觉得，别人送的不拿白不拿，

他们可以为了一桶方便面排队一整天。我们这几年，一般在村子里面不直接给东西，而是做一些救助类的事情，让他们（贫困户）有一些偿还（付出劳动），最终达到主动付出、自我思考的目的。

第二，"重能力，轻补偿"，提高贫困户的内外动力。外在的物质帮扶需要靠内生动力来实现，内生动力需要以外在物质帮扶为基础。SX 社工以脱贫能力培养为主，着重以内生动力激活为目标，以物质救助为补偿性措施。在全面脱贫以后具有补偿性的物质帮扶成为次要任务，而以具有发展性的社会服务进行能力培养成为主要任务，核心在于全面提升贫困户的内外发展动力。

秦女士（样本编号：H002。25 岁，本科学历，行政管理专业，SX 专业社工）：我们做小孩子的救助，我会让他去管理书屋，有一定程度的付出，他们就会关心书屋和自己的发展。我们利用外界捐的旧衣服开了个互助店，让大家来运营，就是一块钱买三件都可以，但是多少都得付出一些，以这种方式来改变村民不劳而获的想法。我们不像外面的社区活动那样，开展活动还发一些奖品，我们什么都不发。虽然调动居民的内生动力是非常重要的，但是外力也是必不可少的，最好的情况是内外力的结合，否则等到村民的意识觉醒之后，想要发挥主动性，但是却受到资源的限制，最终便会打压村民的积极性和主动性。所以，我们一方面通过设计制度来激发村民的内在动力，另一方面则尽量筹集各方面的慈善资源。

第三，"重合作，轻帮扶"，培养贫困户的协作精神。贫困社区若能实现社区整合和社区认同，将有助于整合社区资源，形成反贫困合力，降低贫困发生率。SX 社工改变传统扶贫过程中的"帮扶逻辑"，而以"合作逻辑"代之。以项目建设为平台，让社工参与到公共事务的管理中，并对他们进行组织和引导。

张女士（样本编号：H001。24 岁，本科学历，数学专业，SX 社工负责人）：我们召开议事会，征集需求，挖掘骨干，达成共识。根据村民的需求，开始筹备活动中心。活动中心具有娱乐、会议、宴客等功能。一开始村民认为是给我们建房子，不是很积极，通过我们耐心解释，并伴随工作的进行，村民的认识开始转变，之前见了我们就说"你们的房子"，现在开始会说"我们的房子"了。房子的资金筹集、设计、建造都有村民的参与。现在已为该房捐钱 8 000 多块，有些人捐一百两百的，也有几十、几块的，都在一个本子上记着。在建水库时，先定一个主题，访问每家，征集共同需求，从私聊开始，到慢慢公开，鼓励其他村民各抒己见，最后大家一起想办法。开始村民对社工认识不清，认为社工是政府的工作人员，所以我们被排斥。通过社工挨家挨户地走访，以及日积月累的工作成果，我们得到了村民的认同，村民开始配合我们的工作。

第四，"讲乡风，述民情"，培育优秀乡风文明。精准扶贫内生动力的形成还需要积极的贫困文化和牢固的乡土感情。这就需要从儿童开始就培养乡村情感，讲授耕地知识，塑造乡土文化。亦需要老年人讲述民情历史，培育乡村文明，创新本土文化，联结村民情感。H 社区的留守儿童服务和空巢老人服务成为 SX 社工构建乡风文明的特色服务项目。

周女士（样本编号：H003。22 岁，专科学历，幼儿教育专业，SX 专业社工）：我们以儿童这个群体来建立整个社区的关系，所以儿童服务较为突出。通过进行乡土自然教育、开展二十四节气系列活动，带领孩子们学习节气的有关知识，在实践中开拓孩子们的视野，体验大自然的多姿多彩，感受自然给人类带来的变化。强化他们对大自然、对身边的事物以及对自身的认识，增强身份的认同。人才是脱贫的关键因素，但是成人的思想均已基本成型，转变较慢，效果会不明显，为了他们可以摆脱"逃离家乡"的困境，在小的时候就应建立对家乡的情感，增强儿童的"返乡"意识，进行情感陪伴，提倡同辈支持。立规矩，让小朋友学会自立，让他们自我组织、自我管理与自我服务。课外辅导。大朋友帮助小朋友。村里缺少老年服务照料，经常看望独居老人，陪伴他们，为他们测血压，听老人讲故事。把老人带到图书室，老人看到孩子们也非常高兴。

（二）H 社区精准扶贫社会服务需求分析

第一，贫困户社会服务需求分析。从政府现有的精准扶贫帮扶措施来看，贫困户社会服务主要包括住房补贴、转移性政策资金补贴、养老金补贴、低保金、教育补贴、基本医疗保险补贴等现金补助类帮扶，以及种养殖产业扶持、道路硬化到村、广播电视、安全饮用水、村卫生室、公共活动场所等公共基础设施类帮扶。但是，从贫困户的致贫原因来看，被访贫困户致贫按照重要性排序依次是自身发展动力不足、因病、缺乏劳动力、缺少技术、因学、因残。在基本需求得到满足的前提下，社会服务需求成为主要需求。

（1）通过儿童教育的社会服务介入儿童能力和知识得到增长，妇女的照顾压力和精神压力得到缓解。希望能增加知识、掌握技能。

邵女士（样本编号：H004。30 岁，小学学历）：我老公常年在外打工，家里剩下我、婆婆和两个小孩。之前由于婆婆患了癌症，花了不少钱。前不久婆婆去世，家里的经济压力小了很多。自己的孩子在服务中心参加活动，可以认识很多朋友，胆识得到了增强，同时也了解到了许多知识，现在可以自己看一些书籍，并且在工作者的帮助下，自己的照顾压力得到缓解。自己希望能掌握点技能，一方面能减轻经济压力，另一方面能与人多交流。现在两个孩子经常去服务中心玩，自己也有点时间，希望能读读书。

赵女士（样本编号：H005。44岁，初中学历）：家里有两个在校大学生，他们在校期间获得国家教育补助；丈夫在昆明打工，自己在家种植核桃，一年有几百元的收入。家中有五六万元的欠款，生活基本能维持。非常认可工作者的工作，觉得孩子们能在服务中心学习知识和学会相互帮助，妇女也有了去处，任何事情都可以在服务中心得到帮助。

（2）通过老年人健康服务老年人对自己的身体状况有了更多了解，懂得一些基本医学常识和良好生活方式。希望增加健康服务项目和陪伴服务。

郭先生（样本编号：H006。76岁，文盲）：家里就老伴和自己两人，孩子们在外地打工并都把户口迁到了城里。主要靠低保金和政府救助维持基本生活。搬到新的定居点后，自家的田在山脚，年纪大了爬不动就荒着了，修新房还欠几万块钱。儿子家中有三个小孩，平时的收入勉强维持小孩子的生活费。两人都有高血压。经常去服务中心进行血压测量，认为与之前相比，可以时刻关注自己的身体状况，并且社工提供了便利的医疗服务。希望这样的服务还能多一些。多陪自己聊聊天，最好还能有些生活帮助。

肖女士（样本编号：H007。61岁，文盲）：家里就自己一人，五保户，由政府给钱和买保险，有风湿病不能下地干活，认为社工组织量血压和聊天挺好的。希望能帮自己做一些家务，多陪陪她。

（3）通过妇女就业服务和技能培训实现经营能力和沟通交往能力的提升，激发其内生动力。希望能继续加强专业技能和沟通交往能力，增强内驱力。

李女士（样本编号：H008。38岁，初小学历）：家里共有四个小孩（其中一子为非婚生），丈夫因打架入狱。在 SX 社工的帮助下开了社区互助店，由于个人懒惰和其他原因被辞退。四处借钱，不会理财，生活能力不足，生活艰难。社工给她很大的帮助，可是她较为懒惰，又不会经营，以致互助店开不下去。希望能通过参加村里妇女活动改变她自己。

李女士（样本编号：H009。51岁，小学学历）：家里一共有6个小孩，4个在城里打工并已经落户城里，剩下1个小儿子和1个腰部受伤的儿子。另外还有年迈的婆婆，家里两人需要照顾，所以家庭经济状况不好。现在社区互助店由自己来经营，对锻炼自己帮助很大，但是收入一般。经常参加社工组织的村民大会，和社工也经常聊天。希望接下来能多学些东西把店开好。

（4）通过公共空间建设和公共活动组织的社区社会服务，村民间关系融洽，形成了公共文化和公共意识。希望能增强劳动技能，在交往中得到乡亲支持。

李先生（样本编号：H010。53岁，小学学历）：家里小孩都到城市去了，家里供养着70来岁的父亲，自己之前在城里打工受伤后就一直没出去。村里人都是新搬迁来的，彼此比较陌生，感觉村里有社工以后乡亲之间来往多了，大家还一起开会商议如何建公房，很融洽。希望能学点手艺再出去打工，毕竟年纪大了，体力活有些吃不消了，何况还受过伤。

第二，非贫困户社会服务需求分析。SX社工的社会服务供给并不细分贫困户和非贫困户，在服务项目和内容上并无明显差异。H社区受地理环境和自然条件限制，各户贫困程度相当，建档立卡贫困户与非贫困户贫富差距相当。在社会服务需求中只有细微差异。

马先生（样本编号：H011。27岁）：孩子就在服务中心接受服务，他希望能继续开展社工服务，甚至愿意接受收费服务。自己参加建公房，媳妇参加建广场。以前孩子没有去处，现在一家人都喜欢在公房、广场和大家一起活动，大家都很开心。

马先生（样本编号：H012。31岁）：有两个孩子经常在服务中心看书（一个一年级，一个二年级），平时听到服务中心通知开会就会马上去参加，认为开会是一种好事，觉得社会组织为他们做事情很周到。以前不愿意说话，现在会主动参与社区事务，承担社区工作，公房建设的用地就是自己家出的，觉得很自豪。

李先生（样本编号：H013。61岁）：社工主要为其提供了社会支持，以及陪伴和照料服务，经常参加周五的血压测量活动。社工人员经常来家里照看自己、关心自己的生活状况。喜欢参加村里的活动，老人们相互交流，学到很多养身和保健的知识。

部分年轻村民认为儿童服务减轻了照顾小孩的压力，不但小孩可以学到知识、交到朋友，自己也能获得知识，还有更多时间工作。希望提供更为专业的教育和服务，收费也可以接受。大部分村民对公共空间建设和公共活动组织很感兴趣，觉得有归属感，村民更加团结，关系更加融洽。希望能继续开展丰富多彩的活动。妇女在集体活动中参与感、价值感、自我意识、交流能力和权利意识增强，希望能继续参与活动，加强专业技能学习。老年人希望在现有健康服务和陪伴服务的基础上改善照顾和陪伴服务。

第三，SX社工需求分析。一是工作人员需求。SX社工三人的服务团队对于服务如此巨大的贫困群体，显然势单力薄，这将直接影响运作效能。随着居民社会服务需求的不断增加，社工人才的需求显得尤为突出。虽然机构一直在招聘，但机构位置偏远，待遇一般，使得岗位缺乏吸引力。二是专业指导需求。目前全职的三位社工均是非专业背景出身，其专业社会工作和心理咨询知识和技巧尚需丰富和提升。加之年纪较轻，其在处理复杂家庭问题等方面缺乏经验和督导。虽然行业协会和专业机构经常提供学习机会，但是现有人力资源不足限制了发展的空间。三是资金物资需求。SX 社工现有的服务项目只能维持其正常工资发放和运转，社会各界的捐赠物资远不能支持中心发展。虽然慈善基金项目和政府购买服务项目在支持中心运转，但是缺乏稳定性，而且政府购买项目资金过少。因此，资金物资供给的不稳定性，成为机构生存的威胁。

四、SX 社工精准扶贫社会服务供给的作用分析

社会工作与精准扶贫在价值观、工作方法、工作过程、目标追求等方面具有相似性或同构性①。通过 SX 社工在 H 社区介入精准扶贫社会服务供给的过程，可以发现社会组织运用社会工作方法可以将精准扶贫的内生动力激发的价值观、"扶贫与扶智相结合"的工作方法、精准帮扶的工作过程和赋权增能的目标追求有机结合，并得到有效体现。社会工作方法介入精准扶贫具有系统性优势，根据社会工作的系统理论，精准扶贫可以涉及四个基本系统：促变主体系统，工作对象系统，目标系统和行动系统②。我们可以就社会组织在精准扶贫社会服务供给的作用分析中运用四个系统来进行解释，其作用具有以下特征：

（一）"嵌入式"服务主体系统，增强服务主体认可度

社会组织工作者以"本地人"身份嵌入当地生活圈子，会产生天然的亲切感。SX 社工的法人代表张女士从小在 H 社区长大，另外两位社工也来自附近村庄，与当地居民有着天然的亲属关系，且熟悉当地文化、社会关系、经济特征、生活习惯和居民心理，归属感强，认可度高。能根据当地现实需求进行迫切性的社会服务供给。社会工作组织以"普通人"身份嵌入当地社会体系，具有渐进的"我们感"。政府部门扶贫和市场主体扶贫具有一定的"外来性"特征，其"补偿性"和"非稳定性"明显。一方面，由于缺乏长期和稳定的沟通过程，缺乏深入性需求调研，服务供给效果容易水土不服。另一方面，由

---

① 王思斌. 精准扶贫的社会工作参与——兼论实践型精准扶贫 [J]. 社会工作，2016（3）：3-9.

② 顾东辉. 精准扶贫内涵与实务：社会工作视角的初步解读 [J]. 社会工作，2016（5）：3-14.

于服务供给政策性和实效性较强，服务供给项目容易人浮于事，缺乏长效性。本地社会工作组织立足于本地社区，具有利益相关性和服务持久性的优势，易于与当地居民形成共识，成为利益共同体。

（二）"参与式"服务客体系统，增强服务客体自主性

社会工作组织介入反贫困社会服务的主要目的与手段就是通过服务客体的全程参与，提升客体的自主性，实现"助人自助"，这是对公共部门所组织的以物质帮扶为主的被动式扶贫的有益补充。第一，实现以个人能力提升为方式的参与式服务。通过小组工作的方法鼓励个人参与组织集体活动和知识分享，树立正确的价值观念，提升个人沟通能力和社会交往能力。第二，实现以家庭和谐建设为目的的参与式服务。通过家庭咨询和小组工作的方法激发家庭参与社区活动的积极性和主动性。第三，实现以社区共融为目的的参与式服务。通过社区工作的方法有效提升社区建设的主动性，有效实现社会整合。

（三）"共享式"服务行动系统，增强服务资源整合性

在精准扶贫中，社会工作最明显的优势就是链接域外资源，推动多元合作①。社会工作组织通过"共享式"的资源整合服务行动系统，链接社会服务系统内外资源，实现可用资源最大化共享。第一，实现精准扶贫供给主体内资源链接。社工机构的"中介性"特征有利于公共部门、市场主体和社会组织在服务供给时依托其专业优势进行公共基础设施硬件和人才、信息、技术等软件的使用。第二，实现精准扶贫供给客体间资源链接。社工机构的"伙伴性"特征有利于贫困者、贫困家庭和贫困社区的社会整合，形成资源共享的良性机制。第三，实现精准扶贫供给域外资源链接。社工机构的"非营利"特征有利于号召境内外的慈善资源进行反贫困物资和资金的捐赠、收集和分发，形成"权责统一"的扶贫物资发放机制。

（四）"投资式"服务目标系统，增强服务效能赋权性

"投资性"是积极福利理论重要的价值体现和行为方式。社会工作组织摒弃短视性补偿福利措施，换之以预防性发展福利措施，其中重要的目标系统建构就是进行社会投资，以实现贫困者赋权增能，实现服务效能的增值。第一，投资公共空间，实现空间赋权。通过投资公屋实现共同资产建设，建立起公共意识；通过投资广场实现空间共享，建立起共同认知。第二，投资公共文化，实现文化赋权。通过乡土教育建立起乡土感情，通过民风示范建立起乡风文

---

① 李迎生，徐向文. 社会工作助力精准扶贫：功能定位与实践探索 [J]. 学海，2016（4）：114-123.

明，通过文化活动参与实现价值认同。第三，投资能力建设，实现能力赋权。通过投资学习能力、管理能力、社交能力、财务能力、经营能力建设建构贫困者能力体系，促进其内生动力形成，最终实现增能赋权。

第二节　乡村精英在精准扶贫中的社会服务供给
——基于云南省 N 村的分析

在我国传统的乡土社会，乡村精英在乡村治理和脱贫致富的过程中始终扮演着不可或缺的角色。乡村精英在精准扶贫的政策背景下作为社会主体的组成部分，凭借其天然的主体性和榜样性在精准扶贫社会服务供给中发挥着重要作用。依据乡村精英在不同资本上的相对优势，我们把乡村精英划分为政治精英、经济精英和社会精英。政治精英由支部书记、村委会主任和积极参与社区政治的社区能人组成。经济精英由社区范围内的私营企业主和集体企业的创办者和管理者组成。社会精英则是人品、知识、经验、背景等方面具有优势的社区成员①。云南省 N 村的乡村精英在本村贫困户精准脱贫过程中作用突出。从分类来看作用发挥较为明显的是经济精英和社会精英。课题组 2018 年 1 月以 N 村翁先生夫妇为个案研究对象，对其在扶贫社会服务中所发挥的作用进行了研究。

一、云南省 N 村精准扶贫概况

（一）N 村贫困状况

N 村隶属于 E 县 N 乡，截至 2017 年末，全县精准减贫 1 226 户 4 565 人，贫困发生率降至 1.28%，各项指标已达到贫困县退出标准，成为云南省第一批 15 个摘帽县之一②。N 村辖石碑、炼渡、文登等 15 个村民小组。全村总面积为 6.6 平方千米，海拔 2 113.30 米，耕地面积 2 319.1 亩，人均耕地 0.543 亩，林地 4 191.00 亩。现有农户 1 022 户，人口 4 270 人，其中农业人口 4 216 人，劳动力 2 283 人，其中从事第一产业的人数 1 961 人。有建档立卡贫困户 560 人，其中石碑 242 人、炼渡 146 人、文登 172 人。按照贫困进程来看，从 2014

---

① 陈光金. 20 世纪末农村社区精英的"资本"积累策略 [J]. 江苏行政学院学报，2004 (6)：54-60.

② 许中波. "环保嵌入扶贫"：政策目标组合下的基层治理 [J]. 华南农业大学学报（社会科学版），2019 (6)：12-22.

年至 2020 年脱贫人数分别为 181 人、102 人、117 人、69 人、63 人、11 人、17 人。

（二）乡村精英扶贫目标建构

从价值导向看，翁先生夫妇以"乡亲互助，共同发展"为价值理念，极力帮助乡亲发展生产，改善生活。一方面，基于乡亲情感的帮扶倾向于资金技术的帮扶，以期在短时期内改变贫困面貌。另一方面，基于产业发展的帮扶倾向于经济和家庭的可发展性和可持续性。两方面价值的实现，体现了从基本物质残补型需求帮扶到家庭事业发展型需求帮扶的实现，二者既具有实现的继承性也具有共时性。根据不同乡亲的能力差异，存在三种价值实现差异——物质基本型、发展型和物质向发展过渡型。随着精准扶贫的推进，贫困户实现了兜底保障，翁先生夫妇更倾向于乡亲共同发展的价值。从福利分配看，以"能力驱动，产业为本"而非政府的建档立卡为标准确立帮扶对象。翁先生夫妇在进行帮扶服务时更倾向于有自身发展需求和产业基础的贫困户，通过产业资源链接、信息链接和资金帮扶等服务，有效提升贫困户家庭的经济收益。从具体目标看，以乡村经济精英形象出现的反贫困社会服务，以家族关系、个人情感和社区认同为基础进行个人供给。没有明确的反贫困计划和社会服务组织目标，具有较强的随意性和变化性，具体目标难以确定。

（三）乡村精英的行动逻辑

从组织形式看，翁先生夫妇成立"EY 购销厂"，以此为基础广泛动员附近村民参与购销，以实现产业服务、技术服务和就业服务。翁先生夫妇成为当地的经济精英，其收购活动涉及的人家从初期的几十户到后来的上千户，其中包含大量贫困户。通过对当地经济活动的倡导，翁先生夫妇实现了经济资本增值，成为当地农产品第一购销大户。基于常年的产业服务，建立起与贫困户的信任关系，进而建立起良好的社会关系，实现社会资本增值；通过村民的选举和村干部推荐，成为县人大代表，实现了政治资本增值。从翁先生夫妇的扶贫服务行动来看，其在无意识中，实现了从经济精英到社会精英再到政治精英的乡村精英角色嬗变。从筹资渠道来看，翁先生夫妇始终坚持自筹资金的方式进行服务供给。一是夫妻二人担心家族力量和社会力量的介入会影响服务而拒绝亲朋的资金加盟。二是担心他们文化程度不高（小学学历），难以提升经营水平，而拒绝政府资金注入。当地县政府和乡政府曾鼓励其开办公司，并辅之以60 万元的资金帮扶，但因难以实现公司化经营而拒绝。

二、N村乡村精英扶贫社会服务供给分析

(一)提供市场营销服务，增强产业盈利能力

翁先生夫妇的主要产业或者说其提供社会服务的主要内容，就是提供市场营销服务。这主要涉及农产品收购服务、包销服务和市场信息服务。贫困户和山区居民生活环境闭塞、交往空间有限，限制了其社会交往能力、信息收集分析能力和产业发展能力。在农产品收购方面，翁先生夫妇提供上门收购农产品的方法，通过高于或等价于市场价的方式收购白豆、松茸、药材等，为贫困户增加了收入。这为贫困户分担了收购产品的风险，但有时还会出现亏损的情况。甚至翁先生夫妇曾经还收购了并无客源的产品，为贫困户寻找产品销售渠道。

翁先生："2015年玛卡种植过剩，导致大量玛卡滞销，当地村民不得不大幅降价销售，即便如此也没有商家收购，导致大量村民致贫。为此我们上门收购玛卡，市场价3元一斤（1斤＝500克。下同），我们5元一斤收购，并为农户寻找销售渠道。因此，我们亏损达10余万元。村民也不傻，也知道我们吃亏。以后只要有需要都会尽力帮助我们，在收购信息方面对我们非常信任。"

在市场信息服务方面，根据多年的收购经验和市场把握能力，为村民提供可靠的农产品需求信息、技术服务信息和销售价格信息。通过对市场的提前预测和判断，降低农户种植风险，大幅度提高收入水平。

翁太太："这些贫困户真的很可怜，他们只知道市场上什么贵就种什么，根本不会提前预测，没有信息来源，也不知道该问谁。经常搞得种什么亏什么。不是说他们不勤劳，而是太憨。我们经常是根据之前的经验和市场变化的信息，头一两年就挨家挨户地劝说，让他们第二年种什么。一开始大家不信，慢慢地就开始主动问我们，现在好多贫困户脱贫就是缘于我们给他们提供了有用的信息。"

(二)提供就业帮扶服务，提升脱贫生存能力

一是提供就业岗位安置服务。"EY购销厂"以员工灵活安排的形式进行就业岗位安置服务。每年6月至8月和11月至下一年1月是收购农产品并进行销售的时间，此间需要大量员工进行农产品初加工、清理、分装和搬运。只要愿意劳动的贫困户，翁先生夫妇都会提供工作机会，同时以优惠的工价并根据工作量按日结算。

翁太太："附近的贫困户很愿意来我们家工作，像之前11月份开始收购和处理白芸豆时就来了上百人。因为白芸豆容易坏，而且时间紧迫，我们的工作量很大，经常从早上7点多干到晚上11点。我们每天都计算大家的工作量，

即时发放工钱。大家很愿意来干活，而且也很卖力。自从我们有个厂子以后，平时大家在家里打理自己的田土，到我们忙的时候又过来帮忙，出去打工的人都很少。我们在一起干活时互相聊聊天，每天虽然累，不过很开心。"

二是提供就业技能培训服务。翁先生夫妇每年通过提供农产品处理技能培训为贫困户增加了新技能，而且还提供种植技术培训，甚至提供免费种苗，参与全程技术指导。

翁先生："这些贫困户没有多少种植新作物的知识。我们虽然告诉他们什么作物可以有好的收成，但是他们并不会耕种。于是我们就给他们发种子，教他们怎么种。到第三年该换种子时，也是我们给他们换。"

三是进行创业机会供给服务。翁先生还给村里有创业意愿的人提供无担保借款并进行资源链接和创业指导。

翁先生："我帮助村里想创业的人，告诉他们创业的机会和风险，还借钱给他们。很多人创业成功，有做运输的、养牛的、做乳扇的，还有做基建的。也有人创业失败再找我借钱的，我都借。有个人之前借了我 80 万元，创业失败，又找我借 30 万元，我还是借给他。"

（三）提供家庭帮扶服务，保障基本生活能力

EY 县当地针对建档立卡贫困户进行危房改造规定，所需资金必须在房屋改造完成后经房管部门评估后方可支付，所以贫困户必须先借钱才能建房和享受补贴，这为贫困户带来很大的建房障碍。翁先生夫妇针对家里特别困难且借不到钱的贫困户，进行住房建设垫资，还帮助其采购建房材料和联系建筑工人。

（四）提供利益表达服务，强化权益维护能力

鉴于翁先生夫妇在当地提供的社会服务和良好的口碑，大理州政府于 2015 年将翁先生和翁太太评为"大理州农村乡土拔尖人才"，翁太太还被选为县人大代表。平时翁太太经常参与村民组织的活动，哪家有红白喜事都会参与。通过与村民充分的交流和意见收集，形成自己的意见簿。一方面，通过与村委会建立良好的关系，向村干部及时有效地反映村民诉求。另一方面，通过参与政府和公共部门组织的会议，将村民反映的实际情况和利益诉求进行充分表达，形成及时有效的提案。

三、N 村建档立卡贫困户社会服务的调查分析

（一）贫困户致贫原因分析

从 2018 年 N 村 31 户建档立卡贫困户统计数据看，脱贫户中因缺技术致贫的占比最高，约为 29%，说明当地科技服务和就业技能培训较为落后。因自身

发展力不足的占比约为26%，说明当地对贫困户内生动力发掘不足，影响其发展力。这二者的占比达到55%，明显说明当地在精准扶贫社会服务中缺乏有力举措，缺乏对贫困户的个性化和发展性的有效帮扶措施。因残致贫和因病致贫的占比之和为29%，这两项占比不高说明当地基本医疗保障和健康服务体系的完善，已经给当地居民带来实惠，其中基本医疗保险和大病医疗保险的全覆盖起到了关键作用。因缺劳动力和缺资金致贫的比例分别约为13%和3%，此比例明显较低，说明当地扶贫资金帮扶力度较大，而且外出务工人员较少，劳动力充足。另外，因学、因灾、缺土地等未成为致贫的原因，这与地方政府的社会救助和政策倾斜有密切的关系，也是精准扶贫在前期的主要成果表现（见表7-3）。综合来看，N村精准扶贫的基本条件较好，基础保障措施到位，其短板在于以技术服务和就业服务为主的社会服务供给缺乏。

表7-3 2018年N村未脱贫户致贫原因表

致贫原因	因病	因残	自身发展力不足	缺技术	缺劳动力	缺资金
户数/户	5	4	8	9	4	1
百分比/%	16	13	26	29	13	3

（二）公共部门贫困户脱贫帮扶

N村精准脱贫的主力依然是以当地政府部门为代表的公共部门，主要帮扶措施包括产业发展、教育支持、转移就业、健康救助、生态保护和兜底保障。扶贫措施还是以现金形式的帮扶为主，有少量社会服务帮扶。从EY县脱贫攻坚路线图可以看出，产业发展主要包括基地建设、新型经营组织培育、技术服务体系、能力建设、营销体系建设，该项措施惠及每户贫困户，其中能力建设主要是实用技术培训。教育支持主要是针对义务教育和在校贫困生的经济帮扶和救助；转移就业主要包括技能培训和稳定就业，对参加培训和外出务工人员进行资金补贴；健康救助对所有贫困户就医疗保险、大病保险和补充保险进行现金补贴；生态保护主要是对退耕还林贫困户进行经济补偿，此项占比也较高，约为87%；兜底保障针对新农保、低保和五保户做到应保尽保（见表7-4）。

表7-4 2018年N村帮扶措施表

帮扶措施	产业发展	教育支持	转移就业	健康救助	生态保护	兜底保障
户数/户	31	12	16	12	27	10
百分比/%	100	39	52	39	87	32

（三）贫困户社会服务供给需求分析

通过对 N 村致贫原因和帮扶措施的分析，我们发现：现有公共部门帮扶措施中只有产业发展的实用技术培训和转移就业中的技能培训属于社会服务，具有较强的发展性福利功能，其他帮扶措施均主要以现金形式供给。这与贫困户因自身发展不足和缺技术致贫从而需要社会服务供给形成突出的矛盾。公共部门精准扶贫表现为扶贫措施现金化和扶贫对象普适化。从贫困户脱贫需求来看，缺乏社会服务供给多样化、个性化和多元化。

四、N 村乡村精英参与精准扶贫社会服务供给的作用分析

翁先生夫妇以乡村精英的形式参与精准扶贫的社会服务供给有效消除了政府扶贫"输入式"扶贫的弊端，通过具有"协作式""共融式"和"在地式"的扶贫服务，将国家利益和社会利益相融合、个人利益和乡村利益相包容、生产发展和家庭生活相协调，既提升了经济收入，又保留了劳动力，为贫困村的可持续发展提供了动力机制和人力资源。

（一）"协作式"扶贫，实现国家与社会的有效衔接

自上而下的资源"输入式"扶贫方式，将带来扶贫方式水土不服、社会资源动员不力、扶贫信息认知不清等弊端，加之乡村社会组织化水平低，村民自主性弱，使得"体制内资源"和"体制外资源"出现断裂。贫困者对社会资源和信息获取能力的缺乏加剧贫困现象。此时，较高的声望、丰富的社会资源以及互惠动机使得乡村治理精英成为领导村民脱贫致富、衔接国家与社会的重要力量。乡村精英成为村民的榜样，并以个人力量促成集体行动，通过示范效应带动村民致富并建立与政府工作人员之间的非正式关系网络①。作为乡村精英的翁先生夫妇，通过经济行为实现政府资源和市场商机的衔接，通过与村民的信任基础强化村民对政府的理解，通过听取村民意见实现村民与政府的利益沟通。乡村精英通过协作的方式，实现村民与政府的扶贫信息互通、扶贫资源链接和扶贫行动互信。可以说，乡村治理精英成为国家与社会衔接的重要载体。

（二）"共融式"扶贫，实现个人与乡村的包容发展

乡村精英与贫困村民具有天然的社会关系和关系同盟基础。中国贫困乡村中以土地为基础的亲属关系决定了其"共融式"的经济关系。另外，以婚姻

---

① 朱天义，高莉娟. 精准扶贫中乡村治理精英对国家与社会的衔接研究——江西省 XS 县的实践分析 [J]. 社会主义研究，2016（5）：89-99.

为基础的连带社会关系进一步强化了这种共融关系。因此，乡村精英的个人发展不可能离开乡村整体发展，由此形成互惠关系。基于互惠条件，精英个人与贫困户之间形成包容发展关系。这一则有效弥补了产业发展中二者资金的不足，让信用成为财产担保的有效形式，实现发展资金包容；二则共享致富的关键信息和技术①，让成功经验成为脱贫的可靠渠道，实现致富经验包容；三则共享营销网络渠道，让营销关系和网络得以传递，实现关系网络包容。而且经济发展和扶贫服务增加了乡村精英与村民互动的机会，也强化了其非正式权威地位。如此进一步增加其社会资本和经济资本，进一步强化权威地位，实现精英与贫困户的"共融式"发展。

（三）"在地式"扶贫，实现生活与生计的有机协调

以外出务工为主要形式的贫困户转移就业有效实现了脱贫，但与此相伴的生活空间和生计空间分割造成空巢老人、留守儿童和夫妻分离等严重问题，事实上增加了照顾成本和教育成本。乡村精英以当地特色产业为支撑，发展当地居民熟悉的产业，有效实现了当地经济内在式发展；以"在地化"就业为基础，在保障劳动力资源的基础上，有效化解了外出务工造成的养老服务和家庭服务缺失的问题；以"在地化"人力资源为基础能有效延续当地文化和社会关系，更有利于社会整合和社会团结，极大保障了当地贫困者参与社会生产的积极性。乡村精英"在地式"扶贫有效整合了当地居民的生活与生计，在反贫困过程中实现了二者的有机协调，很大程度上缓解了社会压力，促进了社会团结。

第三节　社会主体在精准扶贫中社会服务的作用分析

社会主体以其独特的社会性和情感性运作逻辑进行扶贫社会服务供给。因为主体的多样性特征使得服务供给出现地区差异性、个体差异性和组织差异性，所以总结社会主体的社会服务效能共性具有一定的难度。我们从积极福利视角切入，以社会工作组织和乡村精英为研究对象，对两个案例的行动机制、供给结构和治理工具进行研究，发现其供给效能的共性特征，对以积极福利思想为目标的社会主体反贫困提供参考模式。

---

① 刘德忠. 社会资本视角下的农村经济精英［J］. 华中师范大学学报（人文社会科学版），2007（4）：23-29.

一、社会主体精准扶贫社会服务供给的机制分析

（一）"使命驱动，互利共赢"的扶贫社会服务行动机制

社会主体参与扶贫社会服务的主要特征是身份"嵌入性"，服务供给主体与客体间具有整体利益和个体利益的密切关联性。因此，作为供给主体的社会主体在服务供给中体现为使命驱动和利益驱动，该行动过程在积极福利思想理念下得以有效整合。

第一，关爱使命驱动社会互助发展。社会主体基于天然的社会关系和乡土情感，其社会服务的重要使命之一就在于为服务对象即空巢老人、留守儿童、残疾人群和妇女群体等弱势群体提供关爱和照顾服务，这是公共部门和市场主体难以实现的目标。社会主体通过弱势群体社会服务的"助人自助"激活潜在的社会服务主体，形成弱势互助和社会主体联盟，实现资源整合并形成社会互助的风气和机制。

第二，赋权使命驱动经济互利发展。社会主体在社会服务供给过程中本身也是经济利益主体，存在一定的经济利益导向。以就业服务为主的贫困者赋权使命，能增强其就业能力和经济创造能力，该过程也实现了乡村整体性经济发展能力增长。例如，SX 社工的妇女社会服务在增强妇女经营能力的基础上扩大了互助商店的经营规模，这也增强了 SX 社工的社会影响力，更易积累社会资源。翁先生夫妇通过对贫困户的农业知识和技能培训在增加贫困户收入的同时，保证了货源的品质和数量，提高了购销厂的经济效益。赋权使命驱动的收入增长带来了服务供给者和整村的经济互利发展。

第三，互信使命驱动文化共融发展。社会主体的"嵌入式"发展对于社区文化整体性建设具有明显优势。通过社区社会工作的方法和小组工作的方法进行社区公共空间建设和公共资产建设形成互信团队和社会共识。通过文化传承、传统文化创新、社区营造和利益表达，形成共同认可的价值理念、文化传统和制度机制，以实现文化的共融发展。例如，SX 社工在公共空间建设时形成了"资金共担、劳力共出、工程共管、利益共享"的互信机制。翁先生夫妇以"购销合作社"的形式，将村民纳入经营实体"共担风险，共享成果"的互信机制。互信使命驱动本地共同文化的形成，促进文化共融发展。

（二）"个体介入，整体输出"的扶贫社会服务供给结构

我国公共部门精准扶贫服务的"纵向到底，横纵协作"供给结构具有"整体介入，个体输出"的特性。其供给主体往往是一级地方政府部门或一个职能部门的全体工作人员，其产出目标是贫困户个体性脱贫收入是否达到标

准，而非整体性行为和价值改变。社会主体扶贫往往是个人和单一组织对贫困者或贫困户个体进行个性化服务供给，结果是对个体行为和价值的整体性改变，也是对社区文化和社会结构的整体性输出。

在个体介入方面，社会工作组织中的社工提供专业化和个性化的个案社会服务，通过了解贫困者家庭背景、亲属关系、文化水平、心理特征和生活习惯等个性化特征，给予贫困者心理支持、社会支持、技能培训、物质帮扶和资源链接，以达到贫困者需求唤醒、扶贫参与和脱贫赋权的目标。社工还以小组社会工作的方式，通过贫困者个体间相互支持、协作、分享和成长，纠正个体的行为、认知和情感，提升自我的沟通、协调、组织等能力，以形成积极的价值观、行为模式和人生态度。就乡村精英而言，以"差序格局"为基础的个体亲疏关系和服务能力的有限性决定其社会服务供给只能从个体介入提供产业服务、就业服务和家庭服务。在乡村集体活动和集体生产的过程中，以乡村精英为榜样和导向，通过交流和活动调适贫困者的自我认知和行为模式。

在整体输出方面，有了个案工作和小组工作对个体的介入影响，社会主体的终极目标是实现整体输出。社会工作组织中的社工以社区社会工作的方式，通过组织和动员贫困者和社会资源，开展社区集体活动，解决社会问题，改善社区关系，营造社区氛围，培养社区精神，实现整体性社区积极文化输出、整体性社会行动机制输出和整体性社会资本力量输出。

（三）"弱势赋能，产业增效"的扶贫社会服务治理工具

公共部门以资金输出为主的精准扶贫缺乏供给的长效性，而社会主体的精准扶贫优势在于精准社会服务和弱势服务供给。社会工作组织充分发挥其弱势赋能的专业优势和组织优势，包括空巢老人、留守儿童、留守妇女和残疾人在内的弱势群体社会服务成为其优势治理工具。弱势人群在公共部门精准扶贫中是对资源纯损耗的劣势资源，难以进行赋权。在社会工作领域，从优势视角和赋权视角通过小组社会工作对弱势群体进行充分认知，由先发展带动后发展，变劣势为优势，整合群体间资源有效实现弱势赋能。乡村精英以其市场资源优势、社会资本优势和政治资源优势进行扶贫社会服务，其治理结果集中体现为产业增效。通过发挥乡村精英的资金优势、信息优势、营销优势和技术优势对贫困户进行资金帮扶、信息供给、营销整合、技术指导、人力吸纳、项目帮扶，以实现贫困户资金保障、技术导入、业务支持、产业发展和精准脱贫。

二、社会主体社会服务在精准扶贫中的优势分析

（一）服务个性供给，增能精准到位

公共部门的精准扶贫以精准识别和精准帮扶为路径，以期实现个性化靶向

精准帮扶。可是，以经济手段为主的帮扶措施和政策性帮扶的阶段性特征在"后脱贫时代"的能力精准帮扶中却显得捉襟见肘。社会主体以"嵌入性"特征，以社会服务为工具和专业性社会工作为方法更能体现积极福利思想导入的精准增能服务。一是个性化需求调查实现服务客体精准供给。社会主体的专业化分析方法，可以从家庭结构、心理需求、经济状况、文化水平、身体状况等内容进行信息采集，利用生命周期理论、系统分析理论和优势视角理论等进行专业性分析，使得精准服务更具科学性。二是个性化服务供给设计实现服务客体精准增能。通过个体的精准化需求分析设计阶段性增能策略，在介入、唤醒、参与和赋权的过程实现了个性化设计，从赋权阶段来看实现了个人赋权、家庭赋权、社区赋权和社会赋权。三是个性化服务评估和后续服务设计实现服务客体精准评估。借助社会工作专业评估工具和项目评估介入评估，使得增能结果考核更具可靠性，并为后续服务供给提供了参考依据。可见，服务个性化和精准化依赖于专业性方法和嵌入性分析，此时增能才具有持续性。

（二）利益整体关联，资源优势集中

公共部门纵向层级剥离和横向职能分割容易导致部门利益分化而影响公共资源的优势分配。另外，过度化动员机制容易产生资源浪费和分配不均。社会主体因其身份的"融合性"特征实现了服务主客体间的利益整体性关联。社会组织和乡村精英的事业发展依赖于贫困乡村的社会服务升级和产业范围拓展，贫困户和贫困乡村的脱贫和发展需要社会组织和乡村精英进行服务补缺和产业增能。二者相互依存的整体性关系，更容易形成贫困社区的资源合力。另外，不同于公共部门的官僚制层级和功能分割机制，社会主体的管理过程独立性和组织结构简易性更易于节约时间机会成本和管理过程成本。而且，社会主体的社会性和本土性特征表现为更熟悉当地资源的构成和存在形式。在本身就缺乏反贫困资源的前提下，社会主体更倾向于发现、集中和整合社会资源，以更加优化的方式实现资源的优势集中。

（三）资本扩展升级，服务投资增值

社会主体生存的优势路径就在于唤醒、开发和整合资源，让有限资源升级为可再生资本。该过程也是积极福利的社会投资过程，实现了经济资本、社会资本和政治资本的增值。一是社会主体以赋权增能为目标通过内生动力激发和就业技能提升，为贫困者提供更多创造经济价值的机会。而且，通过整体性贫困社区有机体打造，在实现服务客体资源链接的同时，打造集体经济资产，实现资本扩展升级和社区服务投资增值。二是经济资本增值带动社会资本扩展。在贫困社区，经济资本增值带来的信任、尊重和威望能拓展人际关系和人情圈子，实现社会资源扩展，进而推动经济资产增值，并加固和扩展社会资源，形成社会资本。三是经济资本和社会资本增值带来政治资本积累。代表性贫困户脱贫具有榜样效应，在经济资本和社会资本聚集后，政治身份也随之被赋予，形成"锦上添花"的"马太效应"，进一步促进经济资本和社会资本的增长。因此，社会主体在进行社会服务供给的过程中实现了自我的资本增值，在整体性效用的促进下也实现了服务客体的资本增值。

三、社会主体社会服务在精准扶贫中的劣势分析

（一）非体制性服务供给，缺乏持续性资源保障

我国以公有制为主体的所有制性质决定了作为"体制化"的公共部门在精准扶贫社会服务供给时掌握公共资源的绝对控制权。国家各级财政在脱贫攻坚期均将资金向反贫困行动倾斜，各级政府行政人员也以最大人力资源供给支援精准扶贫。但是，作为社会主体的社会服务供给却具有明显的非体制性和民间性。长期以来，我国"强政府、弱社会"的特征导致优势资源向政府倾斜叠加，而社会则缺乏相应的发展资源和力量。社会发育不良导致社会力量激活不充分，难以形成持续性社会资源开发和供给。因此，社会主体的非体制性服务供给具有资源稀缺性和非持续性的特征。这具体表现为：一是政府反贫困社会服务购买不足，影响社会组织服务供给质量和持续性。在"社会治理现代化"政策背景下，我国大城市已经广泛开展政府社会服务购买。可是，在边远贫困农村由于人口基数小和可承接社会服务的组织少，政府购买服务并未充分开发，甚至还未形成购买服务的意识。二是社会志愿精神培育不足，影响慈善资金和物资供给的持续性。我国志愿行为专业性和管理规范性的欠缺使得志愿精神和慈善行为发展不充分，进而制约更广范围的慈善物资供给，影响其持续性。三是社会资源供给不足，影响社会主体自有资金"造血"的持续性。贫困社区的资源稀缺性决定了社会资源供给不足，必然会影响社会主体经营和发展的自我造血功能和发展动力，进而造成可再生资源供给持续性不足。

（二）非制度化服务监督，缺乏科学性效能保障

社会主体的非体制性弊端还体现在社会服务供给的监督和评价的不充分性。对于社会组织而言，在承接服务项目时往往具有明确的考核项目和指标，一般能够进行定期的评估。然而，贫困地区社会组织力量稀缺导致社会服务项目在供给方选择时处于无选择余地状态，使得服务供给无竞争性，在目标监督和考核过程中缺乏有效制约。项目完成结果只能依靠社会组织的专业精神和职业伦理，服务供给效能评估的科学性难以保障。对于乡村精英而言，其服务供

给体现为自发性和自主性。乡村精英的社会服务供给纯属自发行为，无项目资金供给方和发包方，因此无行为监督和效果评估过程，难以保障其服务供给过程的效果控制，也难以保障服务供给结果的有效性。另外，乡村精英的社会服务供给受其经济实力和自有资源的限制，在提供服务的客体选择和内容选择方面具有较大的自主性和随意性，而且，乡村精英往往缺乏社会服务供给的专业精神，难以保障服务供给的科学性和持续性。

（三）非任务化服务导向，缺乏持久性价值支撑

从社会服务的供给内容的复杂性和供给过程的持久性来看，当社会服务资源供给不足时社会服务将表现为非任务化服务倾向。从社会组织来看，当服务主体资源难以维系项目资源时，服务任务的开展需要专业价值来支撑。若资源供给继续稀缺则很有可能破坏专业价值。例如 SX 社工在项目资金供给不足时，基于社会工作的专业精神支撑其继续进行服务供给，但却变成非任务化供给。若资金供给持续稀缺，则只能靠乡土情结和亲友情感支撑，使其缺乏持久性价值支撑。从乡村精英来看，其服务供给本身就不具备任务化导向，其价值支持更多倾向于乡土情结和亲友情感，甚至有时还会存在利益驱使的可能。乡村精英大多没有经过专业社会工作理念培养，缺乏持久性价值坚守，加之社会服务供给任务的随意性和非监督性，更加剧了持久性价值的缺乏。因此，非任务化服务导向和持久性价值支持缺乏存在破坏社会服务供给效能的可能性。

第八章 积极福利视域下"后脱贫时代"的社会服务体系建构

2020 年全国贫困县陆续实现全面脱贫，精准扶贫进入到"后脱贫时代"。贫困地区实现了社会保险和社会救助的全覆盖，兜底性的社会保障体系基本建立。贫困特征和生成机理的变化要求贫困治理进行阶段性的转变。这具体体现为：治理理念从"补救型"向"发展型"转变，治理工具从"现金型"向"服务型"转变，治理主体从"政府主导型"向"多元治理型"转变，治理客体从"经济弱势"向"能力弱势"转变，治理目标从"经济脱贫"向"能力脱贫"转变。党的十九届四中全会提出："坚决打赢脱贫攻坚战，建立解决相对贫困的长效机制。"在从绝对贫困向相对贫困转变以后，贫困治理的重心转移，难度加大。在保持基本社会保障体系兜底的基础上，具有目标积极性、过程专业性、对象个体性、资源整合性和效能长期性的高层次社会服务项目成为贫困治理的重要工具。通过以积极福利思想为价值导向，从分配、供给、递送和筹资四个维度进行多元系统性优化，以实现社会政策对观念和行动的有效衔接，建构"后脱贫时代"的社会服务体系将成为解决相对贫困的重要的长效机制。

第一节 "权责匹配"——社会服务资源分配机制

在精准扶贫实践中，单纯经济给付型资源分配机制可以在短期内帮助贫困户快速摆脱贫困，但这只对经济贫困具有较好成效，对于以能力贫困为代表的多维贫困因素而言，存在返贫的风险。到精准扶贫中后期，"扶贫与扶智相结合，扶贫也扶志"的激发内生动力型精准扶贫社会服务开始实施。然而，在扶贫实践中其结果却不尽如人意。其原因在于以积极福利思想为导向的能力扶贫方式没有配套的"权责匹配"的资源分配机制，资源分配过程的失控必将导致扶贫结果的失效。因此，需要尝试建立贫困者权利和义务相结合的服务输入型扶贫机制，实现个人资源需求型分配机制向能力提升型分配机制转变。该机制包括就业培训补贴机制、资产建设补给机制、强制劳动机制等。

一、以需求为基础的分配起点

精准扶贫社会服务资源供给的基础是对贫困户的建档立卡，其政策对象就是经过精准识别的建档立卡户，其识别依据就是通过各地最低生活水平所设立的人均年纯收入标准。该方法以机械化的收入标准为依据，只能对建档立卡户精准帮扶，而处于建档立卡标准的"边缘人群"却难以实现需求满足，容易形成"悬崖效应"，有失社会公平。这种以标准为基础的资源分配起点的"选择性"社会福利模式，在进入"相对贫困时代"弊端凸显。因此，通过以需求为基础的反贫困资源分配起点，将实现"选择式"社会福利模式向"普惠式"社会福利模式的转变，更有利于实现整体性脱贫和社会公平的维护。

(一) 精准调查现实需求

精准扶贫中精准帮扶到户真正做到了对建档立卡户的精准了解，而且帮扶政策在一定时期内并不会因全面脱贫而减少。但是，受基础性需求满足的政策偏向和群体导向性的影响，以物质需求为导向的选择性和基础性将逐步背离精准扶贫的初衷。"后脱贫时代"以相对贫困为政策对象的转变对精准扶贫提出更高要求，主要体现为精准帮扶对象的"普惠性"和需求满足的"激励性"。这就要求精准扶贫需要改变精准识别的思路和方案，拓宽需求了解的"宽度"和"深度"。一方面，扩大需求调查的覆盖面，实现"普惠性"动态监测。精准扶贫从绝对贫困向相对贫困的转变实现了"运动式政策"向"制度化政策"的转化，非常态化治理机制需要向常态化治理机制转变。在需求调查过程中，应建立专项调查和常态调查相结合的机制，将贫困乡村社区干部对辖区内相对贫困居民进行行政化入户调查和专业机构项目化调查相结合，做到居民生活需求的动态监测。另一方面，加大需求调查的深度，实现"保健性"需求和"激励性"需求转变。根据赫茨伯格的双因素理论，人的需求分为"保健性"需求和"激励性"需求。进入"后脱贫时代"精准扶贫将改变"两不愁三保障"的"保健性"需求供给模式，进而拓展对情感、尊重、价值实现的"激励性"需求。基层干部需要更加细致和精准地入户调查，这就要求基层干部提升需求分析能力和与居民的信任水平。

(二) 深入挖掘潜在需求

贫困居民受限于知识水平和眼界水平，往往对自身需求状况认知不足，使得大量潜在需求难以发现并得到满足。包括公共空间、政治活动、社会资本、利益表达等在内的潜在需求难以被发现，而这部分潜在需求往往成为贫困者激发内驱力的持续性动力。因此，潜在需求的激发在"后脱贫时代"对有效缓解返贫现象的意义重大。一般情况下，基层干部和社会服务供给者可以采取"诱导式"潜在需求激发机制和"供给侧"服务激发需求机制。一方面，需要基层工作人员与当地居民建立起牢固的伙伴关系。在基层社会服务人员和管理人员可以采取利益关联制度，比如共同加入"合作社"或参与集体项目，实现社会交往中的伙伴关系建立。通过乡村精英塑造和宣传进行榜样教育，以"诱导式"方式激发潜在需求。另一方面，需要专业社会工作者介入进行需求唤醒。通过社会工作者和社会工作项目介入的方式，建立慈善超市、活动项目、公共空间和共同资产，运用专业个案方法、小组方法、社区方法或整合方法进行服务供给。在"供给侧"提供社会服务，激发居民发现自我需求、提升自我认知水平、培养社区认同感，最终以服务的供给创造服务的需求。

（三）完善贫困测量方法

我国精准扶贫的贫困测量方法建立在以户为单位，以人均纯收入和"两不愁三保障"为标准的基础之上。该方法虽然已经考虑了地区经济发展水平差异性和物价水平的动态性因素，但是评价依据过于粗糙以至于精准扶贫的评价结果缺乏"精准性"。这主要表现为：计算家庭人口却未计算家庭成员构成；计算财产价格却未严格区分生活物资和生产物资；设定贫困线却没有做贫困线细分；建立了绝对贫困标准却未建立相对贫困指标。因此，完善贫困测量方法是对贫困需求进行精准判断的重要依据。一是建立细致、科学的绝对贫困测量标准。丰富贫困测量维度，将健康维度（营养和儿童死亡率）、教育维度（受教育年限和入学儿童）和生活维度（燃料、厕所、饮用水、电、屋内地面、耐用消费品）纳入贫困标准。在以家庭为测评基础的条件下加入养育子女和供养老人内容，充分考虑家庭的损耗因素。将家庭财产进一步细分，区分消费型财产和生存型财产，使得评价标准更趋合理，并根据经济发展水平适度提高贫困线水平。二是建立相对贫困测量标准。在保健性贫困指标的基础上建立激励性贫困指标，将社会支持、政治参与、利益表达和自我实现等具有发展性和激励性特征的内容融入，建立起相对贫困指标。三是建立绝对贫困与相对贫困相结合的贫困测量体系①。将绝对贫困和相对贫困指标有机结合，进一步细分贫困的深度，采取差异化的扶贫措施。在综合性贫困测量的基础上，现实

---

① 董晓波，袁媛，杨立雄，等. 英国贫困线发展研究［J］. 世界农业，2016（9）：174-178.

性需求和潜在性需求更具有合法性和可操作性。

二、以劳动为条件的分配基础

精准扶贫社会服务资源供给基于贫困户个人意愿表达，并非需要付出义务，甚至有时只是资源供给主体的单方面意愿。这势必造成贫困户的"应然心理"和强化"贫困心理"，容易导致"贫困依赖"现象。贫困者的权利大于责任，消极"贫困文化"并未从根本上得到改变，公共部门的扶贫政策支持退出后将带来极大的返贫风险。一方面，积极福利思想提出"无责任即无权利"，若社会福利供给并非遵循"权责匹配"原则，福利效能将下降。以劳动为条件的分配基础将资源的损耗变为资源的增量，以实现最终福利效能的增长。另一方面，积极福利思想中个人权利的获取与个人义务的体现在某种意义上来说就是现代社会自我认同"外延性"和"意向性"的统一。通过劳动付出激发自我认知，实现自我认同，以对自我价值的体现重构贫困户的价值体系和心理机制，以达到消极贫困文化向积极贫困文化转变之目的。

（一）建立标准化健康评估体系

精准扶贫的资源分配是建立在建档立卡标准之上的无差别给付，针对无劳动能力和残疾贫困者还有特殊政策支持。然而，鉴于福利国家福利改革经验和福利国家危机产生的分析，非选择性的反贫困措施，必然存在福利依赖风险。以起点公平为基础的福利供给并不一定能带来结果公平。因此，以健康为标准的贫困者健康评估将有助于区分受助者的身份和条件。精准扶贫以劳动为条件的资源分配必须建立在身体和心理健康的基础之上。一是采取标准化身体健康评估办法。卫健部门可以联合残联系统，根据现有身体健康评估办法和残疾人评估标准，对申请享受福利资源的贫困者进行健康评估。这样实现了健康测评和残疾评定的统一，为残疾人权益保障和贫困资源分配提供科学标准。二是采取标准化心理健康评估办法。贫困在很大程度上是由于心理资本缺乏而产生的心理贫困，这也是贫困者内生动力不足的本质原因。可以探索制作符合我国居民贫困心理特征的测试量表，分别从悲观、目光短浅、惯性依赖思维和意志力不足的负面心理和信心、希望、乐观、抗逆力的正面心理进行测量，以对其心理状态进行准确把握。三是制定动态化健康评估办法。随着健康服务的引入，康复服务也将逐渐覆盖贫困地区，届时更多的贫困户将因康复服务返回劳动力市场。因此，我们要建立动态化健康评估办法，以年度为基准，及时评价贫困者身体状况，建立健康扶贫的退出机制，并结合职业服务做到无缝对接。

（二）设计多样化劳动供给形式

积极福利视域下精准扶贫的目标定位是贫困户赋权，以劳动为基础的资源分配可以通过多样化的劳动供给形式来实现。除了贫困户自愿进行的务农生产、产业开发和创业经营外，贫困者的劳动还表现为其他的形式。一是"以工代赈"式的救助性劳动供给。"以工代赈"是我国历史上传统的贫困救助方式，主要指政府通过进行大量基础设施建设安排工作岗位的方式来实现贫困救助的目标。目前通过政府、企业和社会组织在内的多元主体，以工程建设、产业开发和服务供给的方式提供劳动岗位，这成为贫困者劳动的新形式。二是"以学代工"式的准备性劳动供给。对于劳动能力缺乏和自我动力不足的贫困者而言，参与劳动培训亦是劳动的一种准备形式，属于劳动周期范围。劳动培训以获得技术认证和通过考核为其再就业和获得扶贫救助的重要指标。三是"以岗代工"转移性劳动供给。对于劳动机会缺乏和外出务工动力较强的贫困者而言，通过政府提供岗位信息和务工津贴的办法鼓励外出劳动亦是劳动的具体体现。因此，只要是以贫困者内生动力激发为前提的劳动形式，均可被认可为获得扶贫资源分配的基础。

（三）实施规范化劳动评价标准

劳动供给形式的多样化加大了劳动评价的难度，这就要求人社部门会同扶贫办根据《中华人民共和国劳动法》和扶贫资金拨付标准制定规范化劳动评价标准作为扶贫资源分配的重要依据。标准的设立可以从以下内容来考虑：一是劳动难度与劳动强度相结合的方法。这是根据劳动的专业技术难度和水平，与劳动体力所付出的程度为依据，制定评价参数和评价标准来对劳动进行评价。二是劳动时间和持续时间相结合的方法。这主要是指工作日的劳动时间和劳动持续的天数相结合，来判断劳动者的劳动参与水平和持续状态是否具有积极的脱贫意愿。三是劳动环境和劳动风险相结合的方法。对于环境恶劣和高风险的工作应该根据其工作风险、劳动强度和持续时间进行综合评价。通过规范化和科学化的劳动评价能为以劳动为资源分配基础的方法提供可靠依据。

三、以强制为手段的控制方式

精准扶贫社会服务资源供给是以公共部门为核心的制度供给机制，具有较强的补偿性和单一性资源分配特征，缺少对贫困户能力提升和资源供给的强制性措施。从贫困户的受教育程度和自我认知水平来看，贫困户更容易表现出懒惰行为、惯性思维、被动倾向、随缘心理，加之知识缺乏、技能单一、能力局限、心态消极等劣势特征，导致部分贫困户缺乏创新思维、吃苦精神和学习能力。以正激励和非强制的手段进行扶贫资源供给难以保障扶贫效果的有效性和长期性。因此，引入强制性的保障措施贯穿资源分配全过程，并配合惩罚性措施，以实现对扶贫资源使用的全过程有效控制。

（一）建立强制化就业信息登记制度

第一，有就业能力的贫困者必须进行就业信息和就业意愿登记，否则将失去获得贫困救助的资格。从内容来看，就业信息登记应该包括基本身体状况、家庭基本情况、技术技能水平、就业地域意向、就业工种意向、工作强度接受程度、工资待遇要求、工作环境要求、培训意愿要求、职业愿景分析等。这些信息应该进入当地人力资源信息平台，供全国用人单位参考，并对信息进行及时的动态更新。第二，针对具有不完全就业能力的残疾贫困者，应该进行有选择的就业信息登记，对其扶贫待遇进行非完整性发放。通过就业培训和辅助就业设备供给，针对有就业意愿和实现就业赋权的贫困者，应该进行就业信息登记，并提供就业补充津贴以资鼓励。对于拒绝参加培训和无就业意愿的可就业残疾人，对其要进行补助资金的适度扣减，以激发其就业意愿。第三，不具有就业能力的贫困者在出具健康检查报告或残疾证明后可以免于就业登记，并完全享受扶贫救助。可见，强制的信息登记制度具有明显的积极福利意义。

（二）建立强制化劳动技能培训机制

贫困的主观因素是内生动力的影响主因，贫困者受教育程度和技能水平直接影响脱贫内生动力的形成，其中最突出的是缺乏必要的劳动技能。故而，通过强制性的劳动技能培训能有效提升内生动力。第一，实施强制化培训登记制度。贫困者必须对所需技能进行强制登记，并根据当地就业服务供给情况强制性参加培训。对于失业或贫困认定后三个月未参加培训的有劳动能力者，将停止进行生活救助，直到其参加培训为止。第二，实施严格的培训过程管理制度。在培训过程中实施严格的考勤管理和知识测验，以实现培训效果的过程控制。培训期间享受贫困户的社会服务和社会救助待遇。第三，实施结果控制的劳动技能考核机制。若培训未按要求达到培训效果，或者未完成全过程培训，将进入下一轮培训。第二轮培训期间贫困救助标准将下调，以激发其动力。若培训达标后仍不参加就业则其停止享受贫困救助。若再次失业或变为贫困户，则再次参加培训，直到再次上岗，其间依然享受贫困救助。

（三）建立强制化资源分配惩罚机制

只有正向激励和负向激励相结合才能有效激发贫困者的内生动力。负向激励中的惩罚机制除了削减或停止扶贫救助资源分配，还可以运用法律的强制手段进行行为惩戒。一方面，从就业信息登记、就业培训和就业实现全过程进行监督，若违反规定消极就业则削减或停止扶贫救助。这是适用于短期内违反就业服务要求的惩罚机制。另一方面，若持续长时间拒绝进行劳动或以欺骗的方式进行虚假劳动，可以从法律或法规上进行规定，采取强制措施进行劳动改造和思想改造。可是，此种做法在我国缺乏法律依据和立法经验，在操作过程中还存在量刑尺度的把握问题。在配套措施中，还必须考虑贫困者家庭照顾的人道主义因素和家庭稳定性因素。因此，积极福利的惩罚机制还需要从法理上和机理上进行慎重考量。

第二节　"内生赋权"——社会服务项目供给系统

以现金供给为基础的精准扶贫帮扶措施具有碎片化和消极性特征，故而在内生动力和脱贫能力提升过程中缺乏持续性的改良系统。社会服务与精准扶贫具有同源性、同构性和契合性的内在逻辑，加之社会服务与积极福利具有价值趋同性——积极性，这使得扶贫社会服务具备了满足多元生活需求、提升个体发展能力和增强抵御风险韧性的"内生赋权"优势。因此，通过反贫困社会服务中以健康服务为基础，职业服务、金融服务、照顾服务和文化服务为支撑，形成从个人、家庭、社区到社会的系统化服务体系，为精准脱贫提供积极化社会服务（见图8-1）。

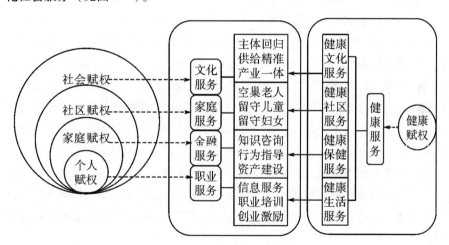

图8-1　反贫困社会服务项目供给系统

一、基于个人赋权的职业服务供给体系

职业发展能力是脱贫的根本性要素，也是形成内生动力的基础元素。从职业信息服务、职业规划服务、职业培训服务到创业辅助服务，职业服务以个人

能力提升和个人内在动力激发为目标，形成全生命周期服务体系，充分实现基础性个人赋权。

（一）以大数据为基础的职业信息服务平台

我国贫困乡村得益于互联网技术的普及和精准扶贫的基础设施建设，基本实现了互联网服务的全覆盖。一是建立全国共享的职业信息服务平台。通过人社部门和工信部门的数据和信息整合，打造服务全国贫困者的职业信息服务平台，将用人单位信息与劳动力供给信息进行无缝对接。以智能化 APP 为平台，在线上开展身份认证、信息匹配、意愿调查、在线培训、职业测评、职业规划、法律咨询、补贴发放、社保查询、信用评估等全面的职业信息服务。二是提供贫困者信息化能力建设服务。通过基层社区工作者、电商服务站、志愿者和服务平台培训的方法指导贫困者进行基本信息录入，并培养信息更新和发送能力，进行贫困者职业信息化能力建设。三是以个人职业发展意向数据为基础的精准化信息服务。通过信息平台培养个人职业能力，打造职业意向测评工具，科学实施个人职业发展规划。将需求岗位在人职匹配后，实现劳动力供需信息精准发送，以提高劳动力供给的质量。

（二）以培训结果为导向的职业培训制度

贫困地区现有的职业培训具有随机性、临时性、非正规性和非持续性的特征，导致职业培训质量难以保障，培训成果难以转化，影响贫困者培训动力。一方面，应该继续强化适用性较强的职业培训项目。通过人社部门对培训时间、培训内容和培训结果进行严格的过程控制和结果控制，保障培训质量，并对培训结果进行职业认证。以职业发展目标和发展意愿为基础，进行职业资格认证规划。地方政府可以人社部《职业资格目录》和劳动力工种市场需求情况进行方向性或订单式培训。另一方面，应该建立职业培训的规范性和长期性发展规划。地方政府在收集贫困劳动者劳动能力信息后，可以根据地方发展需求和劳动者特征组织规范化培训。将扶贫重心从经济扶贫向能力扶贫转变，加大职业培训的力度和财政支持。通过以职业信息登记为基础的大数据支持，以县域为范围，进行精细化劳动力培训和开发规划，并保证培训资金和培训师资的长效性投入。

（三）以项目孵化为方式的创业激励制度

贫困地区因地域限制、资源限制和知识限制，往往缺乏创业意识、创新能力和创业条件。当地政府可以采取项目孵化的方式，从项目开发、资金供给和智力支持的角度对贫困户进行项目开发，以激励其创业热情。第一，培植创新性项目，给予项目支持。当地政府可以培植福利性项目和服务性项目，例如社会服务类项目，进行财政支持，引入专业人才帮扶，以实现在地化创业。第二，建立产业项目制，进行管理性帮扶。由当地政府以项目制的方式进行合作社建设，将贫困村资源进行整合，发展当地优势产业。第三，实施创业导师制，进行经验性帮扶。号召创业成功人士与贫困户进行一对一创业帮扶。从项目设计、资金筹集、技术改造到经营管理，进行包括技术、资金、管理和销售等环节的整体性和个性化项目帮扶。项目孵化帮扶制度为贫困户创业提供了个性化支持和资源链接，能在短期内提高创业成功概率和创业热情，可持续性较强。

二、基于家庭赋权的金融服务供给体系

美国学者迈克尔·谢若登认为，贫困者的持续性贫困和贫困代际传递的主要原因是贫困家庭没有自有资产和可延续的事业。当危机事件出现时，贫困者的抗逆力水平较低，故而返贫概率较大。因此，对贫困者家庭进行消费行为指导、金融知识咨询和家庭资产建设服务，将有助于提升贫困家庭反贫困的内在动力，增强抗风险抗逆力和有效阻止贫困代际传递。以金融服务为工具帮助建立家庭良性资产将实现家庭赋权。

（一）金融知识咨询服务

当基本生活得到保障后，人们便开始有了资金积累或储备。此时，金融知识和技能的掌握将是降低返贫概率和摆脱贫困代际传递的重要手段。通过精准扶贫，贫困户可以得到无抵押条件的贴息贷款，为其提供了创业和产业发展资金。然而，缺乏金融知识使得贫困户的资金使用效率受到影响，降低了脱贫效能。因此，通过专业金融工作人员提供金融知识和技能服务尤为重要。第一，进行基本财务知识服务。这主要包括记账知识、银行货币知识、电子财务管理基本知识等。第二，进行金融政策培训服务。这主要包括政府和金融机构贷款政策、金融机构还款政策、个人信用体系政策等。第三，进行投资能力提升服务。这主要包括投资收益分析能力、投资渠道选择能力、投资风险防范能力和投资伙伴选择能力等。金融知识咨询可以采取专业金融人士培训的方式，也可以引入金融社会工作者和成功榜样培训的方式开展，旨在降低政府、金融机构的贷款风险以及培养贫困家庭的基础性金融能力。

（二）消费行为指导服务

"消费社会"浪潮在影响城市消费群体的同时也在影响边远贫困乡村。在互联网和物联网经济的助推下，信息传递无障碍，使得城乡消费理念、习惯和特征越来越倾向于同质化。然而，低水平消费能力与错误消费行为容易加深贫

困程度，增大返贫风险。因此，通过理性消费行为指导服务将有效减少错误消费。第一，加强对弱势群体的关爱，引导理性消费行为。特别是对空巢老人和五保户，要实现社会关爱全覆盖。第二，通过良好生活习惯倡导，减少不良消费风险。部分贫困者因其固有惰性，往往倾向于选择省力、快捷和易获取的消费方式，例如垃圾食品的消费。因此，社区工作者应通过倡导健康的生活方式，来改变其不良的想法和行为。第三，提供消费品特性分析服务，降低不良消费危害。贫困者受限于知识水平，往往缺乏对消费品的科学判断，更趋向于消费价廉质差的商品，因此带来消费者身体危害增加的附加成本。社区工作者可以通过分析当地居民消费习惯和消费行为，针对具有危害的消费商品进行培训和咨询服务。

（三）家庭资产建设服务

美国和孟加拉国的资产建设方案在反贫困治理过程中已经显示出其政策的优越性。从资产建设方案的特征来看，其实现从单一性资金供给到整体性资产服务的转变，实现从目标消极性现金供给到积极性赋权增能的转变，实现从个体性行为改变到家庭性能力提升的转变。一方面，以配额制为基础建立增长型家庭资产账户。以贫困家庭自有资产积累为基础，进行一比一资金配额供给，由当地政府对贫困家庭账户进行监管，将资金使用项目局限于家庭发展和积极性消费行为，并提供临时性专项资金贷款和项目开发服务。针对违规消费进行配额降低的惩罚，以鼓励发展性资金使用。另一方面，以增能性为目标建立学习型团队组织。首先，通过专业金融社会工作者进行入户调查，深入了解贫困户致贫原因、技术技能、内在动力、脱贫需求等个性化信息。重点关注无任何资产和现金财产的极端贫困户，对贫困地区环境特征和产业特征进行充分了解。其次，对目标家庭进行资金建设知识的基础性服务。成立贫困户小组，推选项目负责人，以团队辅导的模式对团队成员进行基本生存能力、理财能力、就业能力的培训，使其掌握科学的生活知识，并形成资产项目。最后，通过团队成员的相互支持和责任连带发展和改良资产项目。

三、基于社区赋权的家庭服务供给体系

城镇化进程中乡村社区空心化在一定程度上削弱了社区凝聚力，乡村中弱势群体在没有外力介入的情况下容易形成"个人孤岛"。这对于需要社区团结来强化反贫困合力的贫困乡村来说，无疑会加剧贫困效应。传统的家庭照顾服务以个体需求满足为导向具有消极补偿服务性质，无法实现服务资源增值。积极福利理念指导下的弱势群体社会服务更强调通过服务的个人赋权实现社区赋权，以空巢老人的互助照顾服务、留守儿童的整合教育服务和留守妇女的社会融入服务为方式，强调弱势群体间的资源共享和弱势互助，以整体性社会服务方式实现社区赋权。而且，弱势群体社会服务问题的解决为家庭发展降低了实践成本，创造了更多空间，积极福利意义突出。

（一）空巢老人互助照顾服务

空巢老人现象在贫困乡村显得非常突出，其照顾服务在很多地区都是空白，主要原因在于照顾资源稀缺、照顾成本过高、照顾难度较大。故而，单凭资源输入型照顾服务不具有可行性和可持续性，必须创新照顾模式。第一，引入专业机构，进行服务供给。可以引入专业社会工作机构，提供心理咨询服务和资源整合制度设计服务，并尝试建立社区互助机制。第二，引入时间银行制度，实现互助照顾。贫困乡村老年人生活空间相对固定，可以引入时间银行制度，对互助的照顾服务计入服务时间，在需要时进行兑换。可以以家庭为单位，多鼓励年轻人用闲暇时间来照顾，多鼓励身体健康者和低龄老年人的照顾服务供给，以形成互惠互助的社区氛围。第三，医养结合，实现资源整合。医疗资源和养老资源在贫困乡村具有稀缺性和同质性的特征，可以进行有效整合。将医护人员、医养设施、医养场所进行有机整合将有效实现空巢老人的陪伴、照顾和治疗一体化。

（二）留守儿童整合教育服务

照顾资源和教育资源的稀缺激化了贫困乡村留守儿童问题。儿童阶段教育是人才成长过程中最为关键的阶段，该阶段对于思维模式、价值观念、生活习惯和自我认知的形成至关重要。然而，缺乏对留守儿童的学龄前家庭教育服务和学校外教育服务将会加剧贫困的代际传递。因此，强化留守儿童的非正规教育服务具有明显的积极福利意义。第一，整合幼儿教育资源，建立联村托儿教育服务制度。整合邻村留守儿童托育资源，在多主体志愿供给和制度供给的基础上，建立联村托儿机构，提供学龄前儿童的情感、社交、健康、营养和心理需求服务来帮助在早期消除贫困。第二，整合社区照顾资源，建立幼儿轮流看护制度。社区工作者或专业社会工作机构利用专门场所，通过引导的方式将社区照顾资源进行整合，由具有责任心的社区成人进行轮流看护，并提供知识培训和照顾服务，实现志愿服务和有偿服务相结合。第三，引导儿童自我管理，建立儿童自助服务制度。通过专业人员开发儿童管理办法，充分提升儿童自我管理和管理他人的能力。可以会同家长以图书室管理、游乐场地管理、体育活动管理、学习活动管理为项目，开发儿童的管理能力和自助服务能力。

（三）留守妇女社会融入服务

留守妇女是贫困乡村最容易被忽视的弱势群体，也是最具有发展潜力的群体。受到知识水平的限制和传统观念的束缚，留守妇女往往承担起家庭照顾的主要责任，特别是在贫困乡村容易出现脱离社会的情况。事实上，妇女因其细心的性别特征更胜任于投资理财、心理支持和照顾服务等工作，但是因为缺乏引导和诉求表达渠道其积极性作用并未充分发挥。第一，鼓励妇女参与社会事务。由社区工作者鼓励和说服妇女参与社区公共事务和重大活动，并提供利益表达机会。成立留守妇女自助组，丰富社会交往活动，承担更多社会责任，实现社会价值体现。第二，通过培训树立妇女正确的价值观，让她们掌握实用技能。引入培训项目和培训组织向妇女进行健康生活知识、理财专业知识、经营管理知识、家庭照顾知识、科学文化知识和子女教育知识等的常态化培训，以提升留守妇女的综合素质。第三，形成妇女互帮互助机制。留守妇女往往成为贫困乡村主要的劳动力和照顾主体，可以通过妇女互助组织的建立和社区互助制度的建立，形成邻里互助的良好社会风气，最终实现社区赋权的目的。

四、基于社会赋权的文化服务供给体系

贫困者因其独特的生活条件形成了独特的生活方式，进而形成共同的价值观、态度和行为方式，并最终形成共同的文化。这种文化是不同于主流文化的亚文化，贫困者往往表现为强烈的宿命感、无助感和自卑感，更容易缺乏知识，他们目光短浅、缺乏社会责任感。贫困者怀疑主流社会价值体系，体现出相对独立的文化特质，并自动代际传递①。贫困文化具有明显的"内生性"，表现为难辨识、难改变和广泛性。另外，在社会急速变迁过程中，容易产生"文化堕距"（culture lag）②。这主要表现为：政府主导型文化供给模式的路径依赖，造成文化供需失衡；文化资源供给的城乡差异，造成文化发展失衡；文化服务与精准扶贫的目标差异，造成文化定位失衡。因此，文化社会服务的供给将有利于破解文化堕距困局，从"内生性"改变社会贫困文化，进而影响贫困者行为，实现反贫困的社会赋权。

（一）推动贫困者文化主体回归，实现主体的"内生性重构"

第一，通过村民自组织建设，强化文化供给的主体利益。村民通过自组织建设参与文化服务的制度制定，并有效表达文化诉求，维护自身利益。在组织建设中实现文化认同、文化自觉、文化自信和文化创新，以实现单一性文化主

① LEWIS O. Five families: Mexican case studies in the culture of poverty [M]. New York: Basic Books, 1966: 215.

② 奥格本. 社会变迁——关于文化和先天的本质 [M]. 王晓毅，陈育国，译. 杭州：浙江人民出版社，1989: 106-107.

体向集体性文化主体的转变。第二，通过多元主体供给路径，重塑文化传播的流动机制。改变精准扶贫中文化扶贫的政府绝对主体方式，将市场和社会组织充分导入文化供给，以市场和社会的方式满足贫困者文化需求，缓解政府公共文化服务的财政压力。文化传播从"自上而下"向"自下而上"转变，文化传播在重塑中回归了流动的本原，更加契合文化的"内生性"特点。第三，尊重贫困文化发展逻辑。在进行文化扶贫时，详细分析和解读贫困文化，从历史和社会发展的角度，充分结合当地经济和社会发展水平，让贫困者充分认识文化的重要性，精耕细作，循序渐进地内化为贫困者的自我意识并主动改变文化贫困的面貌。

（二）强化文化供给精准化理念，实现供给的"内生性重构"

第一，以需求为导向，精准供给文化服务项目。政府在进行文化扶贫之前须要精准评估贫困者的文化需求，包括家庭结构、知识水平、技能水平、生活方式、价值理念等，与贫困者沟通，引导其表达其精神文化需求意愿，尊重和激发文化主体的"内生性"。深入分析贫困地区的文化传统和社会发展特征，以优势文化留存为前提，遵循文化传递和传承的规律，按照地区文化需求进行供给。第二，以问题为中心，精准整合文化治理主体。改变以项目为中心的"自上而下"式政策执行通路，建立以问题为中心的"自下而上"式政策扩散机制。文化的特殊属性决定了文化传播有别于政府政策执行过程，层级式的文化传播并非文化扶贫的最佳模式。文化传播需要以多主体的方式进行多向度扩散传播，这样才能激发传播对象的内生动力。可以打造居民共建式的"文化空间"，塑造记忆空间和精神家园，形成文化纽带。第三，以评估为保障，精准评价文化服务效果。文化扶贫中的物质文化内容可以通过测量和硬件到位情况进行量化评估，但这只是文化扶贫评估的起点，我们还应当建立以思想文化为主的文化扶贫后续效果分析机制。贫困者既是文化扶贫的评价主体也是评价客体，由主体参与到客体的评价中更能激活其内生动力，使贫困者在文化认同中实现文化自信和文化创造。第三方组织介入评价对于文化服务资金和设施的使用效果突出，起到了良好的监督作用。因此，文化扶贫的评价应该是包括政府、贫困者和第三方组织在内的整体性评价机制，通过综合性精准评价文化方能保障公共文化服务的效果，以及设定后续开展工作的目标和方案。

（三）推动贫困地区文化产业与事业一体化发展，实现文化的"内生性重构"

第一，继承贫困地区优质文化传统，结合主流文化挖掘文化内涵从而实现文化创新。公共文化服务应变"外向型服务"为"内生型服务"，分析文化的社会价值和经济价值，并结合主流文化需求和文化市场需求，形成独具特色的文化产业。第二，引入市场化运作机制，将现有文化资源与市场相结合。公共部门应该从政策角度倡导和扶持市场和社会组织共同开发文化事业。政府让位，将职能从直接服务供给转移到项目控制、管理和评估中来。第三，将文化事业与文化产业进行整合，实现一体化发展。政府需要从宏观角度统一调度资源，将文化资源和市场资源整合，实现其能力的"内生性重构"。因此，通过各主体的文化治理，深挖文化内涵，打造文化品牌，将文化事业和文化产业在资源、目标、内涵和手段各方面进行整合和统一，进而实现文化自身的"内生性重构"。

五、基于健康赋权的健康服务供给体系

健康服务是贯穿社会服务供给体系的辅助性服务和基本性服务。传统的健康服务聚焦于基础性和常见性的疾病治疗和医疗保险服务，具有补偿性特征。积极福利意义下的健康服务供给强调包括预防、治疗、康复和保健的一体化社会服务体系建立，并通过积极地介入社会服务供给的个体赋权、家庭赋权、社区赋权和社会赋权全过程，实现健康赋权，具有明显的发展性意义。

（一）投资个人的健康生活服务

个人赋权的基础是拥有健康的身体，投资个人的健康生活服务对于职业服务具有保障性功能。这主要包括：提供健康知识服务，养成良好的个人生活习惯；提供心理健康服务，缓解生活压力，消除心理障碍；提供康复服务，实现身体和职业康复，为再就业提供保障；提供日常保健服务以降低疾病加重的成本风险和身体风险；提供个人健康体检，实现健康档案建立常态化。

（二）投资家庭的健康保障服务

家庭赋权建立于家庭资产建设的基础之上，投资以家庭为保障对象的健康保障服务在保障家庭成员健康的同时还可以实现家庭资产的保值增值。主要措施是：首先，开发具有可持续性强的医养结合制度；其次，探索建立适用于乡村的长期照顾保险制度，与医养结合制度有机结合；最后，探索适应贫困乡村的商业健康保险制度，在实现对医保支付补充保险费用的同时实现家庭资产的保值增值。

（三）投资社区的健康社区服务

社区赋权以社区建立互帮互助的协作机制为目标，以健康的价值理念传递为工具，致力于打造健康社区。第一，塑造健康生活的生活理念。在家庭间和群体间传递健康信息。第二，打造社区健康服务文化。在社区公共空间对居民进行健康知识讲座和健康信息咨询服务。第三，营造健康社区氛围。在公共场

所和可视空间进行健康知识宣传。

（四）投资社会的健康文化服务

社会赋权以价值观的内化为标志，以文化的传递为外化过程。投资健康文化服务必将通过外在文化表现、生活方式、健康理念进行体现。具体措施有：第一，投资健康的生活方式。从饮食习惯、生活作息、心理状态等方面提供教育服务，以形成健康的生活方式。第二，投资健康的生活空间。对土壤、水源、植被、空气、农作物和居住空间进行立体化的生态教育和保护服务，以保障有机的生态空间。第三，投资健康的社会文化。形成鼓励健康文化的有效机制，传播健康生活文化。

第三节　"多元递送"——社会服务伙伴治理体系

社会服务的根本属性是"社会性"，这就决定了扶贫社会服务递送应该由多元主体参与其中，充分发挥政府、营利组织、非营利组织、非正式组织和个人的优势和作用，构建精准扶贫中服务递送的包容性多元伙伴治理体系。反贫困社会服务在精准扶贫过程中已经显现。但是，多元主体间的性质差异决定了服务主体价值"差异化"和服务资源"碎片化"，形成了反贫困社会服务递送主体关系结构（见图8-2）。因此，应以政府为倡导，从"整合化"和"项目化"的发展趋势来进行社会服务主体的伙伴关系建构。

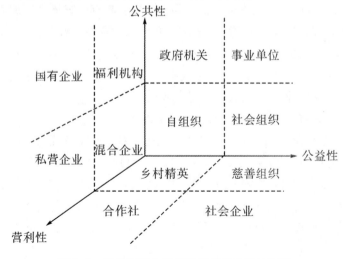

图8-2　反贫困社会服务伙伴关系空间结构图

一、建立以价值为导向的多元服务资源整合机制

传统公共服务递送以公共部门的单一递送为主体，具有明显的公共性和公益性价值特征。随着社会服务多元主体递送模式的形成，多主体的价值差异形成了伙伴关系建立的障碍。要想实现各主体间的资源整合，就必须在以价值整合为导向的基础上进行资源整合，形成价值整合共同体。

（一）打破地域藩篱，实现非正式组织资源整合

精准扶贫的资源分配以公共部门行政区划为依据，容易造成地域间的资源藩篱，不利于优势资源集中和对非正式组织的资源整合。以乡村精英、自组织、贫困居民和贫困家庭为主的非正式组织在积极福利思想的倡导下可以实现劣势资源向优势资源转换。贫困乡村的非正式组织具有天然的乡亲情结和共同的价值观念——社会性（公益性）。以乡亲情结为基础，打破资源整合的地域限制。在乡村精英的带领下建立非行政区划限制的合作社，形成互助型利益共同体。一是在脱贫致富过程中，共享信息资源、项目资源、资金资源。通过整合市场信息、管理信息和政策信息，合作经营传统项目和开发新项目，形成相互鼓励和相互监督的利益整体。扩展政府资金和项目供给的地域范围，实现跨地域整合，对已有非正式组织进行资金资源和项目资源供给。二是共同掌握新技术，学习新知识，形成新价值。以合作社为单位倡导组织对新技术、新知识和新方法的学习，以实现贫困者的能力提升，在组织中相互影响进而形成积极向上、相互团结和共同发展的新价值观。三是共建服务新资源，适应脱贫新需求。当精准扶贫解决了基本生活保障问题之后，具有"发展性"的需求开始凸显。然而，在城镇化进程背景下，乡村优势人力资源外溢明显，更加大新需求满足的难度。通过打破行政区划的限制，以资源易获取为原则，将各村（各乡）优势人力资源进行整合，形成服务新资源，并将服务对象进行地域整合，提升服务有效性，例如联村卫生室建设。

（二）打破部门藩篱，实现公共部门资源整合

社会服务在我国未形成一套完整的管理体系，亦没有统一的部门进行管理，这与西方福利国家所具有的相对完善的社会服务体系形成鲜明的对比。精准扶贫社会服务的管理职能分散于扶贫办、民政、教育、卫健、财政、人社等部门，存在多头管理和各自为政等问题①。机构的高度碎片化造成社会服务的资源分割化、递送被动化和服务低效化特征明显，公共部门之间的伙伴关系难

① 李兵. 社会服务理论和实践研究 [M]. 北京：知识产权出版社，2014：46.

以建立。若要打破公共部门间的利益藩篱实现资源整合，就必须进行反贫困社会服务的行政改革。一方面，强化服务福利意识，设立社会服务专门机构。社会服务作为继社会救助和社会保险之后第三项重要的社会福利工具，应该给予充分重视。建议在民政部成立社会服务局/社会福利和社会服务局，将民政部下属的事业单位中国福利中心升格为国家社会服务联会/国家社会服务理事会。其主要责任是制定和实施社会服务政策、法律、教育和培训、监督管理。具体社会服务业务由各省、自治区和直辖市政府所属的民政局（厅）负责①。另一方面，强化公共价值意识，跨部门整合资源。官僚制行政体制所形成的部门分割容易形成部门壁垒，淡化公共价值。因此，需要打破部门资源配给机制，建立以项目为基础的资源整合机制。以专门的社会服务部门为主导进行各职能部门横向协作，这些部门包括政府职能部门、福利机构（如公办养老院、福利院和福利工厂）、事业单位（包括群团组织）、国有企业和混合企业（国有参股）。社会服务部门将社会问题纳入各部门政策议程，提供社会服务人力资源、服务操作规程、服务评价标准和服务资源整合方式，倡导进行资源整合。在"后脱贫时代"，反贫困社会服务可由专门的社会服务部门提出服务价值观念、服务内容、递送方式、服务标准，以社会服务政策发布的方式，整合各方资源，实现积极福利反贫困目标。

（三）打破主体藩篱，实现正式组织资源整合

精准扶贫的公共部门主导模式强调政府的资金资源、人力资源和制度资源绝对责任，而这却削弱了反贫困社会服务的社会性质，难以激活社会服务的社会资源。故而，必须打破不同体制正式组织的资源壁垒进行资源整合。一是强化社会组织的公益价值，积极整合社会资源。充分调动社会工作机构和慈善机构参与反贫困社会服务，发挥专业优势和资源调动优势。以政府补贴和项目开发的方式开发积极的反贫困社会服务项目，进行服务购买，消除社会组织经济资源匮乏导致的公益价值弱化。理顺慈善机构资金整合的规章制度，扩大慈善资金的筹集渠道，提高公共部门慈善资金使用的公开性、透明性和有效性。二是强化市场组织的公益价值，积极引导资源整合。市场组织在参与扶贫社会服务中往往因其影响力和经济效益不佳而放弃供给。因此，对市场组织的公益属性培植有利于市场主体的资金资源和人力资源整合。公共部门可以通过项目开发、税费优惠、制度倾斜对市场组织进行鼓励，培养其在人员聘用、项目开发、技术支持和服务递送中的慈善精神。三是公共部门倡导社会价值和公益价

---

① 李兵. 社会服务制度框架建构研究［M］. 北京：社会科学文献出版社，2019：218-219.

值，进行各类组织资源整合。中国共产党要发挥思想宣传的优势，组织党员学习积极福利扶贫思想和社会价值思想，充分发挥党员的带头作用。培育社会的集体主义精神，以积极贫困文化的导向在项目开发和贫困者能力提升中充分整合各类组织资源，激发各类组织反贫困的内生动力。

二、建立政府倡导的多元服务动力开发机制

近年来，社会力量开始广泛参与到社会建设中的各类事务，在治理理念的引导下，我国政府进一步鼓励社会主体参与到社会治理中，其中城市社会服务已经在一、二线城市广泛铺开，以政府为主导激活社会的趋势明显。在反贫困社会服务的伙伴关系建立过程中，培育多元社会主体参与扶贫社会服务的动力开发机制显得尤为重要。

（一）基于"多样化工具"的服务委托方式

公共部门基于其公共属性在社会服务的供给中始终处于主导地位，但随着公共事务多样性的出现和新治理理念的提出，公共部门以"多样化工具"将服务进行委托成为主要趋势。在反贫困社会服务中，工具主要包括：一是公共部门服务。针对社会主体难以承接和不愿承接的大型服务项目，公共部门需要直接充当"安排者"和"生产者"。例如政府提供社会服务场所和政府工作人员或事业单位工作者进行的技术咨询服务、就业培训服务、健康服务和照顾服务。二是以合同（协议）的方式提供服务。在公共部门"瘦身"的背景下，因政府机关工作人员有限，在公共部门间通过协议提供服务和向社会主体通过合同购买服务将在后精准脱贫时代成为服务主流。通过合同（协议）的方式明确服务项目、内容、标准、管理更能实现精准化服务。三是以凭单和现金的方式进行补助。对社会主体的服务供给者通过政府财政的方式进行现金补贴以保持其公益性。对于社会服务的客体以凭单补贴以扩大服务选择的自由度并延续服务市场的竞争性。四是鼓励志愿服务和自我服务[①]。通过公共部门鼓励贫困地区内外志愿者参与反贫困志愿服务和邻里互助，鼓励贫困者家人自我提供服务。政府可以采取项目工资或现金补助的方式鼓励委托。当然多样化的委托工具可以根据不同的反贫困项目进行复合式安排以实现多元主体的服务动力开发。

（二）基于"赋权化主体"的服务技能激发

从"新公共管理"的管理技能核心向"新治理"的赋权核心转变，社会

---

① 萨瓦斯. 民营化与公私部门的伙伴关系 [M]. 周志忍，等译. 北京：中国人民大学出版社，2002：70-88.

服务主体的能力开发需要政府实现从指挥控制到协商说服转变，实现"赋权化主体"的服务技能激发进而实现动力开发。一是通过技巧激发建立社会服务参与者网络。最初可由政府通过广泛宣传、项目发包和资金补贴的方式鼓励社会主体参与合同承包、项目竞价和银行担保。然后，尽可能动员草根积极分子、自组织、社会组织和基金会参与社会服务，让他们成为社会服务的激发者。例如：格莱珉银行的反贫困社会服务就是社会主体赋权化的典型代表。二是通过协调技巧处理社会服务递送过程中的合作伙伴关系。可以赋予具有丰富经验的服务合同承包方（通常是社会组织）来对下级承包商进行统一调度。在反贫困社会服务中通过"嵌入式"服务实现社会主体的协调技能提升，包括嵌入社区、嵌入生活和嵌入文化。公共部门在其中发挥资源协调和关系协调的功能。三是通过调整技巧处理赋予"基层管理"更多自由裁量权调整服务递送过程中的目标偏差。以公共目标为导向，通过巧妙的制度设计为服务承接方制定奖惩相结合的补贴制度①。这就需要赋予贫困社区干部和项目管理者适当的自由裁量权以更加灵活地对服务方式和手段进行调整。

（三）基于"第三方治理"的服务赋权评估

在精准扶贫的评估过程中引入包括政府部门、高校科研院所和第三方评估机构在内的评估主体进行"第三方治理"，这是可以通过量化指标进行的判定是否脱贫的传统方法。但是，针对反贫困社会服务的评估更多体现为具有主观感受性的过程性评估，要体现评估的科学性和客观性就需要以合作伙伴的方式进行赋权评估和动力激发，以体现"第三方治理"的驱动性。赋权评估是"以助人自助及以自我评估与反思作为服务的改善"，故使用评估概念、技巧与数据以达到改善及自我决定的效果②。一是建立以"自我决定"为基础的评估原则。评估应该将具有反贫困行动的自我决定因素包含其中，基本原则包括：生活改善、能力提升、自信提升、自主意识、社区参与、价值改变、社会责任感、社会认同感。二是强化评估的"赋权性"特征。评估者在评估中重视服务递送者的能力建设，以平等的角色进行专业探讨。动员服务递送主客体参与评估对话，反映真实问题，协助参与者进行思考、学习和共同提高。帮助服务客体进行目标建立和期望培养。将评估和服务联系起来以提高服务绩效，形成服务评估的"行动—反思—行动"循环。三是建立全过程"嵌入式"评估模式，实现评估过程伙伴合作。将财政主体、服务递送主体、服务客体和规

---

① 萨拉蒙. 政府工具：新治理指南［M］. 肖娜，等译. 北京：北京大学出版社，2016：12-14.

② 陈锦堂. 香港社会服务评估与审核［M］. 北京：北京大学出版社，2008：92.

制主体纳入评估全过程。在服务需求和项目形成的初始阶段进行前摄性评估，在服务进展阶段进行澄清性评估、互动性评估和监测性评估，在服务结束阶段进行影响性评估。

三、建立以项目为依托的多元服务主体选择机制

在传统的精准扶贫行动中，往往采用以主体介入而不是项目介入的方式进行社会服务供给。这势必造成服务主体的单一性，即便是多元主体参与也会受制于公共部门的公共权力而使服务供给中的伙伴关系失衡。若以项目为依托根据需求和主体优势来选择服务主体能更好地诠释服务伙伴关系。

（一）以"合同制"为基础的项目责任制

公共服务合同将递送服务的业务外包给拥有程序化服务技能且信誉良好的承包商的方法，已经在许多领域被证明是灵活且有效的①。合同制的使用能有效控制政府对经费的挪用，但是传统服务外包合同中存在服务递送方能力有限、数量有限和角色模糊的情况，容易造成项目发包方监控不力、递送方优先权的问题。因此，应该建立具有可选择性的新型合同模式。一是竞争式合同项目制。在可供选择项目递送方较多的前提下，通过具有竞争性的项目责任制合同条款优选服务递送主体。项目中明确服务标准、服务流程、服务内容和服务资金，以招投标的方式对反贫困社会服务项目进行发包。二是协商式合同项目制。针对许多贫困地区服务递送方稀缺的情况，政府应该在既有项目的基础上，广泛联系具有实力和合作经历的递送方。通过协商项目内容、项目标准、服务设计、管理模式和评估方法对反贫困社会服务进行协商，以最终确定合理的服务项目合同并明确责任目标。三是合作式合同项目制。针对与政府有长期项目合作的服务递送方，在合作状态良好的前提下，可以对服务递送方进行充分放权，给予其在服务流程、服务内容和服务标准方面最大的自由度。合同双方以服务目标为导向确定项目责任，并在服务递送过程中保持充分的沟通和信任。三种不同类型的项目合同制均根据不同的服务项目和服务地区特征最终确定可行的合同方式以明确社会服务递送主体责任。

（二）以"网络化"为基础的主体联盟制

国家政府与许多公共和私人机构——其他层级的政府、私人企业、银行、

---

① 萨拉蒙. 政府工具：新治理指南［M］. 肖娜，等译，北京：北京大学出版社，2016：287.

保险公司、私人非营利机构——之间形成了日益扩大的联盟网络①。在我国精准扶贫过程中，以市场主体、社会组织和乡村精英为代表的社会服务主体的数量和规模开始逐渐扩大，但是并未形成常态化的合作机制和"网络化"资源共享机制。因此，应该培育以"网络化"为基础的反贫困社会服务主体联盟机制。一方面，形成信息共享的"网络化"主体联盟。公共部门应该公开精准扶贫的合作意愿信息和服务需求信息，以寻求更多的合作伙伴。将贫困地区基本信息和贫困户基本信息（在保障个人隐私的前提下）在互联网进行公开。将社会主体参与反贫困社会服务递送的意愿信息和服务能力信息进行公开。将服务双方的信息在互联网进行有效链接，实现反贫困社会服务信息网络化。另一方面，建立"网络化"主体联盟的互信机制。公共部门应该全面放开反贫困社会服务的项目，在强化监管职能的基础上鼓励社会主体参与递送。这要求增进组织间的沟通、相互背书、减少合作中的行政行为束缚，以尽量低的成本实现人力资源和物力资源共享，减少行政审批事项，建立互信合作机制。在合作过程中，以更加公平的方式扩大服务递送主体联盟网络，实现服务递送的全民化。

（三）以"竞争性"为基础的主体选择制

在反贫困社会服务中，以项目为依托的多元服务主体并非完全以政府发包作为唯一主体，市场主体和慈善基金也开始成为服务发包主体，以"竞争性"的方式介入服务主体的选择中。一方面，以社会企业为代表的市场主体参与发包竞争。目前以社会事务为主要业务范围，以公益性为主要目标的社会企业开始发展，以市场主体的方式提供社会服务。而且，一些私营企业亦开始关注发展过程中的公益性特征，关注企业家精神和影响力投资。这些以公益性和社会性为目标导向的市场主体开始以积极福利导向的社会服务项目发包并选择具有竞争性的递送主体，天齐锂业就是典型代表。因此，对社会企业和具有企业家精神的私营企业应该大力扶持。另一方面，以慈善基金会为主体的慈善组织亦参与项目开发和发包。以"壹基金"和"救世军"为代表的慈善基金会，以项目的形式向社会组织进行反贫困社会服务的发包具有代表性。通过服务发包对服务递送的社会组织进行严格的选拔和考核，充分体现出竞争旨在实现服务质量提升的竞争性，使得主体选择具备了多样性和竞争性。因此，应充分激活社会慈善力量，参与反贫困社会服务。

---

① 萨拉蒙. 公共服务中的伙伴——现代福利国家中政府与非营利组织的关系 [M]. 田凯，译. 北京：商务印书馆，2008：2.

第四节 "叠加再生"——反贫困社会服务的福利混合经济

精准扶贫中的经济扶贫导向反映在中央财政拨款项目中更倾向于现金补贴类扶贫项目，而对于社会服务类扶贫项目却没有单独列支。这势必导致各级扶贫相关部门和社会筹资系统中，除了以项目制（中国扶贫基金会）为筹资方式的主体，其他部门并未对反贫困社会服务进行专门设置。这将使得反贫困社会服务在资金筹集方面缺乏有力的支持，从而限制其发展。因此，在"后脱贫时代"为了体现精准扶贫的长效性还应该积极开发包括政府、营利组织、非营利组织和个人在内的多层次筹资主体的筹资动力，形成反贫困社会服务资金公共部门整合筹资、市场主体开发筹资、志愿部门慈善筹资和个人用户付费筹资的福利混合经济模式。通过多元性筹资系统实现反贫困社会服务现有资金的"叠加再生"。

一、公共部门整合筹资

公共部门是反贫困社会服务筹资的绝对主体。2016—2019 年，中央财政累计安排专项扶贫资金 3 843.8 亿元，年均增长 28.6%，主要包括专项扶贫资金和各部门自筹资金。但由于资金使用中社会服务资金未专门设立，部门间资金独立核算和审计，各领域资金筹资碎片化，容易造成服务资金使用效率降低。因此，从整合筹资的视角，通过社会服务资金专门化统筹，跨部门整合和跨领域整合将有效提升公共部门资金使用效能。

（一）实现服务资金专门化统筹

《中央财政专项扶贫资金管理办法》规定：中央财政依据脱贫攻坚任务需要和财力情况，在年度预算中安排财政专项扶贫资金。地方各级财政根据本地脱贫攻坚需要和财力情况，每年预算安排一定规模的财政专项扶贫资金。中央财政专项扶贫资金项目审批权限下放到县级①。专项扶贫资金包括中央专项资金和地方专项资金（包括省、市、县），由县级政府进行审批。但是，在县级资金项目中主要集中于义务教育类、基本医疗类、住房安全类、产业扶贫类和

---

① 关于印发《中央财政专项扶贫资金管理办法》的通知 [EB/OL]. (2017-03-24) [2021-04-16]. http://nys.mof.gov.cn/fpzjzczl/zcfg/201807/t20180713_2960569.htm.

基础设施类项目，缺乏专门的社会服务类项目。在"后脱贫时代"，增强贫困人口自我发展能力和抵御风险能力成为扶贫筹资的主要目标，其中具有积极福利性质的社会服务应该在县级扶贫资金安排中设立专门化项目进行统筹，以保障服务的有效供给。

（二）实现服务资金跨部门统筹

现有扶贫资金除了专项扶贫资金外还有各部门的自筹扶贫资金和常规拨款资金。一方面，各部门的自筹扶贫资金受到本级行政主管部门的"横向控制"，各部门间根据职能任务进行扶贫资源分配，造成扶贫资金的碎片化。另一方面，各部门还受到上级职能部门的"纵向控制"，在对口帮扶中以村为单位进行直接帮扶，进一步加剧扶贫资源的碎片化。这种行政部门拨款中的"条块结构"弱化了扶贫资金的使用效率。为了打破部门间的筹资壁垒，可以充分发挥县级政府的民生职能优势、信息对称优势、资源整合优势，在县级财政进行反贫困社会服务资金整合。主要措施有：在县级财政对各职能部门（包括民政、卫健、人社、建设等部门）涉及的扶贫资金进行统筹。县财政部门可以专门设立一个扶贫资金账户，所有的专项扶贫资金、行业扶贫资金和对口扶贫资金都纳入该账户进行管理，形成"结构性协同机制"（structural mechanisms）①。

（三）实现涉农资金跨领域统筹

在"后脱贫时代"，精准扶贫与乡村振兴的有机衔接是政策转向的重点，反贫困社会服务与乡村振兴中的社会服务衔接亦具有现实意义。这就需要对涉及农业发展的资金在扶贫领域和乡村振兴领域进行跨域统筹。自2006年我国开始启动财政涉农资金整合试点工作，2017年《国务院关于探索建立涉农资金统筹整合长效机制的意见》颁布至今，我国正在逐步推进涉及农村一、二、三产业领域和行业间涉农专项转移支付及涉农基建投资的分类统筹整合，其中又涉及跨领域社会服务筹资。这就要求进一步加快完善财政涉农资金统筹整合的长效机制；推进涉农领域的"放管服"改革；优化预算编制，推进源头整合；适时调整涉农资金整合重点，从乡村振兴战略入手，强化社会服务领域对精准扶贫的长效机制②。

---

① 林辉煌. 贫困治理与县级财政统筹［J］. 北京工业大学学报（社会科学版），2020（2）：41-50.

② 刘纯阳. 贫困县财政涉农资金整合使用的施策困境及其优化［J］. 求索，2020（2）：121-127.

二、社会主体开发筹资

《中央财政专项扶贫资金管理办法》要求各省创新资金使用机制，探索推广政府和社会资本合作、政府购买服务、资产收益扶贫等机制，撬动更多金融资本、社会帮扶资金参与脱贫攻坚①。在保障公共部门资金有效整合的前提下，合理进行以市场主体、慈善机构和集体经济为代表的社会主体参与反贫困社会服务筹资是"后脱贫时代"的重要渠道。

（一）培育市场主体参与筹资

《中国企业扶贫研究报告（2017）》显示，沪深 300 指数的上市公司中有202 家公司披露精准扶贫信息，精准扶贫投入总额占利润总额的 7/10 000。超半数上市公司明确披露了年度扶贫投入额，总额约为 21.5 亿元，每家公司平均投入 1 320.52 万元，企业规模越大精准扶贫投入越多②。可见，通过企业社会责任的培养和对企业发展的大力扶持能有效促进其参与扶贫社会服务筹资。另外，制定优惠政策扶持社会企业成长，通过以反贫困社会服务为目标的社会企业培育来充实反贫困资金更丰富了筹资的来源渠道。以尤努斯的格莱珉银行为代表的社会企业模式，运用资产建设实现贫困者内生动力的激活具有重要的借鉴意义。

（二）鼓励慈善机构志愿筹资

目前，我国反贫困筹资中慈善资金筹集主要包括：中国扶贫基金会累计筹资超 58 亿元③，中央专项彩票公益金"十三五"期间安排 100 亿元支持贫困革命老区脱贫攻坚④，各类基金会 7 034 家⑤。一方面，我国社会慈善力量激活不够充分；另一方面，受限于我国慈善捐赠制度不够完善，我国反贫困慈善资金还未实现充分筹集。因此，一要大力培育社会志愿力量和慈善精神，充分挖潜慈善资金。二要进一步完善我国慈善捐赠制度。提高慈善捐赠的公开度和透

---

① 关于印发《中央财政专项扶贫资金管理办法》的通知 [EB/OL]. (2017-03-24) [2021-04-16]. http://nys.mof.gov.cn/fpzjzczl/zcfg/201807/t20180713_2960569.htm.

② 杜世风，石恒贵，张依群. 中国上市公司精准扶贫行为的影响因素研究——基于社会责任的视角 [J]. 财政研究，2019（2）：104-115.

③ 中国扶贫基金会累计筹资超 58 亿元，逾三千万人受益 [EB/OL]. (2019-04-02) [2021-04-16]. https://news.sina.com.cn/c/2019-04-03/doc-ihvhiqaw9787722.shtml.

④ 财政部"十三五"期间累计安排中央专项彩票公益金 100 亿元支持贫困革命老区脱贫攻坚 [EB/OL]. (2019-12-05) [2021-04-16]. http://www.gov.cn/xinwen/2019-12/05/content_5458692.htm.

⑤ 2018 年民政事业发展统计公报 [R/OL]. [2021-04-16]. http://images3.mca.gov.cn/www2017/file/201908/1565920301578.pdf.

明度，实现国家慈善捐赠管理的分权和放权。完善慈善法律制度，加强慈善行为的监督与管理。三要加快培育具有公开募捐资格的基金会，增加社会募捐的资金数量。四要健全"时间银行"制度，鼓励志愿参与反贫困社会服务行动。

（三）实现集体资产收益筹资

资产的福利效应包括：促进家庭稳定；创造对未来的认知和情感取向；促进人力资本和其他资产的发展；增强专门化和专业化；提供承担风险的基础；增加个人效能；增加社会影响；增加政治参与；增加后代的福利①。资产建设在反贫困过程中最具有积极福利效应和持续性脱贫效应。长期以来贫困户反复返贫的主要原因就在于缺乏固定的家庭资产或集体资产。从社会服务筹资来看，进行集体资产的收益筹资在局部区域更具有稳定性和资金使用灵活性的特点，可以通过"资源变资产、资金变股金、农民变股东"的"三变"形式来实现集体资产收益②。贫困户可以以集体运作的方式参与资产建设，将自然资源、土地资源、专项资金、自有资金和金融借贷等进行整合，以规范化管理的模式实现收益投入到反贫困社会服务。2019 年《中华人民共和国土地管理法》修正案规定：从 2020 年开始，允许集体经营性建设用地在符合规划、依法登记，并经本集体经济组织 2/3 以上成员或村民代表同意的条件下，通过出让、出租等方式交由集体经济组织以外的单位或者个人直接使用。同时，使用者取得集体经营性建设用地使用权后还可以转让、互换或者抵押③。至此，乡村中最主要的集体资产——集体用地，可以上市交易并获得收益。

三、个人用户付费筹资

个人用户付费是反贫困社会服务筹资的补充机制，能在体现贫困户权利的同时反映其义务，具有明显的积极福利特征。一方面，社会服务消费具有一定排他性和准公共产品性，适当收费可以有效缓解筹资压力。另一方面，"后脱贫时代"的脱贫服务需求的个性化提升了服务难度和成本，个人服务消费者亦具有付费的义务。

（一）适度付费：降低个人筹资水平

在全面脱贫后，覆盖乡村全体居民的适度普惠型社会福利模式将完成建

---

① 谢若登. 资产与穷人：一项新的美国福利政策［M］. 北京：商务印书馆，2007：217.

② 程蹼. 集体资产收益扶贫：典型模式和经验总结［J］. 湖北社会科学，2019（9）：75-80.

③ 中华人民共和国土地管理法［EB/OL］.（2019-09-05）［2021-04-16］. http://www.npc. gov.cn/npc/c30834/201909/d1e6c1a1eec345eba23796c6e8473347.shtml.

构。但是，在普惠福利基础上建立的社会服务只具有"保基本"的服务功能，居民个性化和差异化的服务需求和发展需求却难以满足。随着市场主体介入反贫困社会服务的递送，服务的丰富化和个性化需求将得到满足。因此，应倡导个人适度付费，按市场化运作进行服务供给。通过付费可以适当补充服务递送中有限的资金供给，还可以培育多样化供给的社会服务市场。在个人付费过程中，由于贫困者自身的经济状况较差，政府和集体的服务项目筹资则成为重要来源，在基础性服务中的资金供给尤其如此。"补供方"成为降低个人社会服务筹资水平的主要形式，根据贫困者的相对贫困水平进行个人付费制度设计。这种筹资方式往往针对服务递送主体单一的情况，用户缺乏选择机会。

（二）凭单补贴：培养个人筹资习惯

当贫困地区具有可选择的社会服务机构时，个人用户便可以根据服务递送主体的服务质量和个人需求进行选择。可是，对于大多数贫困者来说，他们并不具备购买服务的经历和意识，自我付费的观念缺失。因此，需要政府培育其个人筹资的习惯，以"补需方"的方式对贫困户的社会服务需求进行补贴。"凭单制"或"福利券"可以作为补贴贫困者购买服务的主要方式。将福利券用于培训服务、就业服务、健康服务、照顾服务和咨询服务能有效培养贫困户的消费习惯和筹资习惯，在消费中强化对社会服务的积极福利特征的认可。在福利券使用中应加强管理和监督，指导服务客体规范使用，严格进行使用身份认证和项目限制，对于违规使用凭单补贴的行为和个人进行惩罚，以保障政府资金补贴的公平性、公正性和发展性。

（三）供需两补：培育多元筹资系统

在反贫困社会服务项目开展较好的地区，可以将"补供方"和"补需方"两种方法进行有机结合和合理配置。对于公益性较强的社会服务项目强化"补供方"的力度，对贫困程度较深的贫困户加大"补需方"的力度更能体现反贫困的公共性。当解决相对贫困问题成为反贫困的重心之后，培育多元主体参与筹资的反贫困社会服务具有鲜明的积极福利意义。政府可以将治理重心放到筹资规制、监督管理和考核评估中，充分调动市场主体、社会组织和付费个人参与筹资。最终，以实现多元主体合作、筹资和监督的积极性社会服务合作伙伴关系。

参考文献

【中文文献】

奥格本，1989. 社会变迁——关于文化和先天的本质 [M]. 王晓毅，陈育国，译. 杭州：浙江人民出版社.

鲍威尔，2011. 理解福利混合经济 [M]. 钟晓慧，译. 北京：北京大学出版社.

贝克，2004. 风险社会 [M]. 何博闻，译. 南京：译林出版社.

贝克，2018. 风险社会：新的现代性之路 [M]. 张文杰，何博闻，译. 南京：译林出版社.

博杜安，2015. 世界历史上的贫困 [M]. 杜鹃，译. 北京：商务印书馆.

曹兴植，2012. 韩国社会福利服务政策现状与课题 [J]. 社会福利（理论版）（7）.

柴瑞章，任曦昱，2013. 社会服务理论与实践发展脉络探析 [J]. 社会福利（10）.

陈光金，2004. 20 世纪末农村社区精英的"资本"积累策略 [J]. 江苏行政学院学报（6）.

陈锦堂，2008. 香港社会服务评估与审核 [M]. 北京：北京大学出版社.

陈昕，2010. 反贫困理论与政策研究综述 [J]. 价值工程（28）.

程蹊，2019. 集体资产收益扶贫：典型模式和经验总结 [J]. 湖北社会科学（9）.

程胜利，2004. 社会工作在城市反贫困中的作用及政策建议 [J]. 社会（9）.

邓维杰，2014. 精准扶贫的难点、对策与路径选择 [J]. 农村经济（6）.

迪肯，2011. 福利视角——思潮、意识形态及政策争论 [M]. 周薇，等译. 上海：上海人民出版社.

迪尼托，2007. 社会福利：政治与公共政策 [M]. 何敬，葛其伟，译. 北京：中国人民大学出版社.

丁建定，2005. 1870—1914 年英国的慈善事业 [J]. 南都学坛 (4).

董晓波，袁媛，杨立雄，等，2016. 英国贫困线发展研究 [J]. 世界农业 (9).

杜世风，石恒贵，张依群，2019. 中国上市公司精准扶贫行为的影响因素研究——基于社会责任的视角 [J]. 财政研究 (2).

丰华琴，2010. 从混合福利到公共治理：英国个人社会服务的源起与演变 [M]. 北京：中国社会科学出版社.

高考，年旻，2018. 多维贫困视角下的精准扶贫研究 [M]. 武汉：华中科技大学出版社.

顾东辉，2016. 精准扶贫内涵与实务：社会工作视角的初步解读 [J]. 社会工作 (5).

郭俊华，边少颖，2018. 西部地区易地移民搬迁精准扶贫的企业扶贫模式探析——基于恒大集团大方县扶贫的经验 [J]. 西北大学学报 (哲学社会科学版) (6).

郭灵凤，2014. 欧盟社会保障政策的社会投资转向：理念发展与政策评估 [J]. 欧洲研究 (6).

郭沛源，于永达，2006. 公私合作实践企业社会责任——以中国光彩事业扶贫项目为案例 [J]. 管理世界 (4).

国际社会保障协会，2004. 激活失业者——工作导向型政策跨国比较研究 [M]. 王金龙，译. 北京：中国劳动社会保障出版社.

胡杰成，2003. 城市贫困者的自助与他助——从提升贫困者社会资本角度的透视 [J]. 青年研究 (12).

黄承伟，刘欣，周晶，2017. 鉴往知来——十八世纪以来国际贫困与反贫困理论评述 [M]. 南宁：广西人民出版社.

黄承伟，周晶，2015. 共赢—协同发展理念下的民营企业参与贫困治理研究 [J]. 内蒙古社会科学 (汉文版) (2).

黄健荣，2008. 公共管理学 [M]. 北京：社会科学文献出版社.

黄晓燕，许文青，2012. 区域性贫困地区儿童福利服务的思路与实践——以中国儿童福利示范区项目为例 [J]. 社会工作 (11).

吉登斯，1998. 社会的构成：结构化理论大纲 [M]. 李康，李猛，译. 北京：生活·读书·新知三联书店.

吉登斯，2000. 第三条道路：社会民主主义的复兴［M］. 郑戈，译. 北京：北京大学出版社.

吉登斯，2003. 超越左与右——激进政治的未来［M］. 李惠斌，杨雪冬，译. 北京：社会科学文献出版社.

吉登斯，2011. 现代性的后果［M］. 田禾，译. 南京：译林出版社.

吉登斯，2015. 全球时代的欧洲［M］. 潘华凌，译. 上海：上海译文出版社.

吉登斯，2016. 现代性与自我认同：晚期现代中的自我与社会［M］. 夏璐，译. 北京：中国人民大学出版社.

吉登斯，戴萌德，里德，2010. 欧洲模式：全球欧洲，社会欧洲［M］. 沈晓雷，译. 北京：社会科学文献出版社.

吉登斯，萨顿，2019. 社会学基本概念［M］. 王修晓，译. 北京：北京大学出版社.

康西安，丹齐革，2014. 改变贫困，改变反贫困政策［M］. 刘杰，等译. 北京：中国社会科学出版社.

李兵，2014. 社会服务理论和实践研究［M］. 北京：知识产权出版社.

李兵，2019. 社会服务制度框架建构研究［M］. 北京：社会科学文献出版社.

李丹，2015. 社会工作介入农村老年人扶贫的路径分析——基于社会互构理论的视角［J］. 经济研究导刊（22）.

李红波，2011. 当前社会工作介入我国反贫困的必要性分析［J］. 贵州社会科学（12）.

李华，2015. 国际社会保障动态：反贫困模式与管理［M］. 上海：上海人民出版社.

李静，龚莹，2013. 我国残疾人就业福利政策重构与耦合的国际经验与现实考量［J］. 华中科技大学学报（社会科学版）（2）.

李迎生，吴咏梅，叶笛，2012. 非营利组织社会服务的改革与创新：以民族地区反贫困为例［J］. 教学与研究（8）.

李迎生，徐向文，2016. 社会工作助力精准扶贫：功能定位与实践探索［J］. 学海（4）.

林辉煌，2020. 贫困治理与县级财政统筹［J］. 北京工业大学学报（社会科学版）（2）.

林闽钢，2014. 现代社会服务［M］. 济南：山东人民出版社.

林闽钢, 2016. 在精准扶贫中构建"因病致贫返贫"治理体系 [J]. 中国医疗保险 (2).

刘纯阳, 2020. 贫困县财政涉农资金整合使用的施策困境及其优化 [J]. 求索 (2).

刘德忠, 2007. 社会资本视角下的农村经济精英 [J]. 华中师范大学学报 (人文社会科学版) (4).

刘俊海, 1999. 公司的社会责任 [M]. 北京：法律出版社.

刘磊, 吴理财, 2019. 精准扶贫进程中地方政府的动员式治理及其改进——鄂西 H 县政府扶贫行为分析 [J]. 南京农业大学学报 (社会科学版) (1).

马尔萨斯, 1992. 人口原理 [M]. 北京：商务印书馆.

宁亚芳, 2014. 从道德化贫困到能力贫困：论西方贫困观的演变与发展 [J]. 学习与实践 (7).

彭华民, 2009. 西方社会福利理论前沿——论国家、社会、体制与政策 [M]. 北京：中国社会出版社.

钱宁, 2007. 农村发展中的新贫困与社区能力建设 [J]. 思想战线 (1).

乔治, 2010. 进步与贫困 [M]. 吴良健, 王翼龙, 译. 北京：商务印书馆.

瑞沃林, 2005. 贫困的比较 [M]. 赵俊超, 译. 北京：北京大学出版社.

萨拉蒙, 2008. 公共服务中的伙伴——现代福利国家中政府与非营利组织的关系 [M]. 田凯, 译. 北京：商务印书馆.

萨拉蒙, 2016. 政府工具：新治理指南 [M]. 肖娜, 等译. 北京：北京大学出版社.

萨瓦斯, 2002. 民营化与公私部门的伙伴关系 [M]. 周志忍, 等译. 北京：中国人民大学出版社.

森, 2001. 贫困与饥荒：论权利与剥夺 [M]. 王宇, 王文玉, 译. 北京：商务印书馆.

森, 2001. 以自由看待发展 [M]. 任赜, 于真, 译. 北京：中国人民大学出版社.

史乐山, 邹莉, 2005. 个人发展账户——"美国梦"示范工程 [J]. 江苏社会科学 (2).

舒尔茨, 1990. 论人力资本投资 [M]. 吴珠华, 等译. 北京：北京经济学院出版社.

舒尔茨, 1990. 人力资本投资 [M]. 中译本. 北京：商务印书馆.

索洛，希梅尔法尔，刘易斯，等，2010. 工作与福利 [M]. 刘文忻，陆云航，黄雪，译. 北京：中国社会科学出版社.

泰勒-顾柏，2010. 新风险 新福利：欧洲福利国家的转变 [M]. 马继森，译. 北京：中国劳动社会保障出版社.

童星，2018. 贫困的演化、特征与贫困治理创新 [J]. 山东社会科学 (3).

王春光，2018. 政策执行与农村精准扶贫的实践逻辑 [J]. 江苏行政学院学报 (1).

王磊，2017. 残疾模式与福利模式的匹配性研究 [J]. 云南行政学院学报 (1).

王磊，2020. 从福利国家到社会投资国家：发展型社会政策生成机理及其运行逻辑 [J]. 东岳论丛 (3).

王磊，梁誉，2016. 以服务促发展：发展型社会政策与社会服务的内在逻辑析论 [J]. 理论导刊 (3).

王磊，张冲，2017. 能力扶贫：精准扶贫的发展型视角 [J]. 理论月刊 (4).

王灵桂，侯波，2018. 精准扶贫：理论、路径与和田思考 [M]. 北京：中国社会科学出版社.

王名，2009. 走向公民社会——我国社会组织发展的历史及趋势 [J]. 吉林大学社会科学学报 (3).

王思斌，2016. 精准扶贫的社会工作参与——兼论实践型精准扶贫 [J]. 社会工作 (3).

王思斌，2016. 农村反贫困的制度—能力整合模式刍议——兼论社会工作的参与作用 [J]. 江苏社会科学 (3).

王思斌，2020. 后脱贫攻坚中贫困群体经济—社会韧性的建构 [J]. 重庆工商大学学报（社会科学版）(1).

王小林，张晓颖，2017. 迈向2030：中国减贫与全球贫困治理 [M]. 北京：社会科学文献出版社.

王瑜，2018. 脱贫攻坚要防治悬崖效应 [J]. 清华大学中国农村研究院"三农"决策要参 (5).

王雨磊，2016. 数字下乡：农村精准扶贫中的技术治理 [J]. 社会学研究 (6).

王雨磊，2018. 精准扶贫中的家国关系 [J]. 人文杂志 (12).

王志章，韩佳丽，2018. 贫困地区精准脱贫的路径优化与退出机制研究

[M]. 北京: 人民出版社.

王卓, 刘海燕, 2016. 社会工作与精准扶贫——老村个案工作的行动研究
[J]. 天府新论 (6).

沃克, 2010. 社会质量取向: 连接亚洲与欧洲的桥梁 [J]. 张海东, 译.
江海学刊 (4).

吴理财, 2001. 论贫困文化 [J]. 社会 (8).

吴理财, 瞿奴春, 2018. 反贫困中的政府、企业与贫困户的利益耦合机制
[J]. 西北农林科技大学学报 (社会科学版) (3).

武汉大学, 全国扶贫宣传教育中心, 2018. 中国反贫困发展报告
(2017) ——定点扶贫专题 [M]. 武汉: 华中科技大学出版社.

武汉大学, 全国扶贫宣传教育中心, 2019. 中国反贫困发展报告
(2018) ——公益慈善扶贫专题 [M]. 武汉: 华中科技大学出版社.

武汉大学, 中国国际扶贫中心, 2016. 中国反贫困发展报告 (2016) ——
社会组织参与扶贫专题 [M]. 武汉: 华中科技大学出版社.

武汉大学, 中国国际扶贫中心, 华中师范大学, 2015. 中国反贫困发展报
告 (2015) ——市场主体参与扶贫专题 [M]. 武汉: 华中科技大学出版社.

向德平, 黄承伟, 2016. 减贫与发展 [M]. 北京: 社会科学文献出版社.

谢美娥, 1993. 老人长期照顾的相关论题 [M]. 台北: 桂冠图书股份有限
公司.

谢棋楠, 2019. 美国联邦政府现行扶贫制度与近期反贫穷立法草案之探讨
[J]. 科学与人文研究 (4).

谢若登, 2005. 资产与穷人——一项新的美国福利政策 [M]. 高鉴国,
译. 北京: 商务印书馆.

杨立雄, 2013. 美国贫困门槛的发展及对中国的启示 [J]. 中州学刊 (3).

岳晨, 2008. 英国残疾人社会福利制度研究 [D]. 北京: 中国人民大学.

岳经纶, 2010. 个人社会服务与福利国家: 对我国社会保障制度的启示
[J]. 学海 (4).

张成福, 党秀云, 2001. 公共管理学 [M]. 北京: 中国人民大学出版社.

张和清, 杨锡聪, 古学斌, 2008. 优势视角下的农村社会工作——以能力
建设和资产建立为核心的农村社会工作实践模式 [J]. 社会学研究 (6).

郑功成, 2019. 中国社会保障发展报告 2018 [M]. 北京: 中国劳动社会
保障出版社.

郑红娥, 童星, 2018. 新贫困视域下乡村转型的困厄与重构路径 [J]. 中

国农业大学学报（社会科学版）（4）.

中共中央组织部干部教育局，国务院扶贫办行政人事司，国家行政学院教务部，2016. 精准扶贫 精准脱贫：打赢脱贫攻坚战辅导读本 [M]. 北京：党建读物出版社.

钟宏武，汪杰，黄晓娟，等. 中国企业扶贫研究报告（2018）[M]. 北京：经济管理出版社，2018.

周沛，2007. 社会福利体系研究 [M]. 北京：中国劳动社会保障出版社.

朱玲，2001. 改善村级社会服务能力，降低贫困户母婴健康风险 [J]. 中国人口科学（6）.

朱天义，高莉娟，2016. 精准扶贫中乡村治理精英对国家与社会的衔接研究——江西省 XS 县的实践分析 [J]. 社会主义研究（5）.

庄天慧，蓝红星，杨浩，等，2017. 精准脱贫第三方评估：理论、方法与实践 [M]. 北京：科学出版社.

左常升，2013. 世界各国减贫概要：第 1 辑 [M]. 北京：社会科学文献出版社.

【英文文献】

ANTTONEN A，SIPILÄ J，1996. European social care services：is it possible to identify models? [J]. Journal of European social policy，6.

AUWAL MA，SINGHAL A，1992. The diffusion of Grameen Bank in Bangladesh：lessons learned about alleviating rural poverty [J]. Knowledge creation diffusion utilization，14（1）.

AVEY J B，REICHARD R J，LUTHANS F，et al.，2011. Meta-analysis of the impact of positive psychological capital on employee attitudes，behaviors，and performance [J]. Human resource development quarterly（22）.

BLANK R M，2008. Presidential address：how to improve poverty measurement in the United States [J]. Journal of policy analysis & management，27（2）.

BOURDIEU P，1986. The forms of capital [C] // Richardson J G. Handbook of theory and research for the sociology of education. Westport，CT：Greenwood Press.

CECCHI C，MOLINAS L，SABATINI F，2009. Social capital and poverty reduction strategies：the case of rural India [M]. [S. l.]：Social Science Electronic Publishing.

CITRO C F，MICHAEL R T，1995. Measuring poverty：a new approach [M].

Washington, D. C.: National Academy Press.

COLEMANA , REBACH H M, 2001. Poverty, social walfare andpublic policy. Handbook of clinical sociology [M]. New York: Springer US.

COLEMAN J, 1988. Social capital in the creation of human capital [J]. American journal of sociology (94).

COOPER R N, GIDDENS A, 1999. The third way: the renewal of social democracy [J]. Forgn affairs (Council on Foreign Relations), 78 (2).

CRAIG G, 2002. Poverty, social work and social justice [J]. British journal of social work, 32 (6).

DEACON A, 2002. Perspectives on welfare : ideas, ideologies and policy debates [M]. Berkshire : Open University Press.

DSS (Department of Social Security), 1998. New ambitions for our country: a new contract for welfare [M]. London: The Stationery Office.

ELLWOOD D T, 1988. Poor support [M]. New York: Basic Books.

ENGELBRECHT A L, 2008. Sildenafil in the management of neonates with PPHN: a rural regional hospital experience [M]. South African journal of child health, 2 (4).

ESPING-ANDERSEN G, 2002. Why we need a new welfare state [M]. New York: Oxford University Press.

FITZPATRICK S, BRAMLEY G, SOSENKO F, et al., 2018. Destitution in the UK 2018 [EB/OL]. (2018-11-26) [2021-04-16]. https: //www. jrf. org. uk/ report/destitution-uk-2018 .

GIEN L, TAYLOR S, BARTER K, et al. , 2007. Poverty reduction by improving health and social services in Vietnam [J]. Nursing & Healthences, 9 (4).

Green R, 2000. Applying a community needs profiling approach to tackling service user poverty [J]. The British journal of social work, 30 (3).

GREGORY L, DRAKEFORD M, 2006. Social work, asset-based welfare and the child trust fund [J]. British journal of social work, 36 (1): 149-157.

GUPTAA , BLEWETT J, 2008 . Involving services users in social work training on the reality of family poverty: a case study of a collaborative project [J]. Social Work education, 27 (5).

HUSSAIN M, MASKOOKI K, GUNASEKARAN A, 2001. Implications of Grameen banking system in Europe: prospects and prosperity [J]. European business review, 13 (1).

IDIT W G, YAEL B, KARNI G, et al., 2009. Social workers´ and service users ´ causal attributions for poverty [J]. Social work (2).

ISLAM MA , MATHEWS M R, 2009. Grameen Bank's social performance disclosure [J]. Asian review of accounting, 17 (2).

JosephRowntree Foundation, 2018. UK Poverty 2018: A comprehensive analysis of poverty trends and figures [EB/OL]. (2018-12-04) [2021-04-16]. https://www. jrf. org. uk/report/uk-poverty-2018

KAMALUDDIN S, 1992. Lender with a mission: Bangladesh's Grameen Bank targets poorest of poor [EB/OL]. [2021-04-16]. http://www. soc. titech. ac. jp/titsoc/higuchi-lab/icm/ grameen-articles. html#two.

KARIM L, 2018. Reversal of fortunes: transformations in State-NGO relations in Bangladesh [J]. Critical sociology, 44 (4/5).

KNECH A, 2012. Understanding and fighting poverty-Amartya Sen's capability approach and related theories [J]. Social change review, 10 (2).

LEWIS O, 1966. Five families: Mexican case studies in the culture of poverty [M]. New York: Basic Books.

LIN N, 2001. Social capital: a theory of social structure and action [M]. Cambridge: Cambridge University Press.

LUTHANS F, AVEY J B, AVOLIOB, 2006. Psychological capital development: toward a micro-intervention [J]. Journal of organizational behavior (27).

LUTHANS F, YOUSSEF C M, 2004. Human, social, and now positive psychological capital management: investing in people for competitive advantage [J]. Organizational dynamics, 33 (2).

MANTLE G, BACKWITH D, 2010. Poverty and social work [J]. British journal of social work, 40 (8).

MANTLE G, BACKWITH D, 2010. Poverty and social work [J]. The British journal of social work, 40 (8).

MASTEN A S, 2001. Ordinary magic: resilience processes in development [J]. American psychologist (56).

MURRAY C, 1984. Losing ground [M]. New York: Basic Books.

ORSHANSKY M, 1965. Counting the poor: another look at the poverty profile [J]. Social Security Bulletin, 28 (1).

OWEN J M, ROGERSP J, 1999. Program evaluation: forms and approaches [M]. London: Sage Publications.

PAOLETTI I, DE CARVALHO M I, 2012. Ageing, poverty and social services in Portugal: the importance of quality services [J]. Indian journal of gerontology, 26 (3).

PIERSON P, 2001. Post-industrial pressures on the mature welfare states [C] // Pierson. The new politics of the welfare states. New York: Oxford University Press.

PUTNAM R D, 1995. Bowling alone: America's declining social capital [J]. Journal of democracy, 6 (1).

PUTTERMAN L, 1995. Social capital and development capacity: the example of rural Tanzania [J]. Development policy review, 13.

ROUF K A, 2015. Micro financing implementation and expansion strategies of Grameen Bank in Bangladesh [J]. Global journal of management and business research: C finance, 15 (10).

ROWNTREE B S, 1901. Poverty: a study of town life [M], NewYork: Garland Publishing, Inc.

SATI V P, VANGCHHIA L, 2017. A sustainable livelihood approach to poverty reduction: an empirical analysis of Mizoram, the eastern extension of the Himalaya [M]. Berlin: Springer.

SONG L J, SON J, LIN N, 2010. Social capital and health [J]. Gesundheitswesen, 64. (4).

TAYLOR-GOOBY P, 2005. Ideas and welfare state reform in Western Europe [M]. New York: Palgrave Macmillan.

TOWNSEND P, 1962. The meaning of poverty [J]. British journal of sociology, 13 (3).

TROMMLEROVÁ S K, KLASEN S, LEßMANN O, 2015. Determinants of empowerment in a capability-based poverty approach: evidence from the Gambia [J]. World development, 66.

US Census Bureau, 2019. Income, poverty, and health insurance coverage in the United States: 2019 [R]. US Census Bureau.

WEBB A, WISTOW G, 1987. Social work, social care, and social planning: the personal social services since Seebohm [M], London: Longman.

WILLIAMSON J G, 1980. Poverty in the United Kingdom: A survey of household resources and standards of living by Peter Townsend [J]. The journal of economic history, 40 (2).

WILSON W J, 1997. When work disappears [M]. New York: Alfred Knopf.

WILSON W J, 1987. The truly disadvantaged [M]. Chicago: Chicago University Press.

附　录

附录1　调查问卷

问卷1：村民

_____ 市（州）_____ 县（区、市）_____ 镇（乡）
_____ 村_____ 组

村属性：_____ ①贫困村；②非贫困村
日期：____年____月____日
导语：

老乡，您好！我们是国家社科基金课题组的调研人员。为了能更好地实现精准脱贫，特对本村农户开展调查。现在需要了解您家的基本情况。我们会对您的个人信息保密，请您放心，同时希望您能够理解和配合，谢谢！

第一部分：家庭基本情况

1. 您的文化程度：_____ ①小学及以下；②初中；③高中；④职校、中专；⑤本科（大专）及以上。

2. 您家户籍人口_____ 人，其中60岁以上老人_____ 人，16岁以下未成年人_____ 人；具有劳动能力_____ 人，其中常年在家务农_____ 人，常年在外打工_____ 人；家庭常住人口_____ 人。

3. 您家是：_____ ①建档立卡贫困户；②非贫困户；③脱贫户；④返贫户。

您家_____ 年被定为建档立卡贫困户，建档立卡的人数是_____ 人（请结合贫困户建档立卡数据库或农户扶贫手册信息填写）。

4. 您家的主要致贫原因是_____（请结合贫困户建档立卡数据库或

农户扶贫手册信息填写，可多选)

①因病；②因残；③因学；④因灾；⑤缺土地；⑥缺水；⑦缺技术；⑧缺劳力；⑨缺资金；⑩其他。

5. 您家脱贫时间是_____年。（脱贫户填写）

①2014；②2015；③2016；④2017。

6. 您家顺利实现脱贫的主要途径是什么？（脱贫户填写，可多选，按重要性先后顺序填写）

①特色产业的发展增加了收入；②外出务工；③看病有保障；④居住条件改善；⑤养老保险减轻了赡养老人的负担；⑥子女上学负担减轻；⑦生态补偿；⑧其他。

7. 在政府的帮助下，您认为您家近年来哪些方面有改善？（可多选）①收入增加；②住房条件改善；③医疗费用降低；④子女读书条件改善；⑤其他；⑥无改善。

8. 您认为您村近一年来哪些设施有改善？（可多选）①乡村道路；②饮用水；③文体设施；④幼儿园及小学；⑤卫生医疗设施；⑥公共厕所；⑦垃圾整治；⑧通宽带；⑨无改善。

第二部分：政策落实情况

1. 建档立卡以来，您家是否有人参加过劳动力就业培训？①是；②否。

若是，累计培训时间_____①1周以下；②1周以上1个月以下；③1~3个月；④3个月及以上

参加培训对找工作是否有帮助？①是；②否。

2. 建档立卡以来，您家产业方面得到了哪些帮助？（可多选）①参加合作社；②得到种苗、种畜等；③现金补贴_____元；④入股分红；⑤技术服务；⑥其他；⑦没有。

3. 建档立卡以来，您家得到哪些社会服务帮助？（可多选）①就业服务；②科技服务；③健康服务；④其他服务。

4. 您家是否属于五保户？①是；②否。

您家是否属于低保户？①是；②否。若是，享受了_____年；享受低保标准_____元/月。

享受低保的原因是什么？（可多选）①无劳动能力；②因病；③因灾；④因残；⑤其他。

第三部分：脱贫需求调查

1. 您认为国家和地方政府应该在哪些方面加大投入以帮助本村脱贫致富？（限选四项，并按重要性排序）①基础设施；②资金帮扶；③产业发展；④销售供给；⑤转移就业；⑥教育培训；⑦环境保护；⑧其他。

2. 就您家而言，您希望获得哪些方面的帮助？（多选，按重要性排序）

①医疗救助；②资金帮扶；③子女教育；④危房改造；⑤技能培训；⑥其他。

第四部分：认可度调查

1. 建档立卡以来，您家享受有下列哪些帮扶措施？（可多选）①教育扶贫（含助学贷款）；②健康扶贫（含医疗救助、大病保险等）；③危房改造；④易地扶贫搬迁；⑤就业扶贫（含劳动力技能培训）；⑥产业扶贫；⑦小额信贷；⑧低保；⑨其他帮扶政策（如光伏扶贫、旅游扶贫等，请具体说明）；⑩没有享受任何帮扶政策。

2. 您对现有的帮扶措施是否认可？①认可；②基本认可；③一般；④不认可（理由是_____）。

[注释]

a. 常年在家务农：指农村劳动力半年及以上时间在家务农。

b. 常年在外打工：指农村劳动力半年及以上时间在外打工。

c. 家庭常住人口：指全年经常在家或在家居住 6 个月以上，而且经济和生活与本户连成一体的人口。外出从业人员在外居住时间虽然在 6 个月以上，但收入主要带回家中，经济与本户连为一体，仍视为家庭常住人口；在家居住，生活和本户连成一体的国家职工、退休人员也为家庭常住人口。但是现役军人、中专及以上（走读生除外）的在校学生，以及常年在外（不包括探亲、看病等）且已有稳定的职业与居住场所的外出从业人员，不应当作家庭常住人口。

计算家庭人口时，以家庭户籍人口为基数，但家庭常住人口与户籍人口不一致的则以家庭常住人口为准。

问卷编号：

问卷 2：村干部

提示：村干部为村党支部书记、村委会主任、村文书。方法：面对面单独访谈。

_____ 市（州） _____ 县（区、市） _____ 镇（乡）

_____村组

村属性：_____①贫困村；②非贫困村

日期：____年___月___日

第一部分：村基本情况

1. 本村距离县城_____公里；本村距离乡镇政府驻地_____公里，是否属于贫困村？①是；②否。

若是贫困村，退出时间_____（①2016年；②2017年；③2018年；④2019年；⑤2020年）

2. 本村总户数_____户，总人口_____人；其中农业人口_____人，常年在外（半年及以上）劳动力_____人。

3. 2017年本村人均纯收入为_____元/人。

4. 本村村民的主要收入来源为_____（可多选，按重要性先后顺序填写）

①种植业；②养殖业；③自主经营；④务工收入；⑤土地流转、股息、利息；⑥其他。

5. 本村主导致富产业是_____①种植业；②养殖业；③务工收入；④其他。

6. 已退出村需现场核实后填写以下内容：

有村集体经济收入_____元，人均_____元。

本村电力设施是否全覆盖？①是；②否。

本村通信设施是否全覆盖？①是；②否。信号如何？①强；②中；③弱。

是否有通村硬化路？①是；②否。

是否有卫生室？①是；②否。

是否有文化室？①是；②否。

7. 本村主要饮用水来源：_____①自来水；②深井水；③泉水；④河水；⑤雨水；⑥水柜、水窖；⑦其他。

8. 本村拥有的公共基础设施（可多选）_____①卫生室；②幼儿园；③小学；④垃圾集中堆放点；⑤其他。

第二部分：精准扶贫工作情况

1. 您认为本村贫困的主要原因是什么？（可多选，按重要性先后顺序填写）

①自然条件恶劣；②基础设施薄弱；③缺乏产业支撑；④群众观念和文化

知识落后；⑤村民缺少资金；⑥其他

2. 2017 年本村建档立卡过程中对贫困人口的认定依据是家庭年人均纯收入低于_____元；其他认定依据是：_____。

本村今年是否进行了贫困动态调整？

①是；②否。

3. 目前本村有贫困户_____户，贫困人口_____人，2016 年及以前脱贫户_____户，脱贫人口_____人；2017 年脱贫_____户，脱贫人口_____人。

4. 本村享受最低生活保障共_____人_____户。

本村今年扶贫标准和低保标准是否进行了衔接？

①是；②否

本村的低保标准和扶贫标准的关系是_____ ①低保标准≥扶贫标准；②低保标准<扶贫标准。五保人口_____人_____户。

5. 2017 年本村实施的扶贫项目有哪些？（可多选）您认为哪个（类）项目对当地发展带动效果最好？（可多选，按重要性先后顺序）原因是什么？

①职业教育培训；②小额信贷；③电商扶贫；④旅游扶贫；⑤光伏扶贫；⑥易地扶贫搬迁；⑦致富带头人创业培训；⑧龙头企业带动；⑨其他

第三部分：认可度调查

1. 若调研村为贫困村，请回答下列问题：

您村有没有驻村工作组？

①有；②没有；③不知道

驻村工作组是否住在村里？

①是；②否；③不知道

您认为驻村干部对村庄发展所起作用体现在哪些方面？（可多选）①提供就业岗位；②引进投资企业；③提供市场销路；④提供技术支持；⑤联系政府帮扶；⑥其他

您对驻村工作组工作到位情况是否认可？

①认可；②基本认可；③一般；④不认可（理由是_____）。

2. 本村是否对建档立卡贫困人口的信息以及扶贫资金、物质、项目等情况进行信息公示？

①全部公示；②部分公示；③从未公示（理由是_____）。

3. 您认为政府应该在哪些方面加大投入以帮助本村脱贫致富？（可多选，按重要性先后顺序填写）

①公共基础设施建设；②农业产业化发展；③促进劳动力转移就业；④教育培训；⑤生态环境保护；⑥提供资金帮扶；⑦提供市场销售渠道；⑧其他

4. 您村近一年来新增了哪些设施？（可多选）；完善了哪些设施？（可多选）

①乡村道路；②饮用水；③文体设施；④幼儿园及小学；⑤卫生医疗设施；⑥互联网；⑦农业灌溉；⑧其他

5. 您对本村脱贫攻坚工作成效是否认可？①认可；②基本认可；③一般；④不认可。若不认可，请具体说明理由。

6. 通过您个人了解的相关信息，您认为目前的扶贫政策应在哪些方面做出改变？（可多选）

①公共基础设施；②教育；③医疗卫生；④生态环境；⑤就业岗位；⑥农村危房改造；⑦其他

7. 您认为本村脱贫攻坚工作目前还存在哪些问题？

_____

_____

8. 您对本村脱贫攻坚工作有何意见建议？

_____

_____

附录2 调研提纲

一、"M村"调研提纲

调研目的：针对大理南涧群团组织精准扶贫类型，按分配、供给、递送和筹资四个维度进行分析，从中提炼出该类型社会服务的特征、效果、经验

调研方法：封闭式问卷和开放式问题

调研时间：2018年7月2—4日

调研地点：云南大理南涧

调研对象：贫困户、扶贫干部、当地政府行政人员、云南省科协工作人员

调研资料：录音、照片及书面记录

调研内容：

（1）基本情况：性别、年龄、民族、健康状况、受教育程度、家庭收入、就业状况、住房状况、参加社保情况

（2）社会服务：咨询服务（政策咨询、法律咨询、教育咨询）、照顾服务（居家服务、康复服务、护理照顾）、就业服务（信息提供、岗位开发、技能培训、职业适应、职业恢复、创业服务）、心理服务（心理咨询、精神康复、临终关怀、酗酒者与药物滥用者康复）、家庭服务（儿童教育、儿童看护、妇女教育、妇女服务、生活协助）、居所服务（居住保障、环境改造）、社区服务（活动参与、文化服务、社区营造）、金融服务（资产建设、信贷服务）

（3）社会工作：是否有专业社工介入？具体情况与效果如何？

调研问题：

第一部分：贫困户基本信息（脱贫户基本信息）

（1）文化程度（以及失学原因）

（2）民族

（3）户籍人口及年龄

（4）劳动能力（或丧失劳动能力原因）

（5）就业状况（或失业原因）

（6）家庭纯收入（来源及政府补贴）

（7）主要收入来源

（8）是否属于低保户或五保户

（9）建档立卡标准（人均纯收入）

（10）居住条件（面积人均是否超过25平方米、构造）

（11）健康状况（致病原因）

（12）参保情况（政府补贴）

（13）社会参与状况（选举和社区活动）

（14）对精准扶贫的认可度（以及返贫情况）

（15）致贫原因

（16）基本公共服务（道路、水、电、燃料、广播电视、网络、社区服务中心）

（17）医疗服务现状

（18）养老服务现状

第二部分：群团组织介入社会服务部分

（1）社会服务人力资源情况［驻村干部（包括第一书记和工作组）、专业社工、村庄能人、产业大户、营利机构、社会组织、志愿者］

（2）"两后生"技能培训现状（内容、频率、效果）

（3）创业支持的情况（资金补贴、创业培训、信息传递）

（4）敬老所和幼儿园的设置情况

（5）参与建档立卡评估和会议情况

（6）居民议事室的设立情况

（7）代办服务机构设立情况

（8）养老服务（老年活动室、设备设施、活动、生活服务、康复照顾）

（9）妇幼卫生服务站设置情况

（10）公共文化服务站设置情况（地点、设施、图书阅览室、活动开展、人员配备、远程教育服务站、健身器材、文化培训、乡贤情况）

（11）就业服务（实用技术培训、就业转移服务、产业扶持服务、就业政策）

（12）定点帮扶单位介入情况

（13）心理服务情况（专业性如何、社会工作是否介入）

（14）咨询服务情况（由谁来主要负责，政府人员还是社工）

（15）家庭服务情况

（16）金融服务情况

（17）群团组织基本状况

（18）群团组织参与评估和监督状况

（19）群团组织与扶贫项目购买现状

（20）群团组织与政府、贫困户的关系现状

（21）群团组织参与资源整合状况

（22）群团组织参与扶贫的评价

第三部分：不同主体问卷

一、村民

（1）您对精准扶贫的效果满意吗？（特别满意、满意、一般、不满意、特别不满意）

（2）在政府的帮扶中您认为效果最好的是哪个？（除了现金补贴）

（3）最需要的是什么方面的帮助？（除了现金补贴）

（4）在扶贫中自身能力是否得到提升？

（5）哪些扶贫项目对能力提升效果最佳？

（6）您认为目前精准扶贫的服务中还需要在哪方面加强？

（7）对未来生活是否充满期待？

二、村干部

(1) 当地村基本情况

(2) 村里精准扶贫概况

(3) 科协对村民脱贫和改善生活状况的效果如何?

(4) 其优势在什么地方?

(5) 村里给予什么支持?

(6) 其不足在什么方面?

(7) 该如何改进?

三、定点帮扶干部

(1) 开展了哪些工作?

(2) 收效如何?是否满意?

(3) 村里资源利用如何?

(4) 与村民关系是否融洽?

(5) 有什么困难?其中最大的困难是什么?

(6) 希望得到什么帮助?

二、"H社区"调研提纲

调研目的:现有精准扶贫政策的效果调查、社会服务(包括社会工作)的介入情况和效果

调研方法:开放式问卷

调研时间:2018年8月29—30日

调研对象:贫困户、扶贫干部、社会组织及其工作人员

调研资料:录音、照片及书面记录

调研内容:

(1) 基本情况:性别、年龄、民族、健康状况、受教育程度、家庭收入、就业状况、住房状况、参加社保情况

(2) 社会服务:咨询服务(政策咨询、法律咨询、教育咨询)、照顾服务(居家服务、康复服务、护理照顾)、就业服务(信息提供、岗位开发、技能培训、职业适应、职业恢复、创业服务)、心理服务(心理咨询、精神康复、临终关怀、酗酒者与药物滥用者康复)、家庭服务(儿童教育、儿童看护、妇女教育、妇女服务、生活协助)、居所服务(居住保障、环境改造)、社区服务(活动参与、文化服务、社区营造)、金融服务(资产建设、信贷服务)

(3) 社会工作:社工介入、机构介入、督导介入、支持小组、服务内容、

服务效果

调研问题：

第一部分：贫困户基本信息（脱贫户基本信息）

（1）文化程度（以及失学原因）

（2）民族

（3）户籍人口及年龄

（4）劳动能力（或丧失劳动能力原因）

（5）就业状况（或失业原因）

（6）家庭纯收入（来源及政府补贴）

（7）主要收入来源

（8）是否属于低保户或五保户

（9）建档立卡标准（人均纯收入）

（10）居住条件（面积人均是否超过25平方米、构造）

（11）健康状况（致病原因）

（12）参保情况（政府补贴）

（13）社会参与状况（选举和社区活动）

（14）对精准扶贫的认可度（以及返贫情况）

（15）致贫原因

（16）基本公共服务（道路、水、电、燃料、广播电视、网络、社区服务中心）

（17）医疗服务现状

（18）养老服务现状

第二部分：社会工作介入社会服务部分

（1）社会服务人力资源［驻村干部（包括第一书记和工作组）、专业社工、村庄能人、产业大户、营利机构、社会组织、志愿者］

（2）"两后生"技能培训现状（内容、频率、效果）

（3）创业支持的情况（资金补贴、创业培训、信息传递）

（4）敬老所和幼儿园的设置情况

（5）参与建档立卡评估和会议情况

（6）居民议事室的设立情况

（7）代办服务机构设立情况

（8）养老服务（老年活动室、设备设施、活动、生活服务、康复照顾）

（9）妇幼卫生服务站设置情况

（10）公共文化服务站设置情况（地点、设施、图书阅览室、活动开展、人员配备、远程教育服务站、健身器材、文化培训、乡贤情况）

（11）就业服务（实用技术培训、就业转移服务、产业扶持服务、就业政策）

（12）社会工作介入情况（有无社工和社工组织、介入的主要工作、三大方法的应用）

（13）心理服务情况（专业性如何，社会工作是否介入）

（14）咨询服务情况（由谁来主要负责，政府人员还是社工）

（15）家庭服务情况

（16）金融服务情况

（17）社工参与资源整合状况

（18）社工参与评估和监督状况

（19）社工参与扶贫项目购买现状

（20）社工与政府、贫困户的关系现状（模式：委托—代理模式、协作—互助模式、外展—介入模式）

（21）社会服务民间资本的利用情况

（22）社会工作组织基本状况

（23）社会工作组织参与扶贫的项目（资金、次数、项目、效果、如何组织、如何购买）

（24）社会工作组织与贫困户和政府之间的关系

（25）社会组织参与扶贫的评价如何

第三部分：不同主体问卷

一、村民

（1）是否知道该社工机构？

（2）对该社工机构是否满意？

（3）满意体现在哪里？

（4）对身体状况是否有改善？

（5）对知识掌握是否有帮助？

（6）对小孩教育是否有帮助？

（7）对社会参与是否有提升？

（8）还有其他什么帮助？

（9）希望如何改进？

二、村干部

（1）当地村基本情况

（2）村里精准扶贫概况

（3）该社工机构对村民脱贫和改善健康状况的效果如何？

（4）其优势在什么地方？

（5）村里给予什么支持？

（6）其不足在什么方面？

（7）该如何改进？

三、社会工作者

（1）开展了哪些工作？

（2）收效如何？是否满意？

（3）村里资源利用如何？

（4）与村民关系是否融洽？

（5）有什么困难？其中最大的困难是什么？

（6）希望得到什么帮助？

三、"乡村能人"调研提纲

调研目的：现有精准扶贫政策的效果调查、社会服务（包括社会工作）的介入情况和效果，以及乡村能人对于贫困户提供的社会服务

调研方法：开放式问卷

调研时间：2018 年 12 月 6—8 日

调研对象：贫困户、扶贫干部和乡村能人

调研资料：录音、照片及书面记录

调研内容：

（1）基本情况：性别、年龄、民族、健康状况、受教育程度、家庭收入、就业状况、住房状况、参加社保情况

（2）社会服务：咨询服务（政策咨询、法律咨询、教育咨询）、照顾服务（居家服务、康复服务、护理照顾）、就业服务（信息提供、岗位开发、技能培训、职业适应、职业恢复、创业服务）、心理服务（心理咨询、精神康复、临终关怀、酗酒者与药物滥用者康复）、家庭服务（儿童教育、儿童看护、妇女教育、妇女服务、生活协助）、居所服务（居住保障、环境改造）、社区服务（活动参与、文化服务、社区营造）、金融服务（资产建设、信贷服务）

调研问题：

第一部分：贫困户基本信息（脱贫户基本信息）

(1) 文化程度（以及失学原因）

(2) 民族

(3) 户籍人口及年龄

(4) 劳动能力（或丧失劳动能力原因）

(5) 就业状况（或失业原因）

(6) 家庭纯收入（来源及政府补贴）

(7) 主要收入来源

(8) 是否属于低保户或五保户

(9) 建档立卡标准（人均纯收入）

(10) 居住条件（面积人均是否超过25平方米、构造）

(11) 健康状况（致病原因）

(12) 参保情况（政府补贴）

(13) 社会参与状况（选举和社区活动）

(14) 对精准扶贫的认可度（以及返贫情况）

(15) 致贫原因

(16) 基本公共服务（道路、水、电、燃料、广播电视、网络、社区服务中心）

(17) 医疗服务现状

(18) 养老服务现状

第二部分：乡村能人介入社会服务部分

(1) 请问您现在主要的产业是什么？

(2) 您是哪年开始带领村里的村民脱贫致富的？

(3) 主要安排他们从事什么工作？

(4) 是否对他们进行了培训？若是，进行了什么样的培训？

(5) 培训效果如何？是否从根本上改变了他们的贫困面貌？若没有，是什么原因？

(6) 您现在一共带出了多少人工作？使多少户人获得根本性脱贫？

(7) 在这些人当中有没有返贫的？是什么原因导致的返贫？

(8) 您认为现有的贫困户贫困的主要原因是什么？

(9) 可以通过什么方式进行改变？

(10) 您对政府现在的精准扶贫工作怎么看？优势和劣势各是什么？

(11) 希望如何加强或改变政府政策和方法？

第三部分：不同主体问卷

一、村民

（1）是否知道翁先生夫妇？

（2）对翁先生夫妇是否满意？

（3）满意体现在哪些方面？

（4）对生产是否有改善？

（5）对生活是否有帮助？

（6）对小孩教育是否有帮助？

（7）对社会参与是否有提升？

（8）还有其他什么帮助？

（9）希望如何改进？

二、村干部

（1）当地村基本情况

（2）村里精准扶贫概况

（3）翁先生夫妇对村民脱贫和改善生活状况的效果如何？

（4）其优势在什么地方？

（5）村里给予什么支持？

（6）其不足在什么方面？

（7）该如何改进？

四、"天遂项目"调研提纲

调研目的：现有精准扶贫政策的效果调查、健康社会服务的介入现状和效果，以及精准扶贫对于贫困户的能力建设、贫困文化

调研方法：开放式问卷

调研时间：2020 年 1 月 13—15 日

调研对象：贫困户、村干部（扶贫干部）、医务工作者（管理者和村医）、卫生行政部门、天齐锂业社会责任部工作人员

调研资料：录音、照片及书面记录

调研内容：

（1）基本情况：性别、年龄、民族、健康状况、受教育程度、家庭收入、就业状况、住房状况、参加社保情况、医疗保险报销情况、健康知识掌握情况、身体改善情况

（2）社会服务：咨询服务（政策咨询、法律咨询、教育咨询）、照顾服务（居家服务、康复服务、护理照顾）、就业服务（信息提供、岗位开发、技能

培训、职业适应、职业恢复、创业服务）、心理服务（心理咨询、精神康复、临终关怀、酗酒者与药物滥用者康复）、家庭服务（儿童教育、儿童看护、妇女教育、妇女服务、生活协助）、居所服务（居住保障、环境改造）、社区服务（活动参与、文化服务、社区营造）、金融服务（资产建设、信贷服务）

调研问题：

第一部分：贫困户基本信息（脱贫户基本信息）

（1）文化程度（以及失学原因）

（2）民族

（3）户籍人口及年龄

（4）劳动能力（或丧失劳动能力原因）

（5）就业状况（或失业原因）

（6）家庭纯收入（来源及政府补贴）

（7）主要收入来源

（8）是否属于低保户或五保户

（9）建档立卡标准（人均纯收入）

（10）居住条件（面积人均是否超过 25 平方米和构造）

（11）健康状况（致病原因）

（12）参保情况（政府补贴）

（13）社会参与状况（选举和社区活动）

（14）对精准扶贫的认可度（以及返贫情况）

（15）致贫原因

（16）基本公共服务（道路、水、电、燃料、广播电视、网络、社区服务中心）

（17）医疗服务现状

（18）养老服务现状

第二部分：天齐锂业介入社会服务部分

（1）社会服务人力资源情况［驻村干部（包括第一书记和工作组）、专业社工、村庄能人、产业大户、营利机构、社会组织、志愿者］

（2）村医技能培训现状（内容、频率、效果）

（3）就业支持的情况（资金补贴、创业培训、信息传递）

（4）敬老所和幼儿园的设置情况

（5）医养结合的情况

（6）居民议事室的设立情况

（7）代办服务机构设立情况

（8）养老服务（包括老年活动室、设备设施、活动、生活服务、康复照顾）

（9）妇幼卫生服务站设置情况

（10）公共文化服务站设置情况（包括地点、设施、图书阅览室、活动开展、人员配备、远程教育服务站、健身器材、文化培训、乡贤情况）

（11）就业服务（包括实用技术培训、就业转移服务、产业扶持服务、就业政策）

（12）商业赋能情况

（13）心理服务情况（专业性如何，社会工作是否介入）

（14）咨询服务情况（由谁来主要负责，政府人员还是社工？）

（15）家庭服务情况

（16）金融服务

（17）企业资源整合状况

（18）第三方介入评估情况

（19）市场主体参与扶贫的情况（何种模式——公益慈善模式、产业带动模式、村企共建模式？）

第三部分：不同主体问卷

一、村民

（1）是否知道该项目？

（2）对项目是否满意？

（3）满意体现在哪些方面？可以如何提升？

（4）对身体状况是否有改善？

（5）对看病就医是否有帮助？

（6）是否学习了医疗和健康知识？

（7）还有其他什么帮助？

（8）希望如何改进？

二、村医

（1）该项目主要的内容有哪些？

（2）该项目是否真的可以解决健康问题？

（3）该项目与其他项目有什么区别？其优势在哪里？不足在哪里？

（4）通过村医培训有些什么改善？

（5）在村医培训中最有效的培训是什么？

（6）最希望得到什么帮助？

（7）当下的健康扶贫工作还应当如何改进？

三、村干部

（1）当地村基本情况

（2）村里精准扶贫概况

（3）该项目对村民脱贫和改善健康状况的效果如何？

（4）其优势在什么地方？

（5）村里给予什么支持？

（6）其不足在什么方面？

（7）该如何改进？

四、卫生部门工作人员

（1）该项目对村民脱贫和改善健康状况的效果如何？

（2）其优势在什么地方？

（3）卫生部门给予什么支持？

（4）其不足在什么方面？

（5）该如何改进？

五、天齐锂业社会责任部工作人员

（1）目前主要的工作有哪些？

（2）工作成效如何？

（3）如何开展和管理？

（4）如何确定项目的有效性？（第三方评估过程和效果）

（5）最大的优势是什么？

（6）最大的难点在哪里？

（7）如何保障减少返贫？

（8）为什么选择从医疗领域入手参与扶贫？

附录3 部分研究样本

样本编号：M001

基本情况	家庭情况	户主姓名	家庭人口/人	劳动力/人	在校生/人	外出务工/人
		罗×华	4	2	1	0
	家庭住址	麻栗村上社行政村				
	家庭上年人均纯收入/元	2 524				
	是否参加新农合	是				
	致贫原因	缺少劳动力				
	脱贫路径	发展生产力2人、发展教育1人、社会保障兜底1人				
生计发展	种植业	泡核桃150棵、玉米3亩、大麦3亩、红花1亩				
	养殖业	牛1头、猪2头、驴1头、鸡80只				

样本编号：M002

基本情况	家庭情况	户主姓名	家庭人口/人	劳动力/人	在校生/人	外出务工/人
		字×文	4	2	1	1
	家庭住址	麻栗村上社上母公郎				
	家庭上年人均纯收入/元	2 321				
	是否参加新农合	是				
	致贫原因	因学、缺资金、缺劳动力、因病				
	脱贫路径	发展生产力2人、发展教育2人				
生计发展	种植业	泡核桃20棵、玉米3.2亩、红花2亩				
	养殖业	牛1头、猪2头、鸡10只				

样本编号：M003

基本情况	家庭情况	户主姓名	家庭人口/人	劳动力/人	在校生/人	外出务工/人
		罗×亮	2	1	0	0
	家庭住址	麻栗村上社上母公郎				
	家庭上年人均纯收入/元	2 000				
	是否参加新农合	是				
	致贫原因	缺技术、缺劳动力、缺资金				
	脱贫路径	发展生产力1人、社会保障兜底1人				
生计发展	种植业	泡核桃35棵、玉米4亩、红花2亩、大麦2亩				
	养殖业	牛1头、猪3头				

样本编号：M004

基本情况	家庭情况	户主姓名	家庭人口/人	劳动力/人	在校生/人	外出务工/人
		吴×周	4	2	0	2
	家庭住址	麻栗村老果苴				
	家庭上年人均纯收入/元	1 750				
	是否参加新农合	是				
	致贫原因	因病、因残、缺劳动力				
	脱贫路径	发展生产力2人、社会保障兜底2人				
生计发展	种植业	泡核桃60棵、小麦3亩、红花2.5亩、玉米3亩				
	养殖业	牛1头				

样本编号：M005

	家庭情况	户主姓名	家庭人口/人	劳动力/人	在校生/人	外出务工/人
基本情况		李×成	3	1	1	0
	家庭住址	麻栗村下社下母公郎				
	家庭上年人均纯收入/元	3 282				
	是否参加新农合	是				
	致贫原因	缺少劳动力				
	脱贫路径	发展生产力1人、发展教育1人、社会保障兜底1人				
生计发展	种植业	泡核桃108棵、玉米3亩、大麦2亩、红花1亩				
	养殖业	猪3头、鸡14只				

样本编号：M006

	家庭情况	户主姓名	家庭人口/人	劳动力/人	在校生/人	外出务工/人
基本情况		阿×员	4	4	0	0
	家庭住址	麻栗村勿泥皮				
	家庭上年人均纯收入/元	2 250				
	是否参加新农合	是				
	致贫原因	缺少技能，缺乏发展动力和致富方法				
	脱贫路径	发展生产力4人				
生计发展	种植业	泡核桃100棵、玉米5.8亩、大麦1亩、红花2亩、小麦3亩				
	养殖业	猪5头、鸡18只				

样本编号：H004

基本情况	家庭情况	户主姓名	家庭人口/人	劳动力/人	在校生/人
		邵×海	5	2	1
	家庭住址	火德红镇火德红村下大湾小组			
	精准识别时间	2015-11			
	计划脱贫年度	2017-12			
	致贫原因	自身发展能力不足、缺少脱贫技术			
	脱贫路径	发展生产力3人、发展教育1人、社会保障兜底1人			
帮扶措施	种植业	核桃			
	养殖业	猪			
享受政策	住房补贴	恢复重建4万元			
	政策补贴	粮食直补800元；森林生态补贴208元；草原生态补贴150元；养老金900元；低保金1 920元；产业发展养猪2 000元			
	公共设施公共服务	道路硬化到村、通10千伏以上动力电、通广播电视、通网络宽带、有安全饮用水、有村卫生室、有公共活动场所、适龄儿童上学			

样本编号：H005

基本情况	家庭情况	户主姓名	家庭人口/人	劳动力/人	在校生/人
		李×荣	4	2	2
	家庭住址	火德红镇火德红村下大湾小组			
	精准识别时间	2015-11			
	计划脱贫年度	2017-12			
	致贫原因	因学、因残			
	脱贫路径	发展生产力1人、发展教育1人、劳动转移就业2人			
帮扶措施	种植业	核桃、花椒			
	养殖业	猪			
享受政策	住房补贴	恢复重建4万元			
	政策补贴	粮食直补280元；森林生态补贴340元；草原生态补贴35元；产业发展养猪2 000元			
	公共设施公共服务	道路硬化到村、通10千伏以上动力电、通广播电视、通网络宽带、有安全饮用水、有村卫生室、有公共活动场所、适龄儿童上学			

样本编号：H006

基本情况	家庭情况	户主姓名	家庭人口/人	劳动力/人	在校生/人
		郭×志	2	0	0
	家庭住址	火德红镇火德红村上大湾小组			
	精准识别时间	2015			
	计划脱贫年度	2015			
	致贫原因	缺劳动力；因病			
	脱贫路径	社会保障兜底2人			
帮扶措施	种植业	0			
	养殖业	猪2头			
享受政策	住房补贴	恢复重建4万元			
	政策补贴	扶贫款2 000元；低保金3 840元；养老保险金1 800元			
	公共设施公共服务	道路硬化到村、通广播电视、有安全饮用水、有村卫生室、有公共活动场所			

样本编号：H007

基本情况	家庭情况	户主姓名	家庭人口/人	劳动力/人	在校生/人
		肖×芝	1	0	0
	家庭住址	火德红镇火德红村上大湾小组			
	精准识别时间	2015			
	计划脱贫年度	2015			
	致贫原因	缺劳动力；因病			
	脱贫路径	社会保障兜底1人			
帮扶措施	种植业	0			
	养殖业	猪2头			
享受政策	住房补贴	恢复重建4万元			
	政策补贴	扶贫款2 000元；低保金1 920元；养老保险900元；生态补偿金500.4元			
	公共设施公共服务	道路硬化到村、通广播电视、有安全饮用水、有村卫生室、有公共活动场所			

样本编号：H008

基本情况	家庭情况	户主姓名	家庭人口/人	劳动力/人	在校生/人
		李×巧	5	1	3
	家庭住址	火德红镇火德红村上大湾小组			
	精准识别时间	2015			
	计划脱贫年度	2015			
	致贫原因	缺劳动力；自身发展动力不足			
	脱贫路径	发展生产力2人、发展教育3人			
帮扶措施	种植业	0			
	养殖业	养猪2头			
享受政策	住房补贴	恢复重建4万元			
	政策补贴	扶贫款2 000元			
	公共设施公共服务	道路硬化到村、通广播电视、有安全饮用水、有村卫生室、有公共活动场所、适龄儿童上学			

样本编号：H009

基本情况	家庭情况	户主姓名	家庭人口/人	劳动力/人	在校生/人
		李×怀	4	3	0
	家庭住址	火德红镇火德红村上大湾小组			
	精准识别时间	2015			
	计划脱贫年度	2015			
	致贫原因	自身发展能力不足、缺少脱贫技术			
	脱贫路径	发展生产力3人、劳务转移就业脱贫2人、社会保障兜底2人			
帮扶措施	种植业	0			
	养殖业	猪2头			
享受政策	住房补贴	0			
	政策补贴	森林生态补贴269元；草原生态补贴155元；养老金1 065.36元；其他转移性收入9 503元			
	公共设施公共服务	道路硬化到村、通10千伏以上动力电、通广播电视、通网络宽带、有安全饮用水、有村卫生室、有公共活动场所、适龄儿童上学			

样本编号：H010

基本情况	家庭情况	户主姓名	家庭人口/人	劳动力/人	在校生/人
		李×刚	3	2	0
	家庭住址	火德红镇火德红村下大湾小组			
	精准识别时间	2015-11			
	计划脱贫年度	2017-12			
	致贫原因	自身发展能力不足、缺少脱贫技术			
	脱贫路径	发展生产力2人、劳动专业就业脱贫1人			
帮扶措施	种植业	0			
	养殖业	猪2头			
	其他帮扶措施	劳动力转移就业；参与硬化村户道路			
享受政策	住房补贴	恢复重建4万元			
	政策补贴	扶贫款2 000元；其他转移性收入1 260元			
	公共设施公共服务	道路硬化到村、通10千伏以上动力电、通广播电视、通网络宽带、有安全饮用水、有村卫生室、有公共活动场所、适龄儿童上学			

遂宁桂花医养中心入住老人信息表

姓名	性别	年龄	残疾	疾病	姓名	性别	年龄	残疾	疾病
李×祥	男	72	√	类风湿关节炎、高血压	陈×富	男	67	√	脑卒中后遗症、高血压
陈×建	男	73	√	脑卒中、股骨头坏死、高血压	彭×学	男	66	√	脑卒中后遗症、高血压、慢阻肺
王×全	男	86	√	骨结核双下肢截肢术后	李×荣	男	96		腰椎间盘突出
夏×术	男	73	√	双侧股骨头坏死、高血压	欧×秀	女	72	√	高血压、脑卒中后遗症
聂×应	男	75	√	脑卒中后遗症、高血压、糖尿病	王×开	男	54		癫痫
陈×	男	51	√	精神发育迟滞	张×贵	男	61	√	高血压、脑卒中后遗症
孔×然	男	54	√	脑卒中后遗症、高血压	杨×清	男	65	√	脑卒中后遗症、高血压
王×成	男	61	√	脑卒中后遗症	姚×容	男	87		关节炎、高血压
黄×芳	女	82	√	股骨颈骨折、高血压	漆×全	男	65	√	脑卒中后遗症、高血压
吴×珍	女	85		糖尿病、痴呆	吴×学	男	73	√	脑卒中后遗症、痴呆

姓名	性别	年龄	残疾	疾病	姓名	性别	年龄	残疾	疾病
肖×巴	女	87	√	腰椎间盘突出	杨×栋	男	83	√	脑卒中后遗症、股骨颈骨折
蒋×友	男	70	√	脑卒中后遗症、慢性阻塞性肺病、高血压	米×清	男	69	√	痴呆、脑卒中后遗症
陈×德	男	88	√	脑卒中后遗症	冯×民	男	71	√	脑出血后遗症
蒋×洋	男	61	√	糖尿病、类风湿关节炎	张×华	男	70	√	脑出血后遗症、高血压
李×军	男	42	√	脊髓灰质炎后遗症	陈×军	男	40	√	脑出血后遗症
钟×春	男	78	√	骨髓炎	王×明	男	68	√	脑卒中后遗症、高血压、帕金森
姜×军	男	88	√	脑卒中后遗症、高血压、糖尿病	彭×	男	45		肝硬化
唐×庆	男	77	√	类风湿关节炎、慢阻肺	吴×林	男	50	√	脑卒中后遗症、高血压
胡×兰	女	85	√	肺癌、脑卒中后遗症、高血压	聂×余	男	82		痴呆
覃×洪	男	52	√	冠心病、脑卒中后遗症	李×	男	59	√	高血压、脑卒中后遗症
唐×兆	男	84	√	高血压、冠心病、脑卒中后遗症	白×光	男	85		高血压、痴呆
唐×禄	男	70	√	高血压、脑卒中后遗症	王×福	男	64	√	精神发育迟滞、高血压
姚×仁	男	73	√	反流性食管炎	杨×银	男	62	√	脑卒中后遗症、高血压
梁×华	男	64	√	高血压、青光眼、脑梗死	郑×银	男	73	√	脑出血后遗症、高血压
黄×坐	男	62	√	脑卒中后遗症	席×年	男	68	√	高血压、脑出血后遗症
张×福	男	74	√	股骨头坏死、高血压	杨×芳	女	72	√	帕金森、冠心病、脑卒中
陈×远	男	75	√	脑卒中后遗症、高血压、糖尿病	崔×荣	男	69	√	脑卒中后遗症、高血压、糖尿病
周×	男	36	√	脊髓灰质炎后遗症	何×秀	女	79	√	脑卒中后遗症、高血压
付×伦	男	52	√	脊髓灰质炎后遗症、高血压	文×顺	男	72	√	脑出血后遗症、高血压
李×	男	30	√	精神发育迟滞	王×书	男	73		眼盲
姚×友	男	75		高血压	王×明	男	67	√	脑卒中后遗症、股骨颈骨折术后、冠心病
刘×泽	男	63	√	脑卒中后遗症、高血压	席×先	男	72	√	高血压、糖尿病
周×龙	男	62	√	脑卒中后遗症、高血压	赵×贵	男	56	√	脑卒中后遗症、高血压
唐×茂	男	77	√	脑卒中后遗症	蒋×明	男	62		高血压

N 村 2018 年精准扶贫情况一览表

序号	自然村	户主姓名	家庭人口/人	主要致贫原因	帮扶措施	计划脱贫时间/年
1	炼渡六组	李×彬	1	自身发展力不足	发展产业、生态保护、兜底保障	2020
2	文登九南组	董×刚	3	缺技术	发展产业、生态保护	2018
3	石碑下一组	段×荣	1	缺技术	发展产业、健康救助、生态保护、兜底保障	2020
4	石碑下一组	翁×红	1	缺劳动力	发展产业、生态保护、兜底保障	2020
5	石碑四组	张×	1	缺劳动力	发展产业、生态保护、兜底保障	2020
6	石碑上一组	李×明	4	缺资金	发展产业、转移就业、教育支持、生态保护	2018
7	石碑上三组	杜×亮	5	自身发展力不足	发展产业、转移就业、教育支持、生态保护	2018
8	石碑下三组	翁×香	2	自身发展力不足	发展产业、生态保护	2018
9	石碑上一组	李×春	3	自身发展力不足	发展产业、转移就业、生态保护	2020
10	石碑下三组	张×斌	4	自身发展力不足	发展产业、教育支持、生态保护	2018
11	石碑下三组	李×定	5	缺技术	发展产业、转移就业、生态保护	2018
12	石碑	翁×生	2	缺技术	发展产业、教育支持、生态保护	2019
13	石碑下三组	陈×雄	4	自身发展力不足	发展产业、转移就业、教育支持、生态保护	2018
14	石碑下一组	和×乐	2	缺劳动力	发展产业、生态保护、兜底保障	2020
15	石碑上一组	杨×国	2	因残	发展产业、转移就业、生态保护	2018
16	石碑上三组	杜×达	3	缺技术	发展产业、转移就业、教育支持、健康救助、生态保护	2018
17	文登十二组	张×开	2	因残	发展产业、转移就业、生态保护	2019
18	文登十二组	李×弟	5	因病	发展产业、转移就业、教育支持、健康救助、生态保护	2018
19	文登九南组	张×利	3	缺技术	发展产业、转移就业、健康救助、生态保护	2018
20	文登十组	董×金	3	缺技术	发展产业、生态保护	2018
21	文登九南组	张×宝	2	因病	发展产业、健康救助、生态保护、兜底保障	2020
22	炼渡六组	李×玉	1	缺技术	发展产业、健康救助、兜底保障	2020
23	炼渡五组	李×强	1	缺技术	发展产业、健康救助、兜底保障	2020
24	炼渡七组	冯×元	3	因残	发展产业、教育支持、健康救助、兜底保障	2020

序号	自然村	户主姓名	家庭人口/人	主要致贫原因	帮扶措施	计划脱贫时间/年
25	炼渡六组	李×刚	6	自身发展力不足	发展产业、转移就业、教育支持、生态保护	2018
26	炼渡七组	李×	2	缺劳动力	发展产业、转移就业、教育支持、生态保护	2019
27	炼渡六组	王×泽	7	自身发展力不足	发展产业、转移就业、教育支持、生态保护	2018
28	炼渡五组	李×成	5	因残	发展产业、转移就业、教育支持、健康救助、生态保护	2019
29	石碑二组	杜×龙	2	因病	发展产业、转移就业、健康救助、生态保护	2018
30	文登九北组	张×玉	5	因病	发展产业、转移就业、健康救助、生态保护	2018
31	石碑上三组	许×刚	1	因病	发展产业、健康救助、生态保护、兜底保障	2020

附录4 "天遂人愿"项目报告评估表

尊敬的××院长：

我们是××慈善与社会企业研究中心，受天齐锂业股份有限公司委托，为"天遂人愿"项目撰写结项报告。

我们中心采用GRI-G4的标准，帮助各卫生室撰写自己的可持续发展报告，促进卫生室的可持续发展。

报告内容主要包含以下几个方面：卫生室组织结构、利益相关者参与、报告文件、卫生室管理、行为准则与诚实等。

请您根据下文提供对应信息，并于2020年1月9日前将填答完毕的文档发送到邮箱：××@××。若有疑问，请联系：028-6183＊＊＊＊，××老师。

××研究中心

2019 年 12 月 31 日

G4-× ××区××镇××联村示范卫生室可持续发展报告

G4-42 卫生室的愿景、使命、核心价值、战略目标、政府对卫生室的相关政策

G4-28 开业时间：

G4-2 卫生室成立的背景：

G4-38 卫生室管理团队的成员构成：

（姓名、性别、年龄、职称、学历水平、执业资格证、工作年限）

G4-35 卫生室授予村医、医生和其他工作人员的权利和职责：管理层构成和职务简介；具体分工（如：哪些领导管财务；哪些管人事；哪些管设备；哪些管日常工作；哪些管公益活动）

G4-36 卫生室除院长外是否聘请职业经理人管理卫生室

G4-4 卫生室开展的业务

G4-5 卫生室的上级主管单位：主管单位名称、地址、联系人及方式

G4-6 卫生室是否与其他村卫生室或医疗机构有联系、有什么联系

G4-7 卫生室是否注册，与当地镇卫生院、卫健委的联系

G4-8 卫生室服务人群有哪些？（包括：卫生室病人的组成性别、年龄、病情类型；卫生室具体的设备构成；病人来自哪里：病人来看病采用的交通方式、每种交通方式大概需要多长时间）

G4-9 卫生室的人事情况，如医生、村医、行政、财务人数分别是多少

G4-10 卫生室员工男女人数、临时工与合同工人数、是否在镇医院体系中、学历或受教育程度（是否有上级单位驻派医生及人数、驻派时间或驻派频率、具体驻派任务、卫生室村医是否签署劳动用工合同）

G4-11 卫生室聘用情况具体描述（是否有联合聘用情况、村医是否纳入镇卫生室系统、是否纳入一体化并具体描述情况）

G4-12 卫生室供应链（如药品来源、医疗设备来源、社保体系）

G4-14 卫生室的预警机制（如村医不在时如何处理、卫生室关门如何处理、业务无法开展如何处理、医疗纠纷等如何处理）

G4-15 卫生室在经济、环境、社会领域的影响：如卫生室收入（自运营以来的月度数据）、过期药品和医疗废弃物等的处理情况（描述）、公益活动如义诊等（描述）、过期药品和医疗废弃物

G4-16 卫生室是否加入卫健委卫生体系、是否有监督委员会或顾问、是否有政府官员督责（如果有以上情况，请详细描述）

G4-17 卫生室经济收入的财务数据及其他收入来源及数据、经济收入的构成

G4-23 报告卫生室建设前后的重大变化，如卫生室建立之后有很多病人有保健需要，卫生室根据需求增加了这些服务等

G4-24 卫生室主要利益相关方（与卫生室有业务关系的个人和机构有哪

些；哪些机构或个人的行为会对卫生室的运营产生或正向或负向作用；哪些机构或个人会对卫生室发展有决策作用）

G4-25 卫生室利益相关方的参与度

G4-13 卫生室其他利益相关者投入情况。比如：共建卫生室分别注入多少资金，派入多少人员（各资金投入者投入比例、权责、是否签署相关协议）；经营过程中是否有重大变化（如选址、其他投资者加入、业务内容变化）

G4-26 卫生室重大会议召开的频率（举例说明重大会议内容），都有哪些人参加，决策方式是什么（如投票、达成共识）。

G4-27 卫生室若遇重大问题的解决方式是什么？谁会参与其中？

G4-29 卫生室以前是否有报告（文字形式报告）；若有，请以附件提交

G4-30 卫生室提交报告（文字形式报告）的周期

G4-34 卫生室的治理决策机构：卫生室管理结构图（与卫生院管理结构一致）

G4-37 卫生室发生事情的汇报机制、流程和反馈的机制、流程

G4-39 卫生室是否有决策委员会？

否（若有请完成 G4-40 题，若无请跳过）

卫生室院长是否担任决策委员会的负责人（或缺）？

G4-40 卫生室决策委员会如何产生？决策委员会情况描述？比如：决策委员会男女比例、多元性、不同的专业背景等

G4-41 卫生室是否有利益冲突？比如您是否有亲戚在卫生室任职？

您是否有亲戚和卫生室有业务往来？如有请简要描述

G4-43 卫生室的管理团队如何对卫生室在经济（卫生室收入）、环境（过期药品、医疗垃圾、用电用水等）、社会（义诊、宣传、免费疫苗）三方面做评估，请描述评估方法

G4-44 卫生室管理团队评估的过程和决策的透明度，是否有严格的会议记录，若有请提供一到两份

G4-45 卫生室管理团队的开会频率、与上级的汇报机制（口头或书面）和频率

G4-46 卫生室管理团队的风险管理措施（如病人就诊后病情加重、输液后昏厥等、病患闹事、医患纠纷、医疗排污不达标准）

G4-47 针对上述风险是否向上级汇报及是否多次汇报。上级又是否采取措施，若有请说明

G4-48 管理团队的决策是否有会议记录，如有请提供至少一份记录

G4-49 当重大问题产生时与卫生室的沟通与汇报机制每周院周会研究

G4-50 若有重大问题发生，问题的性质是什么？（如医疗纠纷、医疗事故、输液昏厥、病人举报看病时村医不在等）反映问题的次数及问题通常怎样解决

G4-51 卫生室所有工作人员的薪酬体系（如基本工资、五险一金、加班补贴、相关福利）；工作成绩是否与薪酬福利挂钩等

G4-52 卫生室薪酬制定的程序和批准流程

G4-53 除上级单位外是否有其他个人或机构对薪酬制定程序有决定性作用，请说明

G4-54 卫生室的负责人、工作人员、村医的收入在当地同行比较所处的水平

G4-55 卫生室相关工作人员薪酬与本地平均收入的比较，如高＿＿＿＿＿＿％；低＿＿＿＿＿％

G4-56 卫生室的服务指南标准等（如医生工作守则、卫生室所提倡的服务守则、医风医德行为规范）

G4-57 卫生室如何获取内部和外部人员对卫生室运作的建议及其他方面的建设性意见，如开展新的业务、服务态度等建议

G4-58 关于卫生室意见的收集方法（如是否有意见箱、投诉电话、热线电话、投诉网站等）

G4-31（封底）

卫生室联系人和联系方式

卫生室联系人：

联系方式：

后 记

从精准扶贫战略实施以来，中国政府以前所未有的魄力，调动一切可以调动的资源进行精准帮扶，取得了举世瞩目的成绩。2019 年，党的十九届四中全会提出"建立解决相对贫困的长效机制"，这意味着我国贫困治理政策设计需要从绝对贫困向相对贫困进行"价值—目标—策略"的系统性政策转向。于是，以相对贫困为政策设计逻辑起点，以社会服务为政策工具的积极福利贫困治理体系将成为"后脱贫时代"的有益选择。

在本书的撰写过程中，课题研究团队成员从 2018 年 1 月至 2020 年 1 月深入四川达州、四川遂宁、云南昭通、云南大理、云南楚雄和云南昆明等地的贫困地区进行深入调研。笔者感慨于精准扶贫给贫困户带来的巨大生活改善，同时也为贫困地区社会服务稀缺会带来返贫的隐患而担忧。贫困地区的研究困难重重，交通、语言、文化等因素的制约可能会使一次次精心准备的调研无功而返，或难以获得有效的研究信息。因此，特别感谢在本课题研究中给予无私帮助的社会各界人士！他们是：与贫困户并肩作战的达州市各级党政反贫困工作人员，扎根于贫困地区进行反贫困社会工作的鲁甸顺心社工服务中心的张娥、秦顺稠和周润仙，长期挂职贫困村的云南省科协扶贫干部何韬，从事扶贫统筹协调工作的云南省楚雄州政府扶贫干部保华先，舍己为人的牛街乡乡村精英翁先生夫妇，为健康扶贫提供重要调研资料和帮助的天齐锂业社会责任部的李明丽和郑珺暄老师，以及电子科技大学慈善与社会企业研究中心的桂浩和王莹老师。这些在精准扶贫中勇往直前的反贫困斗士为中华民族伟大复兴贡献了中国力量，展现了中国精神，为本课题的完成提供了重要帮助。另外，还要感谢参与调研的课题组成员王尧、何显峰、何瑞菱、杨邦栋和徐晓芳，他们对调研材料的整理和撰写做出了重要贡献。

书稿撰写期间遇到 2020 年新冠肺炎疫情全球大流行，这让身处风险社会的我们更珍惜当下的时光并认识到积极福利的重要意义。疫情期间出行受限，各项安排被取消，这为书稿写作留下了充足而集中的时间。当然，我能顺利完成书稿的撰写主要得益于岳父岳母和父母无微不至的照顾。书稿完成之时又恰逢爱女出生，愿新生命的诞生为国家和家庭带来希望。谨以此书献给为社会福利事业做出巨大贡献的社会各界人士！谨以此书献给吾妻和爱女！

王磊

2020 年 10 月 13 日

于西华大学西华苑